靈活社交
方圓有度的生存態度

王郁陽，洪範濤 著

攏絡人心的處世原則，
無論職場或生活，
都需要掌握處世智慧

從行為舉止細節到心理分析，全面掌握識人的技巧
用深入淺出的講解和豐富的案例分析，
全面提升處世能力！

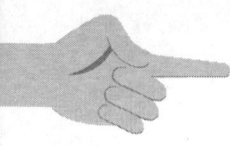

目錄

前言

第一章　察言觀色，處世要有識人的眼力

　　管中窺豹，微處識人　　　　　　　　　　12

　　觀察舉止，儀態表露人心　　　　　　　　15

　　轉換角度，客觀全面的識人　　　　　　　18

　　透過小動作識破對方　　　　　　　　　　22

　　不以貌取人，不以貌欺人　　　　　　　　24

　　眼睛對於看透人性的意義　　　　　　　　28

　　識人言，做對事　　　　　　　　　　　　33

　　寧可不識字，不可不識人　　　　　　　　36

第二章　處世要懂心理學

　　記住對方的名字　　　　　　　　　　　　40

　　主動出擊，克服消極等待的心理　　　　　43

　　家庭教育也要懂點心理學　　　　　　　　45

　　海納百川，寬容是福　　　　　　　　　　47

　　多說「我們」少說「我」　　　　　　　　50

　　激發共鳴，拉近心理距離　　　　　　　　52

目錄

巧妙掌控客戶心理	55

第三章　結好人脈網，處世要懂人情學

你儲存人情帳戶了嗎	60
懂得如何借助「貴人」	62
贈人玫瑰，手有餘香	65
投資一分感情，收獲十分人情	67
誠信是處世之本	70
別玩寂寞，孤獨不是社會的主旋律	74
你也可以成為人脈高手	80

第四章　會交際的人會處世

出門交際要保持良好的形象	88
微笑是交際的催化劑	90
交際場上，學會為自己解圍	94
親切稱呼縮短彼此距離	96
飯局裡的交際學	102
觥籌交錯，學會在酒桌上辦事	104
請客吃飯，讓你辦事更順暢	106
點菜也是一種技術	110

第五章　能說會道，巧妙贏得他人心

幽默是處世的王牌	116
真正厲害的人大多是沉默的	118

有時耳朵比嘴巴更有用	122
硬邦邦的話，軟綿綿的說	124
將批評夾在讚美中	126
巧妙拒絕，讓對方不覺得傷面子	129
別把話說滿，給自己留下迴旋的餘地	133
委婉的表達，就能收到預期的效果	135

第六章　方圓有度，處世要活

欲將取之，必先予之	140
低調處世是一種手腕	142
吃虧不一定是壞事	146
剛柔並濟，靈活處世	150
能方能圓，能適應善變通	154
彈性交際，不要與人鬥氣	159
有進有退，獲得成功的助力	161
智欲圓而行欲方	164
大直若屈，大巧若拙	166
待人要真誠，方能感人	171

第七章　萬事「禮」為先，處世其實很簡單

謙虛有禮是處世之良方	178
為人處世禮先行	181
禮多人不怪	185

目錄

小禮物，大作用	188
得體的儀表是處世的關鍵	191
做客的禮節不容忽視	193
小握手，大禮節	196

第八章　擁有超然的心態，便始終握有處世的主動權

熱情是一種興奮劑	202
放下自私，像愛自己一樣愛別人	204
虛榮，死要面子活受罪	207
嫉妒乃處世之大忌	211
少一點欲念，多一點超脫	214
積極的心態足以改變命運	217
知足常樂，擺正心態才能幸福	219
拿得起，放得下	223
生命要懂得感恩	226

第九章　學會與各種人相處

如何與陌生人相處	232
如何與親戚相處	236
如何與朋友相處	238
如何與上司相處	240
如何與同事相處	246
如何與敵人相處	255

如何與小人相處	258
如何與失敗的人相處	262
如何與奸詐的人相處	265
如何與正直的人相處	269
如何與脾氣暴躁的人相處	270

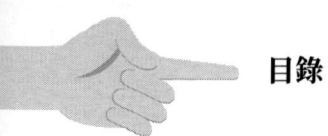 目錄

前言

　　人既是屬於自然的，又是屬於社會的。作為社會中的一員，我們每一個人都不是孤立存在的，都免不了要和周圍的人產生各種各樣的交際關係。為人處世與社交關係，猶如魚跟水一樣，須臾不可分離。然而，世事如井水，如何探得其中深淺，最終達到如魚得水的境界，卻需要下一番功夫。俗話說：「世事洞明皆學問，人情練達即文章。」這是一個深奧的處世哲理。

　　在瞬息萬變的社會中，在世事紛繁、人心叵測、為人處世舉步維艱的時候，我們怎麼樣才能站穩腳跟、左右逢源，使自己的人生更為一帆風順呢？

　　在古人身上，我們可以找到一些答案。

　　在唐朝，一些心術不正的小人來見郭子儀，縱然這些人的地位很卑微（當時郭子儀已經封郡王），但他一定會見，而且一定端端正正的穿上禮服來接見。有很多人覺得奇怪，就問他：「許多達官貴人來見你，你都很隨便，為什麼這些小人物來見你，你要這麼隆重？」郭子儀回答道：「這些人既心術不正又很聰明，還很會巴結權貴，所以不能得罪，萬一他將來得了志做了大官，我們曾得罪他，他若懷恨在心肯定會報復。」

　　他的話後來果然應驗。擅長於巴結的人，很容易討得主子的歡心，凡是得罪他的人，在他得志的時候都不會有好結果，有仇必報。郭子儀一生能夠平平安安度過，自有他的一套做人學問與見識。

　　可見，人生在世，總需要選擇一種「活法」。選擇了不同的活法，也就選擇了不同的人生歸宿。處世方式不當，會讓人在社會上處處碰壁、

前言

舉步維艱；而想要出人頭地、頂天立地的活著，就要懂得適時低頭，通曉人情世故。總而言之，奉行什麼樣的「活法」，就是為人處世的智慧所在，是人生的必修課。

　　本書從識人、人脈、交際、口才、方圓、心態等方面，對於如何為人處世做了全面的論述。為了突出本書的實用價值，我們增添了一系列生動的事例對主題加以佐證，使得本書更加具有說服力。本書內容豐富，語言生動，有很強的實用價值，在致力於滿足讀者需要的同時，更加貼近生活。本書見解深刻，既可看作是一部現代社會中每個人該如何靈活處世的智慧之書，更是個人追求成功和幸福的必讀之書。因此，閒來不妨時時翻閱此書，相信它定能帶給你有益的幫助，讓你在豐富自己的為人處世經驗的同時，在社會生活中也能左右逢源，一步步獲得人生的幸福！

第一章
察言觀色，處世要有識人的眼力

俗話說：「畫虎畫皮難畫骨，知人知面不知心。」在這個紛繁複雜的社會中，每一個人都在扮演著不同的角色，為了完成種種任務，實現自己的目的，每個人都要與形形色色的人交往。但是，由於每個人的生活環境、生活習慣、脾氣秉性、生活閱歷、知識水準的不同，每個人所呈現出來的精神面貌、言談舉止和表現方式各有不同。再加上當今社會競爭越來越激烈，現實也越來越殘酷，迫使很多人不得不小心翼翼的處世，帶著面具做人。而這就給人與人之間的溝通和交往帶來了困難，也在我們的看人、識人上增加了不小的難度。但無論你怎麼樣做人，無論你從事何種工作，你還是要參與各種社交活動，歸根究底都是在與人互動。因此，在歷經時間與世事的考驗之後，處世之前先「識人」成了你我生活中共同經驗的總結。

第一章　察言觀色，處世要有識人的眼力

管中窺豹，微處識人

俗話說：「細微之處見端倪。」說的就是很多事情都可以從生活細節中看出個究竟，找出個所以然。生活細節往往在一定程度上反映出一個人的心。

大家都知道，曾國藩是晚清的名臣，他之所以能夠建立旁人所不能企及的功績，就在於他善於識人、用人。

太平天國起義爆發後，曾國藩受命組織湘軍平亂。為了壯大軍隊，他到處招兵買馬，廣納人才。

有一天，三個人同時來拜見曾國藩。當幕僚向他遞上這三個人的拜帖時，曾國藩沉思了一會兒，對幕僚說：「你去說我正在與將領商討軍政大事，不便打擾，請三位先坐，待會兒散會後再行稟報。」

幕僚便出去向三位訪客傳話。三人無奈，只得坐下等待。曾國藩讓下人隨時報告他們的舉動。

大約過了幾個小時，三個人在房子裡各有各的動作。其中一個人正襟危坐，默不出聲；另一個人在房子裡一邊踱步，一邊沉思，氣度從容；而第三個人在房子裡等了一會兒後就顯得很不耐煩了，不斷的向人打聽曾大人的會議是否已散，什麼時候能夠接見他。

天色已晚，曾國藩才讓幕僚去告訴那三個人：會議已散，三位客人前來投奔的心意大帥也已經知道了，今日已晚，便不再留人。請三位明早直接到大帳報名，大帥自有任用之處。

幕僚奇怪的問曾國藩，為什麼大帥並未與三人實際交談，便錄用了他們了呢？

曾國藩說：「第一個人比較穩重，但過於死氣沉沉，可用於掌管文書帳冊，其能力功名也止於此；第二個人，是不可多得的人才，為人沉

著，勤於思考，將來成就可與我比肩；第三個人有膽略，雖處軍帳之中，卻無一絲拘束，但性格急躁，以後雖可能功成名就，但也不免戰死疆場。」

多年後，三個人的際遇果然像曾國藩所說的那樣。第一個姓王的書記官，果然庸碌一生；第二個人便是被後人稱為湘軍四大統帥的彭玉麟，建水師，立戰功，官至兵部尚書；第三個人是江忠源，立戰功，官至安徽巡撫，但後來在廬州戰死。

人往往會在細微處，反映出自己的性格，而性格則決定一個人一生的命運。

有時候，並沒有太多的時間可以讓我們慢慢的去瞭解一個人，我們只能透過一次短暫的面談，便要決定是否和他合作。那麼，「窺一斑而知全豹」，我們可以從一些細節上，來判斷此人能不能用，值不值得交往。

有這樣一個故事：

一家高級旅館徵客房部主任，來面試的人很多，其中不乏學歷高、資歷深的人。筆試、面試……一切都按照正常的程序進行，到了怡萍走進來的時候，已經是當天的最後一名面試者了。主面試官微微嘆氣，看來，徵到合適的人的希望不大了。她的筆試成績並不比別人好，面試時給面試官們留下的印象也很一般。結束時，主面試官禮貌的讓她回去等通知，她微笑著站起來道謝。其實，她知道自己被錄用的希望並不大。她將面前紙杯裡面試官為她倒的水一飲而盡後，走到門後的垃圾桶旁，將紙杯扔了進去。正當轉身要走的時候，她注意到垃圾桶旁還扔著兩個空的紙杯子。猶豫了一下，她蹲下身將兩個空紙杯撿起來，扔到了垃圾桶裡。

然後，她向屋內的人鞠躬，拉開門正要出去，忽然聽到主面試官喊道：「等一下！小姐，妳已經被錄取了。」

第一章　察言觀色，處世要有識人的眼力

原來，真正的考題在這裡。一個客房部主任固然需要適當的學歷來證明她的學識，也需要深厚的資歷說明她的經驗和能力，但更重要的，是她對這份工作的用心。若連房內的垃圾桶亂七八糟，作為酒店客房部主任如果都視若無睹的話，那她怎麼可能在對客人的服務上按照高標準來要求自己、要求大家？

這個面試考的就是一個細節，而從這個細節中所回饋的資訊，從細節上推測面試者的心理活動，對於主面試官來說，已經足夠。其實，從生活細節上觀察人、識別人心需要很多的經驗，但是是有一定的規律可以遵循的。所以一些有心的人，在實踐中總結出用生活細節去識別人心的四條規律：

一是從小動作、小習慣上看人心。一個人的性格特點及一個人的本性往往會透過自身的一些細小習慣、小動作等流露出來。如：總喜歡折手指的人，一般較工於心計，總在動腦筋；一坐下就蹺起二郎腿的人，一般都自命不凡、高人一等；走路總是駝背低頭的人，一般都心事重重。

二是從言談舉止上看人心。那些直率熱情、活潑好動、喜歡與人交往的人，往往是性格開朗的人；那些快言快語、眼神鋒利、情緒衝動的人，往往是性格急躁的人；那些懂禮貌、講信義、實事求是、心平氣和的人，往往是謙虛謹慎的人；那些表情細膩、注意舉止的人，往往是性格穩重的人。

三是從言辭上看人心。說話的時候，把「我想」、「我認為」、「依我看」、「我覺得」等等字眼掛在嘴邊的人，一般都是自以為是、剛愎自用的人；說話的時候總喜歡加上「好不好」、「行不行」、「可以嗎」等等字眼的人，一般都是自信心不強、拿不定主意的人；說話的時候，總是含糊其辭、模棱兩可的人，一般都是老奸巨猾、世故的人。

四是從表情上看人心。經常喜歡皺眉的人，一般都是心思較重、心

事較多、好想這想那的人；經常喜歡用斜眼看人的人，一般都是心胸狹隘、心懷叵測、內心深處充滿恐懼感的人；經常喜歡用手撓頭的人，一般都是心緒不寧、心情煩躁的人。

總之，只要我們平時常常鍛鍊自己觀察細節的能力，就一定能發現每個人在生活中的特徵，從而進一步掌握其內心世界的祕密。

思想引導人的行動，心裡想什麼，就必然體現在他的行動上。只要我們在日常生活中注意觀察他人的言行細節，就能夠看透人心。

觀察舉止，儀態表露人心

眾所周知，「風格塑造人」。一個人的行為舉止反映出一個人的內在品格。也就是說，一個人外在的行為舉止是其內在本性的表現。它反映出一個人的興趣、愛好和感情世界等，這些經過長時間的自我修養、自我教育而養成的個人行為方式，乃是一個人本身性格、氣質和稟性的綜合反映。

例如，一個人是否通達就看他的禮節，是否尊貴就看他上進的程度，是否富裕就看他的修養。聽就看他的行動，止就看他的喜好，達就看他的言辭，窮就看他的作為。高興時檢驗他的操守，快樂時檢驗他的懈怠，發怒時檢驗他的氣節，害怕時檢驗他的耐力，受苦時檢驗他的毅力。這是識人的根本。

有這樣一個事例，某公司的上司對前來應試的業務員，經常會採取各種不同的方法來考驗其內在的人品。

有一次，他讓兩個來應徵的業務員和他一起擠公共汽車，他發給每人二十元作為車費，而車票的價格是十八元。兩位來應徵的業務員，都是朝氣蓬勃的年輕人。其中一位用二十元買了車票之後，對應該找的兩

第一章　察言觀色，處世要有識人的眼力

元不屑一顧，瀟灑的說聲「不用找了」；而另一位則恰恰相反，堅持要找回那剩餘的兩元。雖然有不少乘客用鄙視的目光看著他的舉動，但他依然如故。那位公司的上司看在眼裡，喜在心頭。他用力的拍了一下第二位年輕人的肩膀說：「恭喜你，年輕人，你被錄用了。」

在那位上司看來，能夠為應找的兩元據理力爭的人，日後肯定會為公司的利益不惜一切代價的。從這件微不足道的小事情中，這位上司看透了兩位面試者不同的內心活動狀態。

行為舉止是個人心靈的暗示。在日常生活中，人們的行為舉止各具特色，而我們可以借此窺探出一個人的真實想法，瞭解一個人的心理動向，掌握他人的心理活動。

當林肯到了找女朋友的年齡，他的母親給他講了一個從飯桌上認識一個女孩子的人生經驗：「如果一個女孩子跟你去吃西餐，點了『全餐』，開始上菜的是開胃菜、麵包、湯、沙拉，她全吃光了，等到後面的主菜和甜點，已經吃不下去，你可別怪她。她絕對不是浪費，只是不會點西餐，甚至有可能沒吃過全餐。但你要是哪天遇到一位小姐點了全餐，而且從頭到尾，每道菜都只吃一點點，你可就得小心了。那是真浪費，只怕你將來養不起！」

古人云，「聽言觀行，知人之良法。」就是說，聽其說話，看其行動，是識別人的好方法。正因為如此，在識人時，切不可忘記採用「觀舉止識人」的良方。

三國時期的劉邵說，姿態高尚的人，其行為舉止的特徵定會器宇不凡。這是氣質的一種表現，高貴環境中的人自有一種耀眼的氣勢和儀態，這也可作為識別人才的一個外在依據。

漢武帝既寵尹婕妤，又愛邢夫人。因「美女入室，惡女之仇」，漢武帝下詔命令兩位夫人不得相見。尹夫人很想目睹一下邢夫人的容貌，

多次懇請武帝讓她們二人見一面。最終，武帝答應了她的請求。當數十位宮女簇擁著一位夫人款款行至，武帝向尹夫人微微一笑，點了點頭。尹夫人看了之後即說：「她不是邢夫人。」武帝訝異的問道：「為什麼？」尹夫人答「看她的舉止儀態，不足以當夫人，配不上皇上。」武帝又召來一位穿著舊衣的女人，且沒有宮女保護。尹夫人馬上認出：「這才是邢夫人。」並低頭哭了起來，傷感自己不如邢夫人美麗。原來，先前的那位夫人是一名宮女裝扮的。

邢夫人在後宮中深受武帝的寵幸，左右有那麼多的傭人伺候，舉止必定文雅大方，從容不迫，這樣的儀態又怎麼會是一個終日被人呼來喚去的宮女所具有的呢？所以尹夫人一眼便能辨出誰是真正的邢夫人。由此可見，一個人的生長環境對一個人氣質儀態的影響之大。

一個人可以改變或者喬裝容貌，但是一個人的舉止儀態是在長期的環境中所形成的，想要短時間改變或者說是隱藏是很難的，因此透過一個人的舉止姿態能更為準確的瞭解一個人。

那麼什麼樣的舉止儀態是端正的？什麼是不好的呢？我們要怎麼樣依據容貌舉止辨別君子、小人呢？對此清朝的宋瓘在《古觀人法》一書中是這樣論述的：

一、站立要像喬木松柏一樣，端坐要如華山泰嶽一樣，前進要像太陽一樣明朗端正、不疾不徐；後退要如流水一般，步履輕盈、態度安詳，既不蹦跳，也不拖沓，這樣的人是高居上位的君子。

二、站立時容貌端正嚴肅像齋戒一樣，端坐時容貌如同參祭祀一樣，拜見高貴顯榮之人時，態度從容磊落；辭別孤立無援，貧寒微賤之人時，不自覺的依依不捨，步履徘徊，這樣的人是身處下位的君子。

第一章　察言觀色，處世要有識人的眼力

三、在眾人矚目的地方，落座時故作莊嚴肅穆狀，在大庭廣眾之中，進退之間，故意裝作安然舒泰，一拱手一作揖都顯現出輕浮逢迎者，是身居上位的小人。

四、站立落座都不端正，手、腳不停的搖擺，面見高位者時則驚慌張惶、舉止失措，離去時則急走快跑，慌慌張張，是身居下位的小人。

轉換角度，客觀全面的識人

在《莊子・讓王》中有這麼一個小故事：

戰國時期，思想家列禦寇，人們尊稱他為列子。

列子家庭貧困，有一次家中缺糧，已經有好些天沒吃過一頓飽飯了。夫妻二人靠著他的妻子挖野菜充飢，餓得面黃肌瘦。

列子捱餓的事被鄭國宰相子陽的一個門客知道了。這個門客對鄭相子陽說：「列禦寇是個有道術的賢人，居住在相國您執政的鄭國都城裡，卻窮困不得志，餓得面黃肌瘦，相國您就要落個不重視賢才的名聲了！」

當時的社會風氣，各國的掌權人都千方百計爭取籠絡有才能的人士。鄭相子陽也不甘落後，他聽到門客說了列子捱餓的事，雖然並不瞭解列子的為人如何，但也要博取一個重視賢才的美名。於是，鄭相子陽就派官吏給列子家送去一車糧食。

列子聽到有車馬的聲音，出來一看是位官吏帶著一車糧食停在門口。列子問明官吏的來意，就拜了兩拜，謝絕了鄭相子陽贈送的糧食。官吏只好把糧車帶回去，向鄭相子陽報告。

官吏走後，列子回到屋裡。他的妻子搥胸頓足的埋怨他說：「我聽

說當了有道術之人的妻子，都過得安逸快樂。現在您餓得面黃肌瘦，相國關心您，贈送給您糧食，您卻謝絕相國的好意，不接受糧食，這難道不是命裡註定要受窮捱餓嗎？」

列子笑了笑，對妻子說：「鄭相並不瞭解我。因為聽了別人的話而贈送給我糧食，到他怪罪我的時候，也會因為聽信別人的話而整治我。這就是我不接他饋贈的原因啊！」

妻子並不理解列子的意圖，又嘮嘮叨叨的說：「看你的窮樣，從來也沒有發達過。別人想巴結相國還巴結不上呢，你卻把相國的一番好意拒絕了！」

列子說：「接受人家的饋贈，當人家有難時，你不以死報效，是不義的人；如以死報效他，是為無道義的人而死，這難道是講道義嗎！」

後來，人民果然起來造反，殺死了鄭相子陽，列子因為沒有受鄭相子陽的收買，免掉了一場殺身之禍。

所以，識人不能看表面、重一時，而是要全面、長遠的看。既不能囿於一時之成見，也不能拘於一己之得失。唯有如此，才能全面、客觀的瞭解並認識一個人，才能知其心、知其意、知其情。

人的潛意識中隱藏著感情、需要、性格、想法、長處、缺點等許多東西，這許多部分構成了人的整體。反過來說，人的整體如同一個立體事物一樣，是多面的，但每個部分就構成了一個人的一個面，透過多個面可以判斷一個人的本質屬性。但並不是所有的面都和這個人的本質屬性相一致，人的本質屬性是由大多數的面所決定的，如果把人的個別面當成大多數的面，把部分當成整體，就會犯下「盲人摸象」的錯誤。

「盲人摸象」盡人皆知。它講的是：幾位盲人摸象，摸到腳的盲人說像水桶一樣；摸到尾巴的盲人說像掃帚一樣；摸到肚子的盲人說像鼓一樣；摸到耳朵的說像扇子；摸到牙的說像牛角一樣；摸到鼻子的說像條

第一章　察言觀色，處世要有識人的眼力

粗繩索。盲人由於視覺的障礙，看不見大象的整體，每人只摸到象的一部分，卻把它當做了整體。這個故事帶給大家如何去「全面的」認識他人以很深刻的啟示。

例如把偶然犯錯誤的同事看成是「屢教不改」者，把偶爾做一兩件好事的人當成善心人士。這樣的後果必定造成知人、識人上的失誤。想要避免發生「盲人摸象」的錯誤，就必須借助於「立體透視法」來知人、識人。所謂「立體透視法」，就是對對象做全面性的綜合考察，反映這個對象的整體以及這個整體和部分事物所構成的立體全面。

當我們遇到某些常見的現象時，不要只用一種思維，不要只停留在常規的疑問上，而是要從多方位的去探究問題。牛頓看到蘋果從樹上掉下來，他想，為什麼蘋果往地下掉，而不往天上去呢？他從相反的角度去思考問題，因而發現了地心引力。知人、識人者在認識他人時也是一樣，既要善於從正面的角度去思考問題，也要善於從相反的角度去思考問題；既要從歷史角度去看待他人，更要從現實角度去衡量他人；既要考察他人的個體素養，也要考察他人在群體中的行為表現；既要從品德角度、才能角度、行為角度去考察人，也要從氣質角度、喜好角度去衡量人。這樣才能判斷和識別其真實的能力。

「管鮑之交」歷來被稱為千古佳話，其中固然讚揚了管仲的治國才能，但更重要的則是讚揚了鮑叔牙的慧眼識人。

管仲，名夷吾，東周時期齊國人。生得相貌魁梧、精神俊爽，有經天緯地之才，濟世匡時之略。最初，他懷才不遇，只好與鮑叔牙合夥做買賣，賺了錢時，他常常多拿一倍。不少人認為他太貪心，議論紛紛。後來，管仲一連三次當小官，又都三次被免職。好多人笑他無能，鮑叔牙卻為之辯解：管仲是治天下之奇才，曲高和寡，這只能怪其上司太笨拙，不懂得用他！管仲知悉後，無限感慨，便與鮑叔牙結為生死之交。

轉換角度，客觀全面的識人

　　數年後，管仲、鮑叔牙分別做了齊國國王的兒子公子糾和公子小白的師傅，各為其主，盡心盡力。國王死後，兩位公子為奪王位而發生了激烈的爭鬥。管仲為保公子糾上位執政，以箭射小白，小白險些喪命。但不久小白還是做了齊國國君，即齊桓公，而管仲陪著公子糾流亡魯國。魯國為了魯齊關係，殺了糾，並把管仲押送回齊國。當時正受重用的鮑叔牙聞知，親自迎接囚車，釋放管仲，並把他安排到自己家中去住。又面諫齊桓公饒恕管仲且委以重任。齊桓公這時才知道，管仲的確是一位難得的人才！於是，拜管仲為相，尊其號曰仲父，並且規定：不許犯夷吾之名；不問貴賤，皆稱其字「仲」。齊桓公之稱霸，九次會合天下諸侯，匡扶天下正道，這都是用了管仲之謀。

　　管仲說：「當初我貧窮時，曾與鮑叔牙一起做買賣，分財利時我常常多占，鮑叔牙卻不以此認為我貪，因為他知道我家貧；我曾經為鮑叔牙謀事，結果卻使他更為窘迫，鮑叔牙不因此認為我這個人很愚蠢，因為他知道時機有時有利、有時不利；我曾經幾次出仕，卻屢次被國君罷免，鮑叔牙不據此認為我無能，因為他知道我沒有碰到好時機；我曾幾次帶兵打仗，卻屢戰屢敗，鮑叔牙不因此認為我這個人膽小，因為他知道我家有老母需要供養；公子糾與小白爭位失敗後，我被囚禁起來，忍受侮辱，鮑叔牙不因此認為我這個人不知羞恥，因為他知道我不以小事為恥，而只恥功名不顯揚於天下。所以說，生我的是父母，而真正瞭解我的是鮑叔牙先生。」

　　鮑叔牙推薦管仲之後，他的職位在管仲之下。他的子孫世代都在齊國享受俸祿，其中得到封邑的有十多代，子孫中有許多人都成為有名的大夫。相比之下，天下人很少稱道管仲之才能而卻常常稱道鮑叔牙有知人之明。

　　從上面的事例中可以清楚的看出，如果用常規、片面的觀點識人，

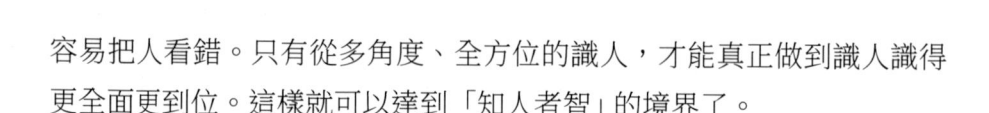

第一章　察言觀色，處世要有識人的眼力

容易把人看錯。只有從多角度、全方位的識人，才能真正做到識人識得更全面更到位。這樣就可以達到「知人者智」的境界了。

透過小動作識破對方

一些人在做某些日常動作時，有一些習慣性動作帶有很濃厚的個性色彩，這對於我們識人知人，客觀評價一個人具有重要的參考價值。習慣性動作是我們日復一日逐漸形成的，它有著極強的穩定性，我們想要一下子改變過來，一時之間會很難辦到。心理學家曾說過：「人們日常做出的各種習慣行為實際上反映了客觀情況與他們的性格間的一種特殊的對應變化關係。」

的確，一個人的所思所想和性格特徵都能在舉手投足、點頭微笑中暴露無遺，那些經驗豐富的識人高手從一舉一動就能識別人心。有一些習慣動作，可以幫助識人者觀察並輕鬆的被認知。

崇禎十五年二月，明朝大將洪承疇松山兵敗，為清軍所生擒。清太宗為了日後逐鹿中原，打算收服洪承疇，但洪承疇不僅不投降，而且還蓬頭跣足，肆意漫罵，以死來對抗清太宗的勸降。范文程來勸降，洪承疇大肆咆哮，而范文程百般忍耐。此時從梁上落下來一塊汙泥，掉在洪承疇的衣服上，洪承疇很仔細的拂去汙泥，拂了又拂，惟恐玷汙了衣服似的。范文程看在眼裡，喜在心中，回去後立即上奏太宗說：「洪承疇一定不會尋死。他對他的衣服尚且如此愛惜，何況是他的性命？」於是皇太極親自勸降，洪承疇果然很快便歸順清朝了。

根據這則故事，讓我們看出人的不同儀態所透露出的心態，可見，透過小動作識人是很有見地的。

下面我們來看一些日常生活中透過習慣與小動作識人的方法：

(一) 手插口袋者

雙腳自然站立，雙手喜歡插在口袋裡，時不時取出來又插進去的，這種人的性格比較謹小慎微，凡事三思而後行。在工作中他們最缺乏靈活性，往往用同一方法來解決很多問題。他們對突如其來的失敗或打擊心理承受能力差，在逆境中更常顯得垂頭喪氣、怨天尤人。

(二) 經常搖頭者

經常「搖頭」或「點頭」以示自己對某件事情的肯定或否定。他們在社交場合很會表現自己，卻時常遭到別人的厭惡，引起別人的不愉快。但是，經常搖頭或點頭的人，自我意識強烈，工作積極，看準了一件事情就會努力去做，不達目的誓不甘休。

(三) 拍打頭部者

拍打頭部這個動作多數時候的意義是表示對某件事情突然有了新的認識，如果說剛才還陷入困境的話，現在則走出了迷霧，找到了處理事情的辦法。拍打的部位如果是後腦勺表明這種人敬業，拍打腦部只是為了放鬆一下自己。時常拍打前額的人是個直腸子，有什麼說什麼，不怕得罪人。

(四) 雙手叉腰者

這種人希望在最快的時間內不走彎路的達到自己的目標，他突然爆發的精力常是在他計劃下一步決定性行動時，看似沉寂的一段時間內所產生的。這個姿勢，成為他的特徵。不飛則已，一飛沖天；不鳴則已，一鳴驚人，就是這個意思。

(五) 言行不一者

當你給某人遞菸或其他食物時，他嘴裡說「不用」、「不要」，但手卻伸過來接了，顯得很客氣的樣子。這種人比較聰明，愛好廣泛，處世

第一章　察言觀色，處世要有識人的眼力

圓滑、老練，不輕易得罪別人。

（六）觸摸頭髮者

這種人個性突出，性格鮮明，愛恨分明，尤其嫉惡如仇。他們經常做一些冒險的事情，喜歡擠眉弄眼，愛拿人當調侃的對象。這些人當中有的缺乏內涵修養，但他特別會處理人際關係，處事大方並善於捕捉機會。

（七）抖動腿腳者

喜歡用腿或腳尖使整個腿部顫動，有時候還用腳尖點踩腳尖或者以腳掌拍打地面，這種人很能自我欣賞，性格比較保守，很少考慮別人。然而當朋友有困難時，他會經常給朋友提出一些意想不到的好建議。

不以貌取人，不以貌欺人

很多人對於審視評判別人的相貌好看與否，相當苛刻。著名學者錢鍾書就說：「對於一個近三十歲的女人，對於十八、十九歲的女孩子的相貌，還肯說好，對於二十三、二十四歲的少女，就批判得不留情面了。」

相貌對於每個人的衝擊力都是直接而敏感的，人們喜歡一個人、接納一個人通常也是從外貌開始的。即人類對事物的一般認識過程是：首先是感官接受了外界事物，然後心裡有了印象，接著發出聲音加以評論，最後才表現為人的外表反應。所以我們要識人，也應該從人的外貌去識人，以便於看清他的內心世界。

明建文二年（西元一四〇〇年），策試中有個叫王良的對策最佳，但因其貌不揚，被評為第二，原本第二的胡靖拔擢為第一。後來惠帝亡國，倒是王良以死殉國，而胡靖卻投靠了永樂皇帝，做了高官。

明英宗對朝臣的相貌也特別看重。天順時，大同巡撫韓雍升為兵部侍郎，英宗下詔讓大學士李賢舉薦一個與韓雍人品相當的人繼任。李賢舉薦了山東按察使王越。王越長得身材高大，步履敏捷，又喜著寬身短袖的服飾，英宗見後很是滿意，說：「王越是爽利武職打扮。」後來王越在邊陲果然頗有戰功。

古人認為，好的面相是：面相有威嚴，意志堅強，富有魄力，處事果斷，無私正直，嫉惡如仇；禿髮謝頂者，善於理財，有掌管錢物的能力；額頭高聳圓重、面目威嚴者，有權有勢，眾人依順；顴高鼻豐並與下巴相襯者，中年到老年享福不斷；顴隆鼻高、臉頰豐腴者，晚年更為富足；顴骨高聳、眼長而印堂豐滿者，面相威嚴，貴享八方朝貢。

不好的面相是：顴高而臉頰削瘦者，做事難成，晚年孤獨清苦；顴高而鬢髮疏稀者，老來孤獨；額高鼻陷者，做事多成亦多敗。

臉皮薄的人常常會被誤認為高傲，或者能力低下。這些誤解更增加了臉皮薄者在人際交往中的困難。因此，他們在處理問題時常常不敢大膽行事，寧願選擇消極應付的辦法。他們對工作往往不求有功，但求無過，害怕承擔風險。然而，臉皮薄的人並非一無是處。一般來說，臉皮薄者的為人倒是比較堅定可靠的。他們是好部下、好朋友，在特定的狹小範圍內，還可以充任好幹部。

一個心質誠仁的人，必定會展現出溫柔、隨和的神色；

一個心質誠勇的人，必定會展示出嚴肅、莊重的神色；

一個心質誠智的人，必定會展示出明智、清朗的神色。

但是，識人不能單從相貌出發。古人云：「人不可貌相，海水不可斗量。」請看下面的例子：

三國時東吳的國君孫權號稱是善識人才的明君，但卻曾「相馬失於瘦，遂遺千里足」。周瑜死後，魯肅向孫權力薦龐統。孫權聽後先是大

第一章　察言觀色，處世要有識人的眼力

喜，但見面後卻心中不悅。因為龐統生得濃眉朝天鼻，黑面短鬚，形貌古怪，再加上龐統不推崇孫權一向器重的周瑜，孫權便錯誤的認為龐統只不過是一介狂士，沒什麼大用。於是，魯肅提醒孫權，龐統在赤壁大戰時曾獻連環計，立下奇功，希望能說服孫權，而孫權卻固執己見，最終把龐統從江南趕走。魯肅見事已至此，便轉而把龐統推薦給劉備。誰知，愛才心切的劉備，也犯了同樣的錯誤。他見龐統相貌醜陋，心中也不高興，只讓他當了個小小的縣令。有匡世之才的龐統，只因相貌長得不好看，竟然多方遭到冷落，報國無門，不得重用。後來，還是張飛瞭解了他的真才後極力舉薦，劉備才委以他副軍師的職務。

一向慧眼識珠的曹操，也犯過以貌取人的錯誤。

益州人張松過目不忘，乃天下奇才，只是，生得窄額尖頭，塌鼻露齒，身高不滿五尺。當張松暗自攜帶西川四十一州地圖，千里迢迢來到許昌打算進獻給曹操時，曹操見張松「形貌猥瑣」，從而產生了厭煩之感，加上張松的言詞激昂，自曝了自己的短處，曹操便將張松趕出國門。劉備乘機而入，爭取到了張松，從而取得了進取西川之軍事上的優勢。如果曹操沒有以貌取人，而是禮遇張松，充分發揮其才識，那恐怕會是另一種結果。

以上歷史說明了光是以貌取人，未免過於偏頗不全，甚至識人錯誤。要完全認識一個人，還需從其他方面入手。這一點，希望我們在識人時要多加注意。

由此可見，面相神態乃識人的精妙之處，從一個人的臉部斷定一個人的品德、才幹、性情和命運，也是人們普遍遵循的一種有效方法。正如識人高手曾國藩所說：「一身精神，具乎兩目；一身骨氣，具乎臉部。」因此在觀人識人時，我們不妨參考古代劉邵所提出的「觀人八法」。

「觀人八法」是把人的體態與精神特徵結合起來，將人分成八種類

型，分別為威、厚、清、古、孤、惡、薄、俗八相，並認為這八種不同相貌的人各有不同的命運。

第一，威相。尊嚴可畏叫做威。威相的人體形高大，儀態威嚴，神情莊重，性情勇猛，不怒自威。生有此相的人能掌重權，具有很強的決斷力和行動力。與這種相貌的人交往，可以借助於他們的地位和能力。

第二，厚相。體態敦實叫做厚。器量宏大如滄海，如萬噸大船，搖撼不動。此種相貌的人，做人正直老厚，舉止端正，性情溫和，心胸寬廣，行動老成持重。生有此相的人大多都有好運，若能與這種人交往，你的命運自然也會有所改變。

第三，清相。精神俊秀叫做清，如森林中的一枝獨秀，有如崑崙山上的片玉。體貌清秀端莊，神情自若，儀表溫文爾雅，性格爽朗，舉止敏捷，聰明睿智，靈活機巧。生有此相的人命中大貴，但若只是清秀而不敦厚，便趨近於刻薄了。因此，對這種人一定要深入觀察，仔細識別，並把握好與之交往的深度。

第四，古相。骨骼外顯，棱角分明，如堅石一般叫做古。古相有古樸和古怪兩種。古樸者性格樸實內向，耿直孤傲，缺少靈活性，辦事欠圓融。古怪者體形奇特，甚至醜陋。生有古相的人命運也因而不同：古樸而清秀者，命運亨通吉利；古樸而混濁者，命運一生窮困。對古相人也要深入觀察識別，分清古樸還是古怪，以決定與之交往與否。

第五，孤相。孤相是指形骨孤寒，如水邊獨鶴、雨中鷺鷥的相貌。一般體形瘦弱，神色委靡，脖子偏長，兩肩內縮，腿腳斜拐，腦袋側偏，坐無坐相，身體四肢搖擺不定，行走時全身不穩，雙手如同要抓什麼東西一般。有孤相者性格內向，心胸狹窄，性情乖戾，了無情趣，命運自然孤寒。與這樣的人交往要小心以防影響自己的命運。

第六，惡相。惡相是指凶悍頑劣，如兇神惡煞之相。生有惡相的

第一章　察言觀色，處世要有識人的眼力

人，心地狹窄，性情卑劣，不論人情，不講理智，陰險狡猾，無惡不作。做事蛇蠍心腸，豺狼般兇暴殘忍。對這種人一定要盡量遠離，以免帶來兇險。

第七，薄相。薄相是一種貧寒下賤之相貌。生有薄相的人，體型單薄瘦弱，氣色昏暗，面無光彩，性情孤僻內向，為人怯懦，意志軟弱，愚昧無知，沒有主見，全無心機。命運如一葉小舟泛於重重波濤之上，始終不濟。薄相的人也不適於交往，容易給自己帶來敗運。

第八，俗相。俗相是渾濁、粗魯俗陋的相貌。生有此相的人如塵土中之物，卑下而淺露。說話粗聲粗氣，舉止粗魯，令人生厭。智力平平，趣味低下，惟利是圖，容易被美色和財物所誘惑。命運一般平凡偏下。對生有俗相的人，最好不要與其交往。

眼睛對於看透人性的意義

眼睛是神賜給人類的禮物。從一個人的眼睛中，可以讀懂一個人的大概。一個人所思所想，很多時候會透過他的眼神表現出來，透過觀察一個人豐富的眼睛語言，也可以在某種程度上對他有一個大致的瞭解和認識。

在臉部的五官中，眼睛是監察官，這大概是因為它「明察秋毫」。人所要傳達的資訊，也有一部分是透過眼睛傳達出的，尤其是情感方面。人的精神氣質，喜怒哀樂，很大程度上是由眼睛所顯示出來的，俗話說：炯炯有神、眉目傳情、暗送秋波、眼睛是靈魂之窗等都是這個意思。同時，眼睛又是人的身體健康狀況的顯示幕。眼睛黑白分明、神氣清爽，是健康之象；眼睛灰暗渾濁、枯澀呆滯，是不健康之象；眼睛顧盼無光、昏花恍惚，是衰弱之象。正因為眼睛對於面容如此的重要，所

眼睛對於看透人性的意義

以說「目者面之淵，淵不深則不清」，淵要深才清，要清才美。所以目也應該要深，從而至清並至美，否則，便不會清，也不會美。

泰戈爾說得好：「任何人一旦學會了用眼睛說話，表情的變化就將是無窮無盡的」。

有時候，眼睛似乎也會說話，一個人的內心活動，經常會反映到他的眼睛裡，心之所想，透過眼睛就能看出，這是每個人都很難隱瞞的事實。因此，可以透過眼睛識別一個人的內心。

諸葛亮就是這樣一個善於透過眼神識別人物的高手。

曹操派刺客去見劉備，刺客見到劉備之後，並沒有立即下手，而是與劉備討論削弱魏國的策略，他的分析極符合劉備的意思。

不久之後，諸葛亮進來了，刺客很心虛，便藉口要上廁所而離開了。

劉備對諸葛亮說：「剛才得到一位奇士，可以幫助我們攻打曹操。」

諸葛亮卻慢慢的嘆道：「此人見我一到，神情畏懼，視線放低而時時透露忤逆之意，奸邪之形完全洩露出來，他一定是個刺客。」

於是，劉備連忙派人追出去，但刺客已經跳牆逃跑了。

在瞬息之間，透過眼神的變化，看出一個人的目的和動機，固然需要先天的智慧，但更多的是靠後天的努力，因為這種智慧是在環境中磨煉和培養出來的。諸葛亮能夠看透此人，主要是從他的眼神閃爍不定中發現破綻的。

可見，每一個人，不管自覺或是不自覺，他的眼睛往往是他的靈魂的忠實解釋者，正如《簡‧愛》中寫道：「靈魂在眼睛中有一個解釋者 —— 時常是無意的，但卻是忠實的解釋者。」

那麼在生活中要如何透過這些資訊來掌握人的個性和內心活動，有無規則可循呢？下面就介紹幾種透過眼神識人的方法：

第一章　察言觀色，處世要有識人的眼力

其一，看眼神。

(一) 眼睛閃閃發光，表明對方精神煥發，是個精力充沛的人。

(二) 目光呆滯黯然，說明這是個沒有鬥志而索然無味的人。

(三) 目光飄忽不定，表示這是個三心二意拿不定主意抑或是緊張不安的人。

(四) 目光忽明忽暗，說明他是個工於心計的人。

(五) 目光炯炯有神，表明這是個有膽識而且正直的人。

(六) 主動與人進行視線交流的人，說明他是個心胸坦率的人。

(七) 不敢正視或迴避別人的視線，表明此人是個內心緊張不安或言不由衷、有所隱藏的人。

(八) 眼神清澈的人，通常表示此人清純、澄明、無雜念、端正、開明。眼神混濁的人，往往表示此人昏沉、粗魯、庸俗和鄙陋。

(九) 「眼神」正，其人大致正直，「眼神」邪，其人大致奸邪。

其二，觀眼形。

(一) 深眼窩

如果一個人眼睛深嵌在臉龐的後方，四周有濃密的眉毛和高高的額骨包圍。表示這個人喜歡探究，仿佛周遭的一切都經常處在他的一面放大鏡之下。其擅長區分極細小的細節，可以偵察出一個人個性中的小缺陷。就因為這個原因，這個人十分挑剔，除非是相當特別的人，否則很難有人能進入他的生活中。

(二) 長眼型者有遠見

長眼型的人辦事常常會做到穩、準、狠。他們的責任心一般都很強，辦事嚴肅認真。這種人有很強的決斷能力，又有遠見，因此常常能

夠成就大事。

有的人眼睛長得又長又大，給人一種慈善溫和的印象。這種人很有人情味，並富有同情心，具有犧牲和奉獻精神，他們的事業成功或許與這種奉獻精神和同情心有關。這類人在年輕的時候會贏得別人的信任和幫助，而在年老的時候會成為被眾人尊敬的慈善家。如果你身邊有長著這樣的眼睛的人，你千萬不要置之不理，因為他會成為你值得信賴的朋友和輔助你事業的好夥伴。

(三) 兩眼分得很開

這個人很有良心，凡事替別人著想，對人生看得很開。雖然他正朝著自己的目標前進，但並不因此而盲目，也不會因此局限了自己的視野。他樂於幫助他人，一點兒也不嫉妒別人。受其幫助的人，經常問他該如何回報他才好？那些人並不知道，讓這個人幫助他們，便是給他的最大回報。

(四) 兩眼距離相近

這樣的人是那種在某一方面能夠取得成就，但又因為在另一方面未能得到他人的認同而沮喪萬分的人。他一直認為自己總是在最好的時機上做了錯誤的選擇，不過他卻又馬上怪罪到，這絕大部分是因為別人給了自己不恰當的建議。

(五) 圓眼型者悟性高

眼睛圓圓者常常給人一種機靈的印象。這樣的人比較聰明，反應靈敏，適應性強。這種人做事積極，講究實效性，但很容易受到外界的誘惑。

在圓眼中，有一種稱為「黑豆眼」的眼睛，是非常需要警惕的，他長著一對漆黑的眼珠，遇到事情，小眼珠在眼眶裡轉呀轉的，時刻盤算

第一章　察言觀色，處世要有識人的眼力

著自己的得失。這樣的人常常作不出正確的判斷，因此不能輕信他們出的主意。他們常常還很固執，自以為是，往往撞了南牆都不回頭。

（六）眼睛凸出者外強中乾

有的人眼睛長得向外凸出，就像金魚的眼睛。這種人辦事常常欠考慮，大大咧咧，一副滿不在乎的樣子，他們心裡往往想著一些虛幻的東西，並且到處張揚，但實際上並沒有做出多少實際的工作。這種人的想法和計劃很多，但卻少有幾件可以付諸實踐的，有時即使去做了，也常常是虎頭蛇尾，半途而廢，是一個標準的「紙上談兵」者。

而且，這類人往往還表現得自以為是，辦事武斷，自尊心很強，企圖用自己的誇誇其談來掩飾自己的無能。

（七）大眼睛

這樣的人眼睛清澈明亮，感覺一副永遠好奇的模樣。他喜歡嘗試任何事情，即使某件從前做過許多次的事，讓他做來都彷彿從沒做過一般。

睡覺是少數幾件令其憎恨的事，因為他討厭閉上眼睛，即使只閉上一秒鐘，也老大不願意，因為他怕錯過某樣東西。

總之，眼睛越有精神越好，但不能目帶凶光。

行坐之間，目光純正平視，心地必然正直善良，雖不生事，也不怕事。

行坐之間，目光閃躲不願正視者，則是內藏奸詐、心懷叵測之人。

行坐之間，眼若經常仰視，必是心高氣傲，是個自命不凡之徒。

行坐之間，眼常俯視或左右探索者，必是陰險多奸、詭計多端者。

眼神若經常左顧右盼，此人可能頗有才智，但多是大話不慚，言而無信之人。

與人說話，先閉目而後發言，或是向前俯而後語者，此人易遭兇險。

可見，觀察一個人的「眼神」，是辨別一個人好壞的重要途徑，同時對於認識一個人來說也是非常重要的。

識人言，做對事

俗話說：「林子大了，什麼鳥都有。」說的就是人性的複雜，可謂「千人千面，千面千心」。每一張臉孔都是個性十足、變幻莫測，令人難以捉摸的，倘若你沒有幾分眼力就很難看清他們的真面目。

荀子認為，不同人品的人，會有不同的行為表現，透過他們的行為表現，就可以看清楚他們的真面目。

關於知言，儒家也曾有專論，孔子說：「花言巧語，一副討好人的樣子，這樣的人是很少有仁德的。」巧言令色，這是一幅偽君子的形象描述。曾子說：「脅肩諂笑，病于夏畦。」縮起兩個肩膀，做出一副討好人的笑臉，這真的比頂著夏天的烈日頭在菜田裡做事還要令人難受啊！

儒者對偽君子的鄙棄之情溢於言表。僅孔子對「巧言令色」的斥責，在《論語》中就記有三次（其他兩次見於《陽貨》、《公冶長》）。

然而，在歷史上，在現實中，這種巧言令色、脅肩諂笑的人卻並沒有因為聖人的鄙棄而減少。他們雖無仁德，難成正果，但卻有的是用武之地。所以，直到今天，我們仍然要牢記聖人提醒我們的話，時時警惕那些花言巧語、一臉笑得燦爛的偽君子。

由此可知，要瞭解一個人內心深處的東西，談話是最好的手段。有人指出，當談話深入到一定的深度時，對方的心理活動就可以靈敏的接收到。

第一章　察言觀色，處世要有識人的眼力

說話的內容是對方與你交談的目的，也是雙方談話過程中藉以影響對方的重要因素，所以，我們平時談話時一定要注意分析說話的內容。

思想引導著人的行動，但人是極其複雜的，內心所想的和言行未必一致。如果僅聽其言，就會受其所騙。一般來說，剛直的人心裡所想的，就會照著所想去做，這種人言行一致易於瞭解，聽其言觀其行便知其人。但狡猾的人，所想和所要做的是一回事，但所說的又是另一回事，即以其漂亮的言辭掩蓋其罪惡的用心，因而獲得人們的讚賞和支持，以達到其罪惡的目的。所以僅根據一言一行而對人得出結論，必然失之偏頗。我們識人必須從各方面考察，只有掌握第一手資料，全面瞭解某個人，並據此做出分析，才能對某人有正確的認識，根據其現在所作所為才能預料到其發展的趨向和後果。

戰國時楚國的春申君黃歇，門下有三千門客，是著名的「四公子」之一。當時因為楚王沒有子女，春申君就四處搜尋美女獻給楚王。有個趙國人，叫李園。他有個妹妹長得特別漂亮，他本想把妹妹獻給楚王，但是他聽說楚王不能生育後就改變了主意，把妹妹獻給了春申君，春申君很寵愛這個美女，沒過多久，她就懷孕了。

這時，李園又想搞陰謀，讓妹妹對春申君說：「夫君，楚王跟您的感情真是特別深啊！」春申君說：「是啊，我和楚王的感情比親兄弟還深。」美人又說：「可是楚王沒有兒子，他死後肯定只有讓自己的親兄弟做國君。新國君一定只重用自己身邊的人，根本輪不到您。況且您現在的地位這麼高，必定有對楚王的兄弟禮數不周到的地方，那您的處境不就更危險了嗎？」春申君聽了，說：「是呀，可是又有什麼辦法呢？」美女說：「辦法倒有一個。我已經懷孕了，要是楚王現在喜歡上我，那將來我生下的孩子就可以當國君。您就不用擔心以後的前途啦。」

春申君動心了，就按照這個美女說的，把她獻給了楚王。美女果然

很快就得到了楚王的寵愛。後來，這個美女在王宮生了個男孩。這孩子被立為太子，美女也當上了王后。楚王很快封李園當了高官。可是，李園是個有野心的人，他一來想奪取春申君的位置，二來怕春申君洩露了祕密，便在私底下養了許多殺手，設計殺春申君滅口。

此刻的春申君卻還蒙在鼓裡。他的一個門客朱英對他說：「您做楚國的丞相已經二十多年了，一人之下，萬人之上。有一天楚王死了，您就要輔佐年幼的太子，直到他長大成人。這是您的福氣，但這之中也可能隱藏著災禍。」

春申君並沒有將他的話放在心上，毫不在乎的說：「我現在過得很好啊，至於將來，會有什麼不幸呢？」朱英憂心忡忡的說：「李園是個小人，他一直都想奪取您手中的權力，早就暗地養了許多殺手，只要楚王一死，他便會將矛頭指向您。這就是我說的災禍啊。不過，現在挽救還來得及，只要您先下手為強，同時也免除了您的後顧之憂。」

春申君聽了，哈哈一笑，拍拍朱英的肩膀說：「先生多慮了。我瞭解李園這個人，他是個膽小、溫和的人，我一直都對他那麼好，他是不會做出什麼對不起我的事的。」

沒過多久，楚王死了。李園率先來到宮裡，安排殺手埋伏在宮門內。春申君也急忙進了宮，剛走進宮門，李園的殺手就從兩旁殺出來，他還沒來得及喊聲救命，頭就被割了下來，之後，李園又誅殺了春申君的所有親族。

戰國四公子之一的春申君就是這樣被殺掉的，更為悲慘的是，也許到死他也不知道是誰殺死他的，因為在他的印象裡，李園是個膽小溫和，況且自己還對其有恩的一個人。

春申君的悲劇是他自己一手造成的。他沒有看清李園這樣的小人，對他沒有防範。而這正是導致他最終悲慘結局的根源。

第一章　察言觀色，處世要有識人的眼力

具有識人的本領，就意味著你可以在瞬息之間看透周圍發生的人與事，刺探一個人的真偽，洞察其內心深處所潛藏的玄機。能以不變應萬變，順利的窺探出情緒變化的溫差，使你在人生的旅途上左右逢源。具有這樣的本領，就可以認識他人的長短優劣，辨人於彈指之間，察其心而制其人；觀人於咫尺之內，識其言而審其本，瀟灑的輾轉於生活的競技場中，把人生的「發球權」牢牢的掌握在自己的手中。

寧可不識字，不可不識人

有一句名言：「寧可不識字，不可不識人。」說明了識人與處理人際關係的重要性。這句話雖有失偏頗，但不可否認善於識人是一種極高的智慧。古人云：「夫聖賢之所美，莫美乎聰明；聰明之所貴，莫貴乎知人。」

因此，要從這個波詭雲譎的人生之海中，繞過波濤洶湧的暗流，繞過錯綜複雜的險礁，尋找一個人生航向的指南針，具有快速看破人心的本領是決定性的關鍵。有了這項本領，它可以使你擺脫無所適從的困惑；它可以讓你具有認清環境和辨別他人的能力；它可以使每個人在風雲突變之際，透視人心。

楚國有一個人，涉嫌了犯罪，雖然宰相調查了三年，可是一直都沒有判他的罪。他很想知道宰相的心意，但是身為犯罪嫌疑人，又不好直接去問宰相。他忐忑不安，心想：「我到底有沒有罪呢？如果我有罪，我的房產一定會被沒收，為什麼宰相一直沒有採取行動呢？」他想了很久，最後終於想到了一個辦法去試探宰相的心意。

他拜託一位跟宰相很有交情的人去辦這件事。那個人一見宰相脫口就說：「那嫌疑犯的房子能不能讓給我住呢？」他想，如果宰相答應了，

就表示這個人有罪,但宰相搖搖頭說:「不!這個人沒有罪,那幢房子不能讓給你。」

當那個人要離開的時候,宰相暗叫一聲:「糟了!」同時,大聲叫住他說:「我與你的交情不錯,你為什麼要跟我耍這種手段呢?」那個人明知被看透了,卻仍然裝出不解的樣子說:「我並沒有耍什麼花樣啊!」宰相說:「你的要求被我拒絕了,卻仍然這麼高興,我想你一定是受了那個嫌疑犯的委託前來試探我的吧?」

在這個故事裡,兩位主角各自運用了不同的方法,成功的看透了對方的心意。

然而,在現實生活中要看透一個人是很難的。有的人外貌溫厚和善,行為卻驕橫傲慢,非利不行;有的人外貌圓滑而內心剛直;有的人看似堅貞,實際上散漫;有的人看上去泰然自若,但他的內心卻總是焦躁不安。目空一切的人看樣子很聰明;愚蠢可愛的人看上去像個正人君子;魯莽的人看上去往往很勇敢。隨便允諾的人給人的印象很爽快,但這種人卻容易不講信用;什麼事都要插手的人好像多才多藝,但一旦要他拿出真本事就會露餡;吹毛求疵的人好像很精明,實際上只能添麻煩;動不動答應給人這樣那樣好處的人好像樂於施惠,但是這種人常常說話不算話;當面百依百順的人貌似忠誠,然而這種人大多是陽奉陰違之輩……這些都是一些似是而非的典型現象,當然也有相反的情況。大政治家看似奸詐,卻是能成就大事業的人;有大智慧的人看似愚鈍,然而其內心卻一片清明;博愛的人看似虛幻,但其心胸實際上非常寬厚充實;正直無私的忠言雖然聽了讓人不高興,但其情感卻是出自一片至誠。由此可見,識人是多麼的重要。

那麼,要如何識人呢?古代兵家奇書《六韜》中的識人八法,值得借鑑。其法如下:

第一章　察言觀色，處世要有識人的眼力

（一）試加質問，以觀察其對事物的瞭解程度。有些人一知半解，仗著口才好，誇誇其談，需要深入探究，方能瞭解其底蘊。

（二）試加追問，以觀察其即時反應。這時的他無法從容編織謊言，容易露出破綻。

（三）派遣奸細，誘之以利，以觀察其忠誠度。

（四）告之祕密，以觀察其品德。小人是不能守密的，即使只是為滿足一時的虛榮心也會洩密。

（五）使之接觸錢財，以觀察其誠實度。小人抵擋不住利誘，不由自主的會伸出貪婪的爪子。

（六）以女色誘之，以觀察其自制力。此法主要不是識別君子、小人，而是考驗其有無能力承擔重任。

（七）交付困難工作，以觀察其勇氣。小人面對困難工作，會認為是上司在給他設置障礙，因而心懷不平，口出怨言。

（八）醉之以酒，以觀察其醉後的態度。

用這八種方法考察一番，這個人究竟是一個什麼樣的人，就能夠區分得一清二楚了。

人心藏於胸腹，不易被他人所理解，但是，人的心思卻可從顯現於外在的表情、動作、言談等流露出來，不知是幸抑或不幸。即使是極端型的面無表情，其心理狀態也無法完全不表現在舉止之間。所以，識人往往來自於細節小事，因此，看人要做到眼快心細。在一些被人忽視的小節中，仔細推斷，認真揣摩，就能將他人的心思猜出一二。

第二章
處世要懂心理學

　　說到心理學，很多人的第一反應就是懂心理學的人，一眼就能看透人的心機。沒錯！每個人只要多瞭解一點心理學知識，在處世方面將會受益頗多，它能讓你看清事物的本質，瞭解他人的內心，最終教你懂得如何與人和諧相處。

第二章　處世要懂心理學

記住對方的名字

有一位著名的人際交往大師曾經說過，別人的名字就是你的財富，你記住的人名越多你所擁有的朋友就越多。這句話確實十分精彩。有朝一日當你走在鬧市的大街上，忽然有一個人大叫著你的名字，穿過人群熱情的與你握手，而你卻對他沒有印象時，你一定會在心頭竊喜，謝天謝地，他還記得我的名字，而我卻把人家忘了。我敢打賭，如果此時這個人提出一個你能做到的要求，你一定會鼎力幫助。

若能夠記牢對方的姓名，最容易讓對方產生良好印象，這種本領，在交際場合中，大有用處。若是別人對你十分的熟悉，但你卻偏偏叫不出人家的姓名，雖然可以用含糊的方法先敷衍過去，但心裡終究會覺得不安，有時因為地位的關係，你應該先和人家打招呼，這時你如果記不起他的姓名，不去招呼他，人家會誤認你是自大傲慢、目中無人，這可就不妙了。所以你要在交際場合中占到優勢，熟記對方的姓名，是一件必不可少的功課。

當然，要記住別人的名字，並不容易。通常人們只會記得清楚那些與自己的利益十分有關聯的人們，而你記住他們的目的正與此相同。所以你必須做一個有心人。記住別人的姓名是需要練習的，而擁有記住他人姓名的能力，是一項相當有用的資產。在參加派對或週末聚會時，要一下子記住一大堆人的名字，且需至少維持一小段時間，最大的訣竅便在於集中注意力。

心理學研究表明，人對自己的姓名最感興趣。把一個人的姓名記全，並很自然的叫出口來，這是一種最簡單、最明顯，而又最能獲得對方好感的方法。這不僅能增加自己的親和力，贏得對方的信任，而且還有利於建立一個良好的人際關係，對自己事業的成功有很大的幫助。試

記住對方的名字

想一下，當你滿面春風的出現在朋友面前，而他卻想不起你的名字，甚至將你的名字喊錯，你會怎麼想？你心中的親密感還會存在嗎？同樣的，如果你想讓別人親近你，最好的辦法就是記住對方的名字。然後再真心與人相處，就會獲得對方的友誼。

記住名字不僅是禮貌，還是對他人的尊重。

成功學大師卡內基說：「記住，不論在哪一種語言之中，一個人的名字都是最甜蜜、最重要的聲音。」

安德魯‧卡內基被稱為鋼鐵大王，但他自己對鋼鐵的製造卻懂得很少。他手下有好幾百個人，都比他瞭解鋼鐵。但是他知道怎麼樣為人處世，這就是他發大財的原因。

他小時候，就表現出過人的組織才華。當他十歲的時候，他發現人們把自己的姓名看得很重要。而他利用這項發現，去贏得別人的合作。例如，孩提時代他在蘇格蘭的時候，有一次抓到一隻兔子，那是一隻母兔。他很快發現多了一窩小兔子，但沒有東西餵它們。可是他有一個很妙的想法。他對附近的孩子們說，如果他們找到足夠的苜蓿和蒲公英，餵飽那些兔子，他就以他們的名字來給兔子命名。這極大的提高了孩子們餵養小兔子的積極性。而在商業界他又利用類似的方法，賺了好幾百萬美元。例如，他希望把鋼鐵軌道賣給賓夕法尼亞鐵路公司，而艾格‧湯姆森正擔任著該公司的董事長。因此，安德魯‧卡內基在匹茲堡建立了一座巨大的鋼鐵工廠，取名為「艾格‧湯姆森鋼鐵工廠」。當卡內基和喬治‧普爾門為臥鋪車生意而互相競爭的時候，這位鋼鐵大王又想起了那個關於兔子的故事。

卡內基控制的中央交通公司，正在跟普爾門所控制的那家公司爭生意。雙方都拼命想得到聯合太平洋鐵路公司的生意，你爭我奪，大砍其價，以致毫無利潤可言。後來，卡內基和普爾門都到紐約去參加聯合太

第二章　處世要懂心理學

平洋公司的董事會。有一天晚上，他們飯店遇見了，卡內基說：「晚安，普爾門先生，我們豈不是在出自己的洋相嗎？」

「你這句話怎麼講？」普爾門問道。

於是卡內基把他心中的話說出來──把兩家公司合併起來。他把合作而不互相競爭的好處說得天花亂墜。普爾門傾聽著，但是他並沒有完全接受。最後他問：「這個新公司要叫什麼呢？」卡內基毫不猶豫的說：「普爾門皇宮臥鋪車公司。」

普爾門的眼睛一亮。「到我房間來，我們來討論一番。」他說，這次兩人的討論改寫了美國工業史。

安德魯‧卡內基以能夠叫出許多員工的名字為傲。他很得意的說，當他親任主管的時候，他的鋼鐵廠未曾發生過罷工事件。

名字對於一個人來說，應該算是最重要的東西之一。一個人從出生到去世，名字就一直和他綑綁在一起。人們不能沒有名字，因為這是一個人有別於其他人的重要標誌。叫響一個人的名字，這對於他來說，是任何語言中最動人的聲音。

但是，很多人常不記得別人的名字，因為他們認為沒有必要花工夫和精力去記別人的名字。如果問他們為什麼，他們肯定會為自己找藉口，說自己很忙。但一般人大概不會比羅斯福更忙，可是羅斯福甚至會把一個技工的名字牢牢的記下來的喔！

羅斯福總統知道一種最簡單、最明顯，而且又是最重要的獲得好感的方法，那就是：記住對方的姓名，使別人感到自己很重要。但是，我們中間，又有多少人能這樣做呢？

記憶姓名的能力，在事業上、交際上和政治上是同樣重要的。

法國皇帝拿破崙三世，即偉大的拿破崙的侄子，他曾經自誇自己雖然國事很忙，可是，他能記住所見過的每一個人的姓名。

他有什麼高招嗎？其實很簡單，假如他沒有聽清楚，他就說：「對不起，我沒有聽清楚。」如果是個不常見到的姓名，他就這麼問：「對不起，請告訴我這名字如何拼？」

在與別人的談話中，他會不厭其煩的把對方姓名反覆的記憶數次，同時在他腦海中把這人的姓名和他的臉孔、神態、外形連貫起來。如果這人對他是重要的，那拿破崙三世就更費事了。在他獨自一人時，他會把這人的姓名寫在紙上，仔細的看著、記住，然後把紙撕了。這麼一來，他眼睛看到的印象，就跟他聽到的一樣了。

這些習慣都很花時間，但愛默生說：「良好的禮貌，是由小的犧牲換來的。」

主動出擊，克服消極等待的心理

所謂的「消極」思維就是不要每時每刻都那麼高調，而是應該在適當的時候採取一種較為放鬆、平和且順其自然的思維方式，遇到事情時多從多角度、多層次的靈活思維著手，這樣一來「消極」思維也會有力量的。

我們來看《少年康熙智擒鰲拜》的故事：

康熙帝即位那年才八歲。按照順治皇帝的遺詔，由四個大臣輔政。其中，有個叫鰲拜的，仗著自己掌握兵權，又欺負康熙帝年幼，獨斷專橫。別的大臣和他意見不合，就遭到他的排擠打擊。因此索尼告老還鄉，遏必隆俯首聽令，只有蘇克薩哈是個忠臣，見鰲拜專橫獨斷，欺侮皇上，常常據理力爭，因此被鰲拜視為眼中釘、肉中刺，發誓一定要殺死蘇克薩哈，再謀取皇位。於是鰲拜設計陷害蘇克薩哈，在小皇帝不允許的情況下，仍將蘇克薩哈絞死了。

第二章　處世要懂心理學

　　康熙知道後，氣得兩眼冒火，他悶悶不樂的坐在後宮，一個勁兒的琢磨著，用什麼辦法才能除掉這個禍國殃民的大壞蛋？正在此時，生性聰敏、才識過人、武藝超群，康熙最佩服的小姑來了。康熙從小就愛和這位小姑在一起玩，彼此十分親近。小姑見康熙愁容滿面，心疼的說：「看你煩惱成這樣，不就是為了那個總對你吹鬍子瞪眼睛的鰲拜老頭子想不開嗎？這點小事好辦，聽小姑我的，明天把他抓起來殺了，不就結束了嗎？」康熙道：「咳，你說得倒容易，他爪牙死黨很多，要是傳旨抓他，還不立刻就得造反了呀？」小姑把嘴一撇，說：「殺這麼一個糟老頭，還用得著大吵大鬧的嗎？你順著我的手往窗外看，外面那不是就有殺鰲拜的刀嗎？」

　　康熙聽了半信半疑，連忙向窗外一看，原來，窗外有十幾個舞槍弄棒的小太監，正在操練武藝。他恍然大悟，小手一拍，又蹦又跳的說：「好刀，好刀，鰲拜死定了！」

　　原來，按照明朝留下的規矩，皇宮裡一直養著十幾個沒上學，不識字的小太監習武，保護皇上。窗外這十幾個小太監，個個武藝高強，每天和康熙一起練拳，一起遊戲。康熙待他們情同手足，他們也都願為康熙赴湯蹈火，在所不辭。

　　第二天，康熙傳旨，召鰲拜入宮下棋。鰲拜自從殺了蘇克薩哈，見康熙不但無所表示，而且還親自邀自己入宮下棋，更不把他看在眼裡。他連侍從也沒帶，毫無戒備的就直奔後宮。

　　後宮門前，小康熙正和一幫小太監玩耍。他看見鰲拜遠遠走來，就和小太監們說：「今天，我和你們玩一個抓人遊戲。一會兒那個老鰲拜到此，我一聲令下，你們就拉胳膊拽腿的一齊上，把他捆倒在地，遊戲就算結束。我將重重有賞！」

　　十幾個小太監一聽，覺得這個遊戲新鮮，個個開心極了。等鰲拜一

到跟前，不等康熙下令，就嘻嘻哈哈的蜂擁而上，將鰲拜按倒在地捆起來了。

鰲拜還當小太監跟他搗亂呢，不斷的高聲叫喚：「別鬧，別鬧！」

康熙這才屬聲正色的說道：「鰲拜，你死到臨頭，還不明白嗎？」這時，鰲拜才知自己中計了。

康熙用計除了鰲拜，又命索額圖率侍衛軍捉拿鰲拜的家人和死黨，列舉鰲拜罪狀，在朝野上宣讀，百官無不震服，這一年，康熙才十六歲。

古人說：「小不忍，則亂大謀。」一個人學會忍耐、婉轉和退卻，克服消極等待的心理，主動出擊，就可以獲得無窮的益處。

家庭教育也要懂點心理學

家庭對孩子一生的成長是至關重要的。家庭，是社會的基本單位，是孩子人生的第一所學校，家長則是孩子最重要的啟蒙老師。父母與孩子朝夕相處，接觸的時間和機會也最多，父母的言行每時每刻都在影響著孩子，父母的教誨引導孩子從小走到大，對孩子今後的成功同樣具有重大而深遠的意義。家庭教育作為孩子通向社會的第一座橋梁，對孩子個性品性的形成，以及健康成長起著重要的作用。若家庭教育失當，子女容易出現以下一些心理偏差。

（一）父母的嬌寵溺愛，容易使孩子變得自私，遇事先考慮自己的利益得失，從不為他人著想。

（二）長輩們對「獨生子」百般愛護，不願約束孩子。致使孩子在家庭中，不尊重長輩，而是惟我獨尊，日後進入社會也不懂得如何尊重別人。

第二章　處世要懂心理學

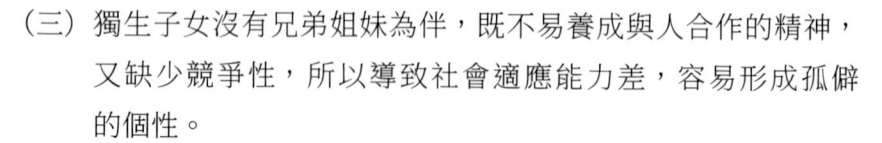

（三）獨生子女沒有兄弟姐妹為伴，既不易養成與人合作的精神，又缺少競爭性，所以導致社會適應能力差，容易形成孤僻的個性。

（四）在家裡，許多本該獨生子女自理的工作都由父母代勞，這樣容易使他們養成依賴性，而缺少工作自覺性，長此以往，自主精神和能力都很差。

（五）家長望子成龍、望女成鳳心情急切，利用孩子的休息時間，花費大量金錢請家庭教師，教導孩子學習琴棋書畫。這樣必然占用了孩子應有的遊戲時間，勢必會導致孩子產生厭學情緒。

那如何才能盡善盡美的進行家庭教育呢？這就對為人父母者提出了更高的要求。即把心理學融入到家庭教育當中。

我們先來看這樣一個發生在我們身邊的事例：

有一個八歲的小男孩，有一天放學以後怒氣衝衝的回到家裡，進門以後便用力的跺腳。此時他的父親正在院子裡做事，看到兒子生氣的樣子，就把他叫了過來，想和他好好聊聊，以便瞭解兒子如此氣憤的原因。

這個小男孩很不情願的走到父親身邊，氣呼呼的說：「爸爸，我現在非常生氣，同學以後別想再得意了。」

父親一邊做事，一邊靜靜的聽兒子訴說。兒子說：「同學讓我在朋友面前丟臉，我現在特別希望他遇上幾件倒楣的事情。」

他父親聽完後，默默的走到牆角，找來一袋木炭，對兒子說：「兒子，你把前面掛在繩子上的那件白襯衫當做那個同學，把這個塑膠袋裡的木炭當做你想像中的倒楣事情。你拿木炭全力去砸白襯衫，每砸中一塊，就象徵著同桌遇到一件倒楣的事情。等你把木炭砸完了以後，我們

再來看看會是什麼樣子。」

兒子覺得這個遊戲很好玩，便毫不猶豫的拿起木炭向白襯衫上砸去。可是白襯衫掛在很遠的繩子上，即使他用盡全力把木炭扔完了，也仍然沒有幾塊扔到襯衫上。

這時候父親緩步走過來，問道：「兒子，你現在感覺怎麼樣？」

小男孩回答說：「爸爸，我雖然很累，但我很開心，因為我扔中了好幾塊木炭，白襯衫上有幾個黑印。」

從兒子的回答中，這位用心良苦的父親看到兒子並沒有明白他的真正用意，於是便讓他去照照鏡子。兒子也很順從的去照了鏡子，這時候讓人吃驚的事情發生了。兒子看到鏡子裡的自己滿身都是黑炭，臉上只能看到牙齒是白的。被他砸的白襯衫並沒有變得特別髒，而他自己卻成了一個「黑人」。

這位父親的教育方法就很值得我們去借鑑，因為他並不是簡單的說教，或者是擺大道理說孩子的這種想法是錯誤的，是行不通的，而是選用一個形象而直觀的教育方式，讓孩子在親身經歷的體驗中，明白自己錯了。

有時候，我們的壞念頭雖然在別人身上兌現了一部分，別人是倒楣了，但是它們也同樣在我們身上留下了難以抹滅的汙痕。

海納百川，寬容是福

《道德經》中記載著這樣一句話：「江海之所以能為百谷王者，以其善下之，故能為百谷王」。這句話的意思是，江海之所以能成為一切小河流的領袖，就是因為它善於處在一切小河流的下游，這就是海納百川的海量。

第二章　處世要懂心理學

　　大海如此，人亦如此，人要有山谷那樣的胸懷，有大海那樣的氣度，就會成為一個思想境界高尚、知識淵博、朋友眾多的人。

　　俗話說，說起來容易做起來難。當遇到損己、害己之事時，人們往往很難做到包容，很多人都會有「此仇不報非君子」的想法，不管結果如何，總是想盡一切辦法給對方打擊和報復，以解心頭之恨。

　　殊不知，這樣做往往也弄得自己一身狼狽，心力交瘁，甚至眾叛親離。正所謂「自己照鏡千般好，轉頭回身無人應」，這種淒涼和無奈恐怕只有當事人自己最清楚。為什麼會這樣呢？因為在你恨死對方之時，對方也許並不知情。因為不知情，他不會有任何損失，也不會有什麼負擔，反倒是你自己的內心，因為有「恨」而一刻也不得寧靜，痛苦不已。因此，我們要瞭解，「恨」是世界上最愚昧的行為。

　　只有懂得寬恕別人，才能得到真正的快樂。如果一個人的快樂，是希望從別人身上去獲得，那會比一個沿門乞討的乞丐還要痛苦。

　　寬恕是一種能力，一種控制傷害繼續擴大的能力。

　　寬恕不只是慈悲，也是修養。

　　生活中，寬恕可以產生奇蹟，寬恕可以挽回感情上的損失，寬恕猶如一個火把，能照亮由焦躁、怨恨和復仇心理所鋪成的黑暗道路。

　　我們不妨來看看一位天真爛漫的十六歲少女愛倫的故事。

　　愛倫的生母遺棄了她，這讓她非常氣憤。她常常問自己為什麼生母不撫養她呢？後來，她找到自己的生身父母，發現他們很年輕，十分貧窮，而且沒有結婚，只是同居在一起而已。

　　這時，愛倫的一個女性朋友懷孕了，後來又因為害怕把嬰兒打掉了。愛倫幫助她的女性朋友渡過了難關。漸漸的，她懂得了，在這種環境下，這麼做是對的。她開始理解自己生母當時的處境了──因為太愛自己的孩子，所以只得送給別人，否則就會餓死。愛倫的同情心使她

的憤怒情緒漸漸平息，她原諒了自己的生母，並找到了自己作為一個堅強有用的人的價值。

愛倫的做法是可愛的、明智的，當我們寬恕別人的時候，也正是我們人類非凡的創造行為得以實現的時候。我們既治癒了創傷，又創造了一個擺脫過去痛苦的新起點。

悠悠歲月，茫茫人海，誰能保證不犯一點點錯誤呢？拋棄怨恨，選擇寬恕吧，寬恕別人，也是給自己一片新天地。

快樂不是別人可以給我們的，而是要由我們自己來創造、自己來超越的。想要得到快樂，就不要太過於敏感。因為這種人，對周遭的一切都太在乎、太在意了，那就像自己拿了好多條繩子綁住自己一樣，真是自找麻煩，自討苦吃。

因此，快樂要先學習從寬恕別人而來，寬恕是提升自己的本源，兩者相輔相成，若能如實的運用在生活當中，就能換來甜蜜的結果。在這方面，三國時期的亂世英雄曹操堪稱典範。

在三國時期，一次，袁紹發布了一篇討伐曹操的檄文。在檄文中，曹操的祖宗三代都被袁紹罵了個暢快淋漓。

曹操看了檄文之後，問手下人：「這是誰寫的？」手下人認為曹操一定會雷霆震怒，於是小心翼翼的說：「聽說是陳琳寫的。」出人意料的是，曹操竟對檄文讚賞有加：「陳琳這小子的文章還真不賴，罵得痛快。」

後來發生了官渡之戰，袁紹大敗，陳琳也被曹操的兵士們捉住。陳琳心想：當初自己把曹操的祖宗都罵遍了，必死無疑。然而，曹操不僅沒有殺掉陳琳，而且還讓他做自己的文官。一次，曹操開玩笑的說：「你的文筆是不錯，但你在檄文中罵我就可以了，為什麼還罵我的父親和祖父呢？」

第二章　處世要懂心理學

後來，內心深受感動的陳琳為曹操出了不少好計策，使曹操頗為受益。

曹操作為亂世梟雄，面對死對頭陳琳的陳年老帳不僅不治罪，甚至還加以重用，其心胸之寬廣可見一斑。眾多賢才良將居於其麾下也就不難理解了。

可見，一個優秀的上司對於有才華的反對者就應該以寬廣的胸懷，大度的氣量主動去接近、重用他們，讓他們感受到你的愛才之心和容才之量，從而使他們改變對你的態度，並願意為你所用；同時，也讓你更富有吸引優秀人才加盟的個人魅力。

多說「我們」少說「我」

用「我們」代替「我」，可以縮短你和大家的心理距離，促進彼此之間的感情交流。

新婚燕爾，新娘對新郎說：「從此以後，就不能說『你的』『我的』，要說『我們的』。」新郎點頭說好。一會兒，新娘問新郎：「親愛的，我們今天去哪啊？」新郎說：「去我表姐家。」新娘就不高興了，糾正說：「是去我們的表姐家。」新郎去洗手間，很久了還不出來。新娘問：「親愛的，你在裡面做什麼呢？」新郎答道：「我在刮我們的鬍子。」

這雖然只是一則笑話，可是它體現了一個問題，即「我們」這個詞可以造成彼此間的共同意識，拉近雙方的心理距離，對促進人際關係的融洽將會有很大的幫助。

我們經常看到記者這樣採訪：「請問我們這項工作……」或者「請問我們廠……」演講者多使用：「我們，是否應該這樣」或者「讓我們……」這種表達方式。事實上，這樣說話往往能使你覺得和對方的距離接近，

聽來倍感親切。因為「我們」這個詞，也就是要表現「你也參與其中」的意思，所以會令對方心中產生一種參與意識。

人的心理是十分微妙的，同樣是與人交談，但有的說話方式會令對方產生反感，有的說話方式卻會令對方不由自主的產生親近之情、妥協之心。比如演講時說「你們必須深入瞭解這個問題」，便拉遠了聽眾與演講者的距離，使得聽眾無法與你產生共鳴。如果改為「我們最好再做更深一層的討論」，就會縮短與聽眾之間的距離，使氣氛立刻活躍起來，達到共鳴的效果。因此，若想說服別人，不妨多使用「我們」的表達方式。

事實上，我們在聽別人說話時，對方說「我」、「我認為」所帶給我們的感受，將遠不如他採用「我們」的說話方式，因為採用「我們」這種說法，可以讓人產生團結意識。

「我」在英文裡是最小的字母，千萬別把它變成你的語彙中最突出的字。

一次聚會，有位先生在講話的前三分鐘內，一共用了三十六個「我」。他不是說「我」，就是說「我的」，如「我的公司」和「我的工廠」等。隨後有一位熟人走上前去對他說：「真遺憾，你失去了你的所有員工。」

那個人楞了一會兒說：「我失去了所有員工？沒有呀，他們都好好的在公司上班呢！」

「哦，難道你的這些員工與公司沒有任何關係嗎？」

亨利・福特二世描述令人厭煩的行為時說：「一個滿嘴『我』的人，一個獨占『我』字，隨時隨地說『我』的人，是一個不受歡迎的人。」

因此，會說話的人，在語言傳播中，總會避開「我」字，而採用「我們」。下面的幾點建議可供參考：

第二章　處世要懂心理學

（一）盡量用「我們」代替「我」

很多情況下，你可以用「我們」一詞代替「我」，這樣可以縮短你和大家的心理距離，促進彼此之間的感情交流。例如：「我建議，今天下午……」可以改成：「今天下午，我們……好嗎？」

（二）這種情境說話時應用「我們」開頭

在員工大會上，若你想說：「我最近做過一項調查，我發現百分之四十的員工對公司有不滿的情緒，我認為這些不滿情緒……」

如果你將上面這段話的三個「我」字轉化成「我們」，效果就會大不一樣。說「我」有時只能代表你一個人，而說「我們」代表的是公司，代表的是大家，員工們自然容易接受。

（三）必須用「我」字時，以平緩的語調講

不可避免的要講到「我」時，你要做到語氣平淡，既不把「我」讀成重音，也不把語音拖長。同時，目光不要咄咄逼人，表情不要眉飛色舞，神態不要得意洋洋，你要把表述的重點放在事件的客觀敘述上，不要突出做事的「我」，以免使聽的人覺得你自認為高人一等，覺得你在吹噓自己。

激發共鳴，拉近心理距離

在你對另一個人有所求的時候，引發「心理共鳴」這一技巧尤為適用。因此，你最好先避開對方的忌諱，不要過早暴露自己的意圖，從對方感興趣的話題談起，一步步的誘導他贊同你的想法，當對方跟著你聊完一段時間後，便會不自覺的認同你的觀點。

與人相處，要談得有味、談得投機、談得其樂融融，雙方必須確立共同感興趣的話題。有人認為，素昧平生，初次見面，何來共同感興

趣的話題？其實不然。生活在同一時代，同一片土地，只要善於尋找，何愁沒有共同語言？一位小學教師和一名水泥工，兩者似乎沒有投機之處。但是，如果這個水泥工是一位小學生的家長，那麼，兩者就可就如何教育孩子各抒己見，交流看法；如果這個小學教師正要蓋房或修房，那麼，兩者就可就如何購買建築材料、選擇的整修方案等溝通資訊、切磋探討。只要雙方肯留意、試探，就不難發現彼此有著對某一問題的相同觀點，某一方面共同的興趣愛好，某一類大家共同關心的事情。有些人在初識者面前感到拘謹難為情，這只是沒有去發掘共同感興趣的話題而已。

人常說到什麼山唱什麼歌，見什麼人說什麼話。社會上的各種人，具有不同的年齡、性別、性格、脾氣等等，他們對事物也各有不同的思考與認識。各人所處的地位不同，對同一件事物的理解是有差異的，做人的分寸也就要根據各種人的地位、身分、文化程度、語言習慣來做不同的處理。這就是「對症下藥，激發共鳴」，可以為處世打下良好的基礎。

我們設想一下，假如你坐在火車上，已經坐了很久了，而前面還有很長很長的路程。你想與他人講講話，卻不知如何開口，這時，你就要盡力使你的談話顯得趣味十足。

坐在你旁邊的是一位很沒趣的人，但你非常想和他聊天解悶，於是你便搭訕道：「對不起打擾了，你有火柴嗎？」

可是他一句話也不講，只是點點頭，從口袋裡掏出了一盒火柴遞給你。你點了一支菸，在還給他火柴時說了聲「謝謝」，他又點了點頭，然後把火柴放進了口袋裡。

你繼續說：「真是一條又長又討厭的旅程，你是否也有這種感覺？」

「是的，真討厭。」

第二章　處世要懂心理學

他同意，而且語調中包含著不耐煩的意味。

「若看看一路上的高山，倒會使人高興起來。再過一兩個月去爬山，那一定更有趣。」

「嗯，嗯！」他含糊的回答著。

他顯然對這個話題不感興趣。這時你便沒有勇氣說下去了。

假如一個話題讓他感到有興趣，那麼無論他是如何沉默的一個人，他也會發表一些言論的。因此你在談話的停滯之中，思考了一番後，又重新開始了攀談。

「剛才車上放的歌曲真動聽，」你說，「小巨蛋將要舉辦一次別開生面的演唱會。聽說是蕭敬騰個人演唱會！」

坐在你身旁的那位乘客坐起來了。

「你覺得蕭敬騰的歌唱得怎麼樣？」他問。

你回答：「唱得很好，我很喜歡聽。」

「你喜歡聽他的哪首歌？」他急著問。

由此可見，他的確是個文藝愛好者，並對蕭敬騰非常敬仰。於是你可以說：「我很喜歡聽他演唱的《會痛的石頭》。他不僅歌唱得好，人也好！」

這位乘客聽了這話便興高采烈，滔滔不絕的和你談了起來。

毫無疑問的，與素不相識的陌生人見面，雙方免不了都會存有警戒心甚至敵意。這種心理狀態會毫不留情的束縛住雙方。人際交往中，尤其是初次交往，盡量讓對方放鬆心情，消除他本身的警戒心理，是首先要解決的問題。「酒逢知己千杯少，話不投機半句多」。在初交往時，如果不能打開對方的心扉，一切努力都會變成泡影。要衝破對方的「警戒」線，只有讓對方感覺到你是可以信任的。那麼，要怎麼才能讓對方信任你，也就是說怎麼樣把你對對方的尊重和信任的態度傳達給他呢？

基本的手段便是以共情共感的態度來瞭解對方的煩惱與要求。這就是心理學中所說的「共鳴」，也叫「移情」。

一個素不相識的人在你面前並不可怕，可怕的是你不能與他交談。你只要主動、熱情的透過話語與他們聊天，努力的探尋與他們交談的共同點，贏得對方的好感，這樣就能拉近你們之間的距離。

巧妙掌控客戶心理

萬事以人為本，做生意實際上也就是人與人之間的一種交流溝通的過程，具體的說，就是行銷人員與客戶之間的交流。交流的好，生意自然也就談成了；反之，生意自然也就隨之而去。

毫無疑問，每一位客戶都有自己的性情和購物習慣。市場上只要存在兩個以上的客戶，就會存在著不同的消費需求。而且廣大的消費者已經擺脫了從前的那種被動消費的狀態，開始向成熟的消費轉變。他們透過在市場上提供的不同的選擇之間的比較，來選擇自己想要的商品，不再是以前的那種「有什麼，我就買什麼」的情況了。他們已經能夠作為一個獨立的消費個體出現在市場經濟的大舞台上了。而且，隨著經濟的不斷發展，市場的不斷完善，客戶對服務的要求也越來越高，個人的權利意識也越來越清晰。這就需要行銷人員能夠分別滿足不同客戶的心理需求，否則顧客是不會選擇你的商品的。這自然就加大了行銷人員與客戶之間溝通的困難，提高了對行銷人員的要求。

商場如同戰場，如何去滿足顧客的需求，打敗你的對手，贏得屬於你的客戶，很顯然的，單純的靠低廉的價格和優質的產品是遠遠不夠的，而是要從行銷過程中的各個細節，多個角度去分析，去提升自己的服務，來使客戶感到滿意。只有滿意的客戶才會成為你忠實的客戶。

第二章　處世要懂心理學

那如何能夠使自己善於與不同的客戶打交道，如何巧妙的掌控客戶的心理呢？下面這個案例會給我們一些啟示。

哈里森是美國一位優秀的電視推銷員，他講過這麼一件他親身經歷的有趣的事：

有一次，他到一家新客戶去做拜訪，準備再向他們推銷幾台新式馬達。不料，剛剛踏進對方公司的大門，便挨了當頭一棒：「哈里森，你又來推銷你那些破爛玩意了！你不要做夢了，我們再也不會買你那些破玩藝了。」總工程師史賓斯惱怒的說。經過哈里森瞭解，事情原來是這樣的：總工程師史賓斯昨天到工廠去檢查，用手摸了一下不久前哈里森推銷給他們的馬達，感到非常燙手，便斷定哈里森推銷的馬達存在嚴重的品質問題。因而拒絕了哈里森今日的拜訪，想推銷更是沒門啦！哈里森冷靜的考慮了一會兒，認為如果此時硬碰硬的與對方辯論馬達的品質問題，肯定於事無補，不如轉而採用一種稱之為「蘇格拉底討論」法來攻克對方的堡壘。

於是產生了以下的對話：

哈里森：「好吧，史賓斯！我完全同意你的立場，假如馬達發熱過高，別說買新的，就是已經買下的也得退貨，你說是嗎？」

史賓斯：「是的。按照國家技術標準，馬達的溫度可比室內溫度高出七十二度，是這樣的吧！」

哈里森：「是的！」

史賓斯：「但是你們的馬達溫度比這高出了許多，昨天差點把我的手都燙傷了！」

哈里森：「請稍微等一下，請問你們工廠裡的溫度是多少？」

史賓斯：「大約七十五度。」

哈里森：「大約七十五度，加上應有的七十二度的升溫，共計

一百四十度左右。請問，如果你把手放進一百四十度的水裡會不會被燙傷呢？」

史賓斯：「那是完全有可能的。」

哈里森：「那麼，請你以後千萬不要去摸馬達了。不過，我們的產品品質，你們完全可以放心，絕對沒有問題。」結果，哈里森又做成了一筆買賣。哈里森的成功，除了因為他的馬達品質的確沒有問題之外，他還利用了人們心理上的微妙變化。

當一個人在說話時，如果一開始就說出一連串的「是」字來，就會使整個身心趨向肯定的一面。這時全身呈現放鬆狀態，容易造成一種和諧的談話氣氛，也較容易放棄自己原來的偏見，轉而同意對方的意見。

第二章　處世要懂心理學

第三章
結好人脈網，處世要懂人情學

　　近代權術大師曾國藩曾說：「結網天下，雀無所逃。」他用所結交的人脈編織從政網路，培植勢力，視為「一生成敗之所系」。事實也確實如此，我們誰都有需要幫助的時候，可是別人憑什麼幫你呢？只有把功夫用在平時，多為別人做點事情，積下感情分數，才能在關鍵的時刻讓別人站在你這邊。知道什麼樣的人值得結交？什麼樣的關係需要好好維護？怎麼樣才能將相視一笑的關係發展成日後大有助益的人脈網，皆是聰明處世的大學問。

第三章　結好人脈網，處世要懂人情學

你儲存人情帳戶了嗎

　　講究情義是人性的一大弱點，臺灣人尤其如此。「生當隕首，死當結草」、「女為悅己者容，士為知己者死」，無一不是「情義效應」的結果。

　　很多為人上司者大多深知其中的奧妙，不失時機的付出廉價的感情投資，對於拉攏和控制部下往往能收到超乎尋常的效果。

　　吳起是戰國時期著名的軍事家，他在擔任魏軍統帥時，與士卒同甘共苦，深受下層士兵的擁戴。當然，吳起這樣做的目的是要讓士兵在戰場上為他賣命，多打勝仗。他的戰功大了，爵位俸祿自然也就高了。正所謂「一將成名萬骨枯」嘛！

　　有一次，一個士兵身上長了個膿瘡，作為一軍統帥的吳起，竟然親自用嘴為士兵吸吮膿血，全軍上下無不感動，而這個士兵的母親得知這個消息時卻哭了。有人奇怪的問道：「妳的兒子不過是小小的兵卒，將軍親自為他吸膿瘡，妳為什麼反而哭呢？妳兒子能得到將軍的厚愛，這是妳家的福分哪！」這位母親哭訴道：「這哪裡是愛我的兒子呀，分明是讓我兒子為他賣命。想當初吳將軍也曾為孩子的父親吸膿血，結果打仗時，他父親格外賣力，衝鋒在前，終於戰死沙場；現在他又這樣對待我的兒子，看來這孩子也活不長了！」

　　人非草木，孰能無情，有了這樣「愛兵如子」的統帥，部下能不盡心竭力，效命疆場嗎？

　　作為上級，只有和下級打好關係，贏得下級的擁戴，才能調動起下級的積極性，從而促使他們盡心盡力的工作。

　　日本著名的企業家松下幸之助就是一個注重感情投資的人，他曾說過：「最失敗的上司，就是那種員工一看見你，就像魚一樣沒命的游開的

上司。」他每次看見辛勤工作的員工，都要親自上前為其沏上一杯茶，並充滿感激的說：「太感謝了，你辛苦了，請喝杯茶吧！」正因為在這些小事上，松下幸之助都不忘記表達出對下屬的愛和關懷，所以他獲得了員工們一致的擁戴，他們都心甘情願的為他效力。

俗話說：「將心比心」。你想要別人怎麼樣對待自己。那麼自己就要先那樣對待別人，只有先付出愛和真情，才能收到一呼百應的效果。

究竟怎麼樣去獲得人情，並沒有一定的規則和方法。

對於一個身陷困境的窮人，一枚銅板的「人情」可能會使他靠著這枚銅板緩解一下極度的飢餓和困苦，或許還能做一番事業，闖出自己富有的天下。

對於一個執迷不悟的浪子，一次促膝談心的「人情」可能會使他重建做人的尊嚴和自信，或許在懸崖前勒馬之後奔馳於希望的原野，成為一名勇士。

就是在平常的日子裡，對一個正直的舉動送去一縷可信的眼神，這眼神無形中可能就是正義強大的動力。對一種新穎的見解報以一陣贊同的掌聲，這掌聲無意中可能就是對革新思想的巨大支持。

甚至是對一個陌生人很隨意的一次幫助，可能也會使他突然感悟到善良的難得和真情的可貴。說不定下次他看到有人遇到困難時，會很快從自己曾經被人幫助的回憶中汲取勇氣和仁慈。其實，人生旅途，既需要別人的幫忙，又需要幫助別人。從這個意義上來說，幫人就是儲蓄人情。

永遠記住一個物理的反應：一種行為必然引起相對的反應。只要你有心，只要你時時「儲蓄」人情，你將會獲得更大的人情。不肯增加儲蓄而只想大筆支取的人是無人理會的，這樣的銀行帳戶也是根本不存在的。你毫無儲蓄，到需要用錢時，也就必然無錢可用，只有欠債了。但

第三章　結好人脈網，處世要懂人情學

欠債總是要還的，因此，你還是早做儲蓄的好。

懂得如何借助「貴人」

荀子說：「君子的本性和普通人沒什麼區別，只是他們善於借助外物罷了。」

荀子的意思是說，人的資質雖然存在差異，但這差異本身，並不是人成功與否的決定性因素。凡是取得成功的人，並不是在先天上勝過一般人許多，而是他們善於借助外物來實現自己的目標。也就是說，聰明的人懂得借助別人的力量，來實現自己的理想。

或許有人會說，我也知道貴人相助好成事，可是我的生命中卻沒有遇到什麼貴人。難道你的運氣真的這麼背，也不盡然。而是當你的生命中出現了貴人時，你不懂得及時出手將其套牢，而是猶豫不定，結果白白錯失了結識貴人的好時機。

因此，你不能坐等貴人出手相救，而要把貴人先網進你的「圈子」裡，那麼等到你遇到困難時，他自然會伸出援助之手。

盧信永是韓國駐印度總領事，他有著極其豐富的外交經驗，但是表面上卻很冷漠，這讓很多人對他望而卻步，不敢接近。不過，一位韓國年輕人卻發現了他冷漠外表下潛在的熱情，年輕人主動去接近他，向他請教，贏得了他的賞識和提拔。

這位年輕人受過良好的教育，在他剛大學畢業的時候，面臨人生第一次選擇，一是去美國當外交官，一是去印度。去美國自然是很風光的事情，但美國消費水準高，想要存錢很困難；而去印度，條件較差，但卻能存下一大筆錢貼補家用，最終他選擇去印度。

雖然目的地不太稱心，但他覺得事在人為，只要自己肯努力，一樣

懂得如何借助「貴人」

有出頭的機會。除了自己的才華外,他覺得在自己前進的路上還需要一位貴人。他覺得這個人就是盧信永。為了引起盧信永的注意,他展現了自己的才氣。他辦事沉穩,許多棘手的問題到了他手裡,都能順利得到解決。他謙虛的向盧信永學習,把領事館的各項事務打理得井井有條。後來,總領事擔任了韓國國務總理,他馬上就想到了在印度共事的那位韓國年輕人,立即把他推薦到總理府工作,後來又破格提拔他擔任了應由一等祕書擔任的禮賓秘書官、理事官。最終這位年輕人登上了聯合國祕書長的位置,他就是潘基文。

貴人相助是人生極大的幸運,連算命先生在販售各式定心丸時,都拿「命中有貴人」當做金牌丹藥。而懂得抓住生命中的貴人,也是一個人成功的竅門之一,也是一個人做人做事做到位的標誌。

貴人通常指的是那些身居高位,腰纏萬貫的人,也可能是指你心儀已久或模仿的對象,無論在經驗、專長、知識、技能等各方面都比你略勝一籌。因為,他們也許是師傅,也許是教練,或者是引薦人。

但值得注意的是,要想被貴人「相中」,首要條件還是在於被保送的人究竟有沒有才幹。如果你一無所長,卻僥倖得到一個不錯的位置,保證後面一堆人等著想看你的笑話,也等著看舉薦人的笑話。畢竟,千里馬的表現是好還是壞,代表著伯樂的識人能力。找到一個扶不起來的人,對貴人的推薦人才的能力,也是一大諷刺。所以,在尋找貴人的同時也應努力提高自己的實力,一旦貴人出現,就將其套牢。

那麼要如何尋找你生命中的貴人呢?

首先要注重積累你的「人脈」,現在回想一下,那些給你的人生帶來多多少少轉機的人,有很大的一部分是在不經意之間由周圍人帶給你的,所以你要懂得與周圍人互動,建立貴人資源庫。

貴人的出現是我們無法控制的,而哪些人將來會成為你的貴人,你

第三章　結好人脈網，處世要懂人情學

也無法一眼看出，所以在與人相處的過程中，「先不要問別人能為我們做什麼？要先問自己能為別人做什麼？」擁有一顆真誠的心，把握每一次幫助別人的機會，與他人多保持聯繫，而不要太過於功利性。因為說不定你身邊的哪個人將來就會成為你的「貴人」呢！

韓信一生中有兩個重要「貴人」，一個是給人家洗衣服的老婦人，當年韓信窮困潦倒時，是這位老婦人每天把自己的飯分給他一半，這也就是歷史上著名的「一飯之恩」典故。韓信的第二貴人是監斬官員夏侯嬰，是他在韓信將被砍頭之際救了韓信。

這兩個人雖然沒有名貴的地位和聲望，但是他們都在韓信危難之際給予了幫助，可以說是韓信早期生命中的貴人。

所以說身邊的每一個人都可能成為你的貴人，千萬不要單純的認為，只有達官顯貴才是貴人，無論在任何時間、任何情況下，都要留心你身邊的人，他們都有可能成為賞識你的貴人。

然而如果想要得到貴人的賞識，你還需要做到以下這幾點：

首先，要有進取心。倘若一個貴人想要幫助你，那他首先要衡量一下有沒有價值，否則幫助了你，而你卻整天的渾渾噩噩，不管正事，這樣既浪費了時間和精力，結果又沒有獲利，那豈不是竹籃子打水一場空。

其次，你要有聰明的頭腦，讓貴人發現你的閃光點。人們常常說：「要贏就要贏在起跑線上」，是的，事業不穩定，而又沒有金錢的你想要贏，就要讓你的頭腦聰明起來，要在看到貴人的同時，也要透過你的智慧讓貴人發現你的價值，這樣才能取得雙贏。

再次，要善於結交益友，疏遠損友。益友就是可以完善你的品德，提高你的修養，豐富你的內涵的人，而損友則是那些阿諛奉承、出言輕薄、傲慢放蕩、教人做壞事的人，這種人非但不會給你帶來幫助，反而

會引你走上邪路。所以，你若想尋找到你生命中的「貴人」，就要懂得結交對你有益的朋友，而遠離那些損友。

在現代複雜的社會關係中，在各種社會關係構築的屏障面前，借助他人之力已經成為人類發展的共同需要，俗話說：「一個籬笆三個樁，一個好漢三個幫。」不懂得或不善於利用他人力量，單靠單槍匹馬闖天下的人，在現代社會裡是很難有大作為的。所以說，在現代複雜的社會發展中，要懂得借貴人生財的方法，這樣你才會走上平步青雲的道路。

贈人玫瑰，手有餘香

「贈人玫瑰，手有餘香」，來源於印度古諺「贈人玫瑰之手，經久猶有餘香」。一束玫瑰，你輕輕的摘取，嗅一嗅，芳香四溢。你將它送給了哭鬧的孩子，孩子純真的臉上綻開了笑容；你將它遞給了吵架的情侶，二人重歸於好，向你揮手致謝；你還將它傳給了因人生失意而跌倒的人們，他們堅強的站了起來。

其實，「贈人玫瑰，手有餘香」，也就是告訴人們要多施恩惠，少得罪人，便是為自己開闢一條幸福之路。

一九九六年六月，在俄羅斯大選中爆出了一個大冷門：列別德單槍匹馬競選總統，獲得了百分之十五的選票，名列第三。後來，葉爾欽為了蟬聯總統，將列別德招至麾下，委以俄羅斯聯邦安全會議秘書長和總統國家安全助理的重任。這使得支持列別德的選民轉而支持葉爾欽，幫助了葉爾欽在第二輪選舉中奠定了勝局。於是，列別德名聲大振，成了政壇的大紅人。連葉爾欽都預言：「列別德將成為二〇〇〇年的俄羅斯總統。」

可是，就是這樣一位政壇紅人，在一九九六年十月七日，被葉爾欽

第三章　結好人脈網，處世要懂人情學

撤銷一切職務。僅僅一百二十一天，這位被稱為「明星政治家」的人被趕出了克里姆林宮。列別德這麼快就從權力的高峰上跌落下來，原因何在呢？

葉爾欽引用了著名的寓言說：國家的上司群體應該團結一致，擰成一股繩來工作。可現在成了「天鵝、蝦和梭子魚」── 各行其是（寓言講的是天鵝等共拉一輛大車，天鵝向上飛，梭子魚朝水中游，蝦卻往岸上爬，結果，費了九牛二虎之力，大車還是紋絲不動，而使他們分開的正是「天鵝」，「列別德」在俄語中恰好是「天鵝」的意思）。列別德得罪人太多，誰也保不了他。一個人的意見相左的敵人越多，那他的事業就越難以發展，他的人際交往也就越失敗。

無論在學校、官場還是商業界，一個人如果把同學、同事或同行作為競爭的死對頭來看待，一方面，他會整天處於一種焦慮的狀態之中。也許你會想：「他現在比我厲害，我一定要還以顏色，一定要超過他，打敗他，讓他向我認輸。」如果你帶著這種心態進行競爭的話，可能會不擇手段，運用奇招去攻擊對手，即使贏得勝利，也可能禍及雙方的人際關係，傷了大家的和氣，對人對己都沒有好處；而且以戰勝他人作為自己追求的目標未免太低估自己的潛力。而另一方面，假如對方是很強的競爭者，你一直無法超越他、戰勝他的話，那麼你可能感到非常沮喪和失望，甚至會想出一些消極的方法來傷害對方。這樣你的情緒發展會更為糟糕，報復的代價畢竟是太高了。

我們在人際交往中一定要多個心眼，千萬不要給自己樹立太多的「敵人」，常言道：多個朋友多條路。與其樹立敵人，不如化敵為友。這樣，我們的路才會越走越寬，越走越順。

約翰從外地帶回來了一批玉米良種，種出來的玉米產量比往年多了一番，村民向約翰買這批玉米良種，但約翰不肯。第二年，約翰把他家

所有的田都種上這批玉米良種，沒想到不但沒有豐收，而且比過去普通玉米種子的產量還要低，約翰百思不得其解。後來，經過諮詢專家才知道。原來，這是良種玉米接受了附近普通玉米種子的花粉所致。假如大家都種上了良種玉米，就不會出現這種結果。後來約翰又外出購回良種，並分發給村民，大家在約翰的幫助下，都種上了良種，而且，當年又風調雨順，家家都大豐收。

這個故事就很好的教育了我們。試想一下，生活中我們多幫助別人，不也就幫自己找到了幸福、快樂的感覺，豈不利大於弊？其實，幫助別人很簡單，在校園裡，一些舉手之勞就能幫到別人；走出校園，我們可以多參加公益活動，為社會做貢獻……幫助別人就像一棵樹，綠化了環境，也為自己送來了一片綠蔭。幫助別人就像一江春水，讓地球運轉下去，也為自己解了燃眉之渴。

施比受更有福，我相信，給予別人幫助，也許只是一盞燈。燈光亮些，再亮一些，身邊的黑暗就少了一些。並且我還相信，每個人的心靈都是一扇窗，窗戶打開了，光線就進來，生活也就有了希望。有時一聲問候，對別人來說就是一份體諒；多一些關心，對別人來說就是一份溫暖；還有時，多一點分享，對別人來說就是一種欣慰。而更多的是人生的感悟：贈人玫瑰，手有餘香。

投資一分感情，收獲十分人情

常言道：「受人滴水之恩當湧泉相報。」人與人之間的感情在我們的生命中有著重要的位置，它甚至能夠改變我們人生的軌跡。

而投資感情其實是一件很簡單的事。多數人對小事是不太在意的，甚至不屑一顧。事實上，如果你在小事上關懷別人，那對當事人來說，

第三章　結好人脈網，處世要懂人情學

意義就很不一般。因為不僅是患難見真情，在日常瑣事上，一樣可以看出你對人的態度是友善還是冷漠，也更能獲得別人的認同和感激。

羅斯福是深受美國人民敬仰的總統。他之所以如此被他的人民所熱愛，就是因為他能夠真誠的對待每一個人，即使在一些瑣事上也不例外。

安德列曾是羅斯福的貼身男僕，他和他的妻子住在一棟小房子裡，離羅斯福總統的住處很近。由於他的妻子一生都沒離開過華盛頓，沒機會到野外去看野禽，所以，她很好奇的問羅斯福野鴨是什麼樣的？於是，羅斯福總統耐心的向她描述野鴨的模樣和習性。

第二天早晨，羅斯福總統打電話給安德列的妻子，告訴她，他們房子外面的大片草地上就有一隻野鴨。安德列的妻子推開窗戶，看見了對面房屋窗戶裡羅斯福微笑的臉龐。

安德列夫婦因為這一件小事對羅斯福感激不盡，安德列從此對羅斯福更是敬佩有加，盡心盡力的照顧羅斯福的生活起居。

還有一次，卸任的老羅斯福拜訪白宮，但出人意料的是，他並沒有去客廳和接待室，而是去廚房轉了一圈。他非常和藹的和每個人打招呼，就像多年不見的老朋友一樣：「嗨，桃瑞斯，妳看起來精神棒極了！」、「傑克，胃口還好嗎？還是和以前一樣愛喝酒嗎，什麼時候我們喝一杯？」他的行為感動了所有人，在白宮服務了三十年的廚師史密斯熱淚盈眶：「羅斯福總統總是那樣的熱情的關心人，這怎麼能不讓人感動呢？」像這樣從來不吝嗇在小事上關懷別人的人，一定會得到大家的愛戴，不管他是總統還是小人物。

在日常生活中遇到意想不到的人或好事，往往帶給人意外之喜。在這種情形下，心中常常只有「感動」二字。所以，為了要讓對方腦海中為自己留下深刻的印象，一些意想不到的行動是很具效果的。

投資一分感情，收獲十分人情

唐玄宗李隆基親自為他手下的一個將領煎藥，在吹風鼓火時，燒著了鬍鬚。當侍從們趕來時，他莞爾一笑，說：「但願他喝了這藥病就好了，鬍鬚有什麼可惜的呢？」一個皇帝為他的手下親自煎藥，這真是天大的人情，把人情做得如此之足，怎能不叫屬下以死相報呢？人情之殺傷力可謂大矣！

懂心理學的處世高手都善於感情投資，因為投入一分感情，別人會以十倍利息的人情送還。人生什麼錢債都可以還清，但人情債是永遠還不清的。投資感情，收獲人情，人生何處不逢春。

春秋戰國時期，齊國的孟嘗君、趙國的平原君、魏國的信陵君和楚國的春申君並稱為戰國四公子。據記載，這四個人的門客有時多達三千人，只要有一技之長，即可投到門下，他們一視同仁，不分貴賤。他們以養士而著名，也因這些養士而在一定程度上保全了國家。要養士就要有大度的性格、容人的雅量，不然則會所養非士。在這一方面孟嘗君容人、容才的度量就不是一般人能學得到的。孟嘗君的一個門人與孟嘗君的夫人私通，有人看不下去，就把這事告訴了孟嘗君：「作為您的手下親信，卻背地裡與您的夫人私通，這太不講義氣了，請您把他殺掉。」孟嘗君說：「看到相貌漂亮的就相互喜歡，是人之常情。這事先放在一邊，不要說了。」

一年之後，孟嘗君召見了那個與他夫人私通的人，對他說：「你在我這個地方已經很久了，大官沒有得到，小官你又不想做，衛國的君主與我是好朋友，我給你準備了車馬、皮裘和衣帛，希望你帶著這些禮物去衛國，為衛國國君效勞吧。」結果，這個人到了衛國受到了重用。

古語曰：「殺父之仇，奪妻之恨，不共戴天。」而孟嘗君卻能容忍偷妻者，其度量可謂大矣！可是，物有所施，亦有所報。

後來齊國、衛國的關係惡化，衛君很想聯合天下諸侯一起進攻齊

第三章　結好人脈網，處世要懂人情學

國，那個與孟嘗君夫人私通的人對衛國國君說：「孟嘗君不知道我是個沒有出息的人，竟把我推薦給您。我聽說齊、衛兩國的先王，曾殺馬宰羊，進行盟誓說：『齊、衛兩國的後代，不要相互攻打，如有相互攻打者，其命運就和牛羊一樣。』如果您聯合諸侯之兵進攻齊國，這就是您違背了先王的盟約，並且欺騙了孟嘗君啊。希望您放棄進攻齊國的打算。您如果聽從我的勸告就罷了，如果不聽我的勸告，像我這樣沒出息的人，只能用我的熱血濺灑您的衣襟以勸諫。」衛國國君在他的說服和威脅下，終於沒有進攻齊國。試想如果當初孟嘗君聽信了別人的話把那個與夫人私通的人殺了，又有誰能站出來阻止衛國對齊國的進攻呢？看來是孟嘗君的寬容感動了那個與妻子私通的人，所以這個人不惜以生命為代價來勸阻這場戰爭，這難道不是孟嘗君寬容性格所換來的結果嗎？

把人情做足，好人做到底，你就要想他人之所想，急他人之所急，在對方最困難、最需要幫助的時候，給對方一個人情，殺傷力更大。

人情是維繫群體的最佳手腕和人際交往的主要工具。只有有人情味的人，才能獲得「人情效應」這一微妙的人情關係。

誠信是處世之本

人的一生，做人是非常重要的，為人不好，一輩子肯定處處碰壁，也成不了大器。而做人之中，誠信是一種最為寶貴的品質。

無論在生活中或是工作中，一個人的信用越好，就越能成功的打開局面，做好工作，同時也能更好的駕馭眾人。

三國時，劉備為了避免與曹操十萬大軍交戰，便棄樊城，帶領百姓向江陵進發。在當陽的長坂坡與曹操的追兵展開血戰。趙雲為救劉備妻兒，單槍匹馬，突出重圍，歷盡艱險，終於來到了劉備的面前。

當時劉備正在距離長坂橋二十餘里的地方和眾人在樹下休息。趙雲看到劉備便立即下馬「伏地而泣」，而「玄德亦泣」。趙雲不顧自己的疲憊，氣喘吁吁的對劉備說：「趙雲之罪，萬死猶輕！糜夫人身帶重傷，不肯上馬，投井而死，雲只得推土牆掩之。懷抱公子，身突重圍，賴主公洪福，幸而脫險。」說著想起來懷中的公子剛剛還在哭，現在怎麼沒了動靜。便急忙解開來看，原來阿斗正睡著還沒有醒。於是趙雲欣喜的說：「幸得公子無恙！」便雙手遞給劉備。

劉備接過孩子扔在地上，說：「為汝這孺子，幾損我一員大將！」趙雲看到劉備如此，連忙從地上抱起阿斗，哭泣著對劉備說：「雲雖肝腦塗地，不能報也！」

人們對劉備丟擲阿斗一事歷來頗有爭議，無論是劉備故意作態給別人看，以籠絡周圍將士的心，還是他真的愛將勝於愛子，但阿斗的確是趙雲從地上抱起來的。這在一定程度上也表明了劉備當時是輕父子情，重君臣心的。他對趙雲的感激憐愛之心溢於言表，趙雲也由此更加堅定了為劉備效力的決心。劉備正是對於將士有著感恩之情，他的周圍才聚集了趙雲、張飛、關羽、諸葛孔明這些才華橫溢的傑出人才。同時，劉備還懂得安撫民心，實施「仁政」。劉備在與川軍的鬥爭中，樹起免死旗，收降川兵，並諭令眾降兵「願降者充軍，不願者放回」，實行優待俘虜的政策。這樣一來反而使得人心向之，川軍不戰而潰。當軍隊進入成都時，百姓「香花燈燭，迎門而接」。正是因為劉備對百姓施行了仁政，才得到了百姓的擁護和將士的愛戴，從而順利的占領了成都。

劉備最終之所以能夠三分天下，擁有自己的一席之地，其中，重要原因就在於他以一顆仁義之心換得了民眾對他的支持與感恩，使他得以依靠民眾的力量而成就自己的事業。

可見，做人以誠待人，則威信自立，自然會獲取他人的信任與擁

第三章　結好人脈網，處世要懂人情學

戴，進而立足於世，做成更大的事業。

以誠信服人，是最高明的處世之道，也是最有效的成功特質之一。人無信則不立，不做言過其實的許諾，不做言而無信、背信棄義的醜行，這是有魅力、靠得住的人。所以，縱使萬般艱難，也要言行如一，表裡如一，人不可一日無信。

老子說：「夫輕諾必寡信，多易必多難。」傅玄說：「禍莫於無信。」一個人如果經常失信，一方面會破壞他本人的形象，另一方面還將影響他本人的事業。信譽與許諾是非常嚴肅的事情，對不應做的事情或辦不到的事，千萬不能輕率應允。一旦許諾，就要千方百計去兌現自己的諾言，以獲得別人的信任。

清代顧炎武曾賦詩言志：「生來一諾比黃金，哪肯風塵負此心。」表達了自己堅守信用的處世態度和內在品格，一諾千金的典故便是由此而來的。一個人如果有信用，什麼樣的事都會有辦法解決。沒有技術，可以請有這方面經驗的朋友來幫助你；沒有經營能力，可以請有營業能力的人來做事；沒有資金，可以向銀行借貸。反之，如果你沒有信用，這可是最大的致命傷。因此，做人要講誠信，做事要講誠信，誠信是一種無形的資產，需要人們精心維護，慢慢累積。

那麼，我們怎麼樣才能做一個誠信的人？這個問題找不到一個現成的答案，一切都得從平時的小事上做起。

首先，要做到真誠，不能只做表面功夫。說話表情雖好，然而你的內心不誠，頂多成為「巧言令色」罷了。對方如果不是糊塗之輩，定會看出你的虛偽，因為內心不誠，只憑你的巧言令色，終有若干破綻會被對方看出，這麼一來豈不成為心勞術拙嗎？相反，只要內心真誠，即使拙於辭令，拙於表情，卻能體現出你的樸實。真誠且樸實，效力更大，只要對方對你素無誤會，你的真誠，必能感動人。

其次，最忌諱的是平時好用欺騙手段，欺騙也許能得一時之利，卻不能維持長久。如果你的欺騙日久被察覺到，即使你真的有誠意，仍會被認為是另一種姿態的虛偽。因此，一生不可有任何欺騙行為。也許你曾遇到過這種人，你以真誠相待，他卻以欺騙回報，於是，你便對真誠的效用產生了懷疑。其實，真誠的力量是絕對的。之所以會產生例外，只是由於你的真誠不足以打動對方的心。對一切你要「反求諸己」。不必「求諸人」，這是用真誠動人的唯一原則。

再次，對方倘若不是深交之人，你也暢所欲言，圖一時之快，只能顯示出你的冒昧和淺薄。真誠本來有三種限制：一是人，二是時，三是地。非其人不必說；非其時，雖得其人，也不必說；得其人與時，而非其地，仍不必說；非其人，你說三分話，已是太多；得其人與時，你說三分話，正好給他一個暗示，看看他的反應；得其人與時，而非其地，你說三分話，可以引起他的注意，如有必要，不妨擇地長談，這並不與真誠相悖。

總之，想要使自己成為真誠的人，第一步是要鍛煉自己在小事上做到完全誠實。當你不便講真話時，不要編造小小的謊言，不要去複述那些不真實的流言蜚語。

這些戒律看起來是微不足道的，但是當你真正在尋求真誠並且開始發現它的時候，它本身的力量就會使你著迷。最終，你會明白，幾乎任何一件有價值的事，都包含有它本身的不容違背的真誠內涵。如果你追求它並且發現了它的真諦，你就一定能進一步完善自己。

第三章　結好人脈網，處世要懂人情學

別玩寂寞，孤獨不是社會的主旋律

一位心理學家曾經這樣說過：「人類得到情感上的滿足有四個來源：戀愛、家庭、朋友和社會。一個人的孤獨程度，取決於他與這四個方面的關係如何。」通常來說，性格孤僻的人由於不能很好的處理以上四種關係，必然導致友誼的匱乏，缺乏溫情的依戀，容易將自己封閉起來。

孤僻的人性格內向，不喜歡和人接觸，對周圍的人心生厭惡、戒備及鄙視心理。這種人內心十分苦悶，缺乏朋友、同事間的友誼與歡樂，交往需要得不到滿足，感覺不到人世間的溫暖，不能看到生活的美好前景，成天憂心忡忡的度日，並有恐懼心理。由於沒有必要的社交能力，使他們在人際交往中常常碰壁，他們的自主性也會受到傷害。因為不與人接觸，他們的社交能力不能得到鍛煉，結果就變得越來越孤僻。

上學時，我們可能曾聽過這樣一則名為《裝在套子裡的人》的故事，故事中塑造了一個游離於社會之外的孤僻者的經典形象。主人公是一個中學裡的教師，長期處於孤僻之中，兩耳不聞窗外之事，杜絕與任何人交往，而且他還有一個怪癖：不管下不下雨，刮不颳風，也不管是晴天還是陰天，終日帶著一把傘，最後這個可憐而孤僻的人，在與世隔絕的情況下悲慘的死去了。

這是一個因孤僻脫離人群的典型形象，其結局也是眾多孤僻者的一個縮影。只有走出孤僻，才能開拓出一個成功的人生。

瓊文和麗姿是大學同學，更重要的是，她們都來自偏遠的山村。走出荒涼的山村，在高樓林立的都市裡闖出一片天地是她們一直努力的方向。為此，大學四年，麗姿把所有的精力都放在了學習上，考完英語攻讀韓語，除了吃飯睡覺外，她把所有的時間都用在了學習上，學校所組織的任何活動都見不到她的身影。但瓊文卻正好相反，不管什麼活動總

能看到她在人群中穿梭的身影。

　　瓊文，也因為是學生會副主席的緣故，學校裡沒有她不認識的人，無論是剛進校門的新生還是快要畢業的學長學姐，瓊文總能和他們聊上幾句。當然了，瓊文也並沒有因此而耽誤自己的學習。她順利的通過了英語托福考試，並選修了心理學課程。

　　等到還未畢業時，瓊文已被一家知名外企聘用。而麗姿本以為憑藉自己的能力，一定能找到一家不錯的公司，但每次面試的結果都是回家等通知，自然是任何通知都未等來。後來，麗姿先後在幾家小公司任職，但是工作沒幾個月，便被老闆婉言辭退了。麗姿總覺得老闆有眼無珠，不識自己才華，卻不知正是自己不合群的性格害了她。每天麗姿一到辦公室就坐到自己的辦公桌上忙碌起來，同事們跟她打招呼時，她也愛理不理的。別人請她幫忙，她也總說自己有工作要忙，沒有時間，在碰了兩次灰之後，大家也都自然而然的把她當成了公司裡的「隱形人」。

　　相較之下，瓊文卻面帶微笑，誰要是有什麼需要幫助的，她就趕緊跑過去幫忙，然後適時的和人聊上幾句。若遇到同事，雖然有些不知道姓名、具體職位是什麼？但瓊文總會熱情的打招呼。下班之後，也總會和同事們逛街聚餐，買些衣服飾品，品嚐特色小吃。工作不到一年的時間，瓊文不但得到了大家的一致好評，還得到了晉升。

　　當今的社會是資訊社會，如果不與人交流溝通就會使得自己越來越封閉。良性的人際關係網，幾乎是每個人立足於社會所必要的。即使你有過人的才華，如果沒有人與你打交道，在有才華也不可能被人賞識，而你的生命仍是一種冷酷的、無助的、孤獨的不受歡迎的生命。所以，我們一定要注意經營自己的人脈。要知道，平時常聯絡感情，遠勝於臨時抱佛腳。打一個電活，帶上幾句溫暖的問候，是給朋友最好的禮物，也是會做人的表現。你們之間保持聯繫，才能在你需要對方時，對方才

第三章 結好人脈網，處世要懂人情學

有可能給予幫助。同時，我們在與別人交往的同時，也可以學習他人的優點，不斷的提高自己。更重要的是，我們可以與他人合作，借助他人的力量把事情做得更好。

李偉在一家軟體發展公司工作，因其表現出色，被委任為一個研發小組的組長。對此李偉頗有些志得意滿的樣子，並暗下決心，準備大展身手。但事情卻並沒有他想像中的那般順利。儘管他電腦應用能力一流，但卻缺乏必要的研發經驗，研發能力也有很大的欠缺，從而導致工作進度異常緩慢。正在李偉一籌莫展的時候，上司語重心長的說：「李偉，你要知道，你不是一個人在戰鬥，你有一個團隊，你應當充分發揮集體的力量。儘管他們在電腦應用上可能要稍遜你一籌，但是在研發經驗和能力上可就是你的老師了。」

上司的一席話，讓李偉忽然意識到前一階段的自己太以自我為中心了，竟然忽視了身邊的這些同事們。於是，李偉開始虛心的向其他同事請教，經過一番交談，李偉發現他們每一個人都有自己的優勢，拿出來的方案讓許多科班出身的人都自愧不如。

於是，李偉轉變了單獨作戰的方式，把這些同事們都調動起來，在他們的共同努力下，很多課題都被攻克了下來，而李偉的業務能力也隨之得到了提高。

一個人的能力再強，也總會遇到一些超出自己能力之外的事情，若你的能力達不到或勉強做完，也是漏洞百出。但若借助他人的力量，那麼事情似乎就變得簡單許多。所以，趕緊走出自己的小世界，進入到社會這個大家庭中來吧！孤獨不是社會的主旋律。

但值得注意的是，幾乎每個人都會在某些時刻體驗到孤獨襲來的痛楚。它可以是簡單而表面化的，比如成為球隊裡唯一沒有上場比賽的球員；比如失去了至親或親密的朋友。我們隨時都有可能陷入孤獨的包圍

圈，但是，我們同樣能夠擺脫它。所以，我們要接受孤獨也是生活的一部分，但切記不要讓孤獨成為自己的生活常態。

給別人面子，自己就有機會

許多人都學過作用力與反作用力的理論，這個理論指出，當你向一個物體發出多大力量時，這個物體將反作用給你一個完全相等的力，這一原理同樣可以從物理學上應用在處世的過程中。事實上就是這樣，當你對別人的尊重多一分時，別人對你的尊重也在增長。換句話說，懂得給別人留面子，自己也就有機會。

其實，面子和尊嚴是一對很難分清的「雙胞胎」，在人們心中總有這樣一種感覺──面子即尊嚴，尊嚴也就是面子。所以，當你給了別人面子，那結果就會大不一樣。高帽子一頂頂的送，別人看了覺得自己臉上有光，自我的尊嚴或者說是虛榮心得到了滿足，地位也得到了提升。這樣一來，大家心裡高興，自然就成了朋友，那你以後的路可就寬了。

可有許多人在取得了一些小小的成就之後，就為自己的能力沾沾自喜，覺得自己有見解，有眼光，有口才。於是，他們生怕沒有機會表現自己，逮到機會就滔滔不絕，把別人批評的一文不值。有的甚至不惜貶損別人來提升自己，根本就沒有「給別人面子」的意識。當別人的面子丟光了，他們的心裡也舒服了，可是丟了面子的卻氣得要吐血，心裡肯定想「非討回這口氣不可」，甚至還要和他拼命。其實，這種不給面子的舉動就等於是在為自己的禍端鋪路，堵死自己的路。

曾經有一個大官，他總是覺得自己對圍棋很有研究，而且下棋的技術也很高，所以，在閒暇的時候，總是習慣與人切磋棋藝。

一天，有一個對圍棋也深有研究的讀書人投奔到他的門下，做了一名食客。於是兩個棋藝高手切磋起來。然而這位食客不懂得所謂的人情世故，也不知道自己在大官面前應該禮讓三分。因此，對弈一開始就對

第三章　結好人脈網，處世要懂人情學

大官的棋路進行緊逼，這樣的對弈顯然讓大官感覺有些難堪，比賽到後來，他竟逼得這個大官心神失常、滿頭大汗。但此時這個食客又在棋局上給大官留了一個小小的破綻，大官一看，頓時又來了興致，滿以為依靠這個小小的破綻可以扭轉乾坤，反敗為勝，然而，事情卻沒有像他所想像的那樣，誰知食客突然使出其殺手鐧，一子落下，使得大官的棋子無處可走，並得意的說：「看，我贏了！」這令大官感覺有失顏面，心裡很不高興，但大官是個很有修養的人，雖然後來也沒有暗中報復他，但再也沒有和他下過棋。這個食客在他這裡也只做了一輩子的食客，終身沒有得到提拔的機會。

與此相反，下面這個年輕人卻因懂得適時的保全別人的面子而得到了晉升。一次，總經理在新來的員工會議上點名時喊道：「劉華，劉華……」這時，人群中一個細小的聲音說道：「對不起，我叫劉燁。」

一下子，總經理的臉色變得非常難看，而此時一個看起來很精幹的年輕人站起來，大聲說道：「對不起，經理，我在打字時把燁字打成華了。」

聽到年輕人這麼一說，總經理的臉色變緩和了，然後他看了一眼年輕人，說道：「以後注意，點名繼續。」

而在後來的工作中，那名被念錯名字的年輕人實習期一滿就被辭退了，而那位幫總經理保全面子的年輕人卻一步步高升，最後成了總經理助理。

保全別人的面子是十分重要的——許多人順著自己的感情，罔顧他人的自尊，結果鬧得不可收拾。有些人，自認比別人高一等，於是「狗眼看人低」。但人與人之間是平等的，清潔工與總裁除了所從事的工作不同外，在人格上是平等的。所以在人之上時，要把別人當人；在人之下時，要把自己當人。尊重是一種修養、一種品格、一種對別人的不

卑不亢、不仰不俯的平等相待。一個人文明不文明，儘管度量的標準很多，但懂得尊重他人這一點是最重要的。人的文明是一個綜合概念，包括個人的文化、修養等等，而最直接的外在表現就是懂不懂得尊重人。因此，要使一個人文明起來，離不開尊重人這一條。

有這樣一個真實故事。一天，一位穿得很時髦的中年女人帶著一個小男孩走進美國著名企業大廈樓下的花園。他們坐在一張長椅上，女人十分生氣的責罵孩子。不遠處有一位白髮蒼蒼的老人正在清掃垃圾。

小男孩由於不能忍受女人的大聲責罵，哭了起來。女人從包裡掏出一張面紙，為小男孩擦乾眼淚，然後隨手把紙丟在地上。老人看了女人一眼，她也不屑的看了老人一眼，老人沒說話，把那團紙撿起來扔進垃圾桶裡。

女人繼續責罵男孩，孩子繼續流著淚。一會兒，女人又把擦眼淚的紙扔在地上。老人再次把紙撿走……就這樣，女人一共扔了七團紙，老人也不厭其煩的撿了七次。女人突然指著老人對小男孩說：「你都看見了吧！如果你現在不好好上學，將來就會跟他一樣沒出息，做這些既卑賤又骯髒的工作。」

老人依舊沒有動怒，他平和的對女人說：「小姐，這是企業的私家花園，按規定只有集團員工才能進來。」女人理直氣壯的說道：「是的，我是這家企業分公司的部門經理！」老人看了看她，說：「明天妳不用來上班了，這是我的名片。」

中年女人由生氣變成了驚呆，原來他不是什麼清潔工，而是這個集團的總裁。中年女人一下子癱坐在長椅上。

與人交往不能不給別人面子。林語堂曾說：「不給面子是最大的無禮。」給人面子，或者要求別人給自己面子，是合乎傳統文化的禮儀規範的。這也是這個社會的「人情法則」。面子的學問中蘊涵著立人、立

第三章　結好人脈網，處世要懂人情學

志、立事業的方法與技巧。只有處處給別人面子，你才能更有面子。所以，一個精明的人，應該懂得恰當的保住別人的面子，也知道保住別人的面子會比撕破面子更重要。你可以想一想，當你傷害了別人的面子，犧牲了你的人緣，換來了一個小小的勝利，你是否覺得真的很值得。所以，做人應該明白一點：保住別人的面子就是給自己的未來鋪路，是在給自己加分。

你也可以成為人脈高手

如果你還在將你所有的命運不濟歸咎於沒有一個「富爸爸」；如果你陷入困境時，不停的抱怨「沒有一個能夠幫助你的人」；如果你初出校門，如果你「人微言輕」，或者你長期以來忽視了人脈的重要性，猛然間才發現，怎麼身邊沒有幾個人能稱得上「朋友」？那麼，從現在開始，請痴迷於人脈吧！

要知道，在當今這個競爭激烈的社會中，人脈的重要性更加突出。就像美國好萊塢流行的一句話：「一個人能否成功，不在於你知道什麼，而在於你認識誰。」而這句話也得到了人們的證實。

比如最為大家所熟知的臺灣的人脈管理大師楊耀宇。他原本是一個貧窮的鄉下人，卻在短短幾年內積累了近億元的巨額財富。他憑什麼？兩個字：人脈。根據楊耀宇透露，他的人脈網路遍及各個領域，上千、上萬條，數也數不清。這些豐富的人脈網路無疑是他成功的巨大支撐。

又比如晚清「紅頂商人」胡雪巖的一生也可謂是憑人脈「網」富。在王有齡落魄時，他不惜冒著丟掉飯碗的危險，予以接濟，因而結交了一位官場知己。隨著王有齡的升遷，胡雪巖的事業也如日中天，從錢莊到絲綢業，再到當鋪，生意橫跨好幾個行業，成為浙江商界的領袖人物。

他為封疆大吏左宗棠的軍隊捐款、捐糧，贏得了左宗棠的信任，找到了官場上的有力靠山，在左宗棠的舉薦下，他四品紅頂高戴，成了真正的「紅頂商人」。在漕米押運一事中，他貸款給漕幫，解決他們的財務危機，自此，漕幫對胡雪巖「唯命是從」，只要是胡雪巖的貨，漕幫絕對是優先運輸，所以胡雪巖的貨向來是暢通無阻、來往迅速……胡雪巖為自己所精心編織的這張巨大的、錯綜複雜的人脈網，使他聚斂財富，最終成為富可敵國的大商人。

如果此時的你也想像他們一樣改變自己不太理想的命運，那麼不妨考慮借助一下人脈的力量。或許你可能羨慕那些「在人際關係方面有天賦」的人脈達人，可能覺得，自己永遠也不可能達到他們那樣的水準。其實，經營人脈並不難，只要你平時與各種人保持良好的關係，時常保持聯絡，建立一個有效的人脈關係網，並且要經常維繫這個網路，你就能駕馭被稱為「資本之王」的「人脈資本」！

維繫你的人脈關係網要掌握以下兩個原則：

第一，培養良好的關係。

培養良好的關係有三點原則性的方式：

（一）用肯定來提升別人的價值

富蘭克林年輕時發現，如果想要與人相處，必須改變做法。他的祕訣是：「我絕不說人壞話，盡量說我所知的每一個人的好話。」

每個人都想要獲得別人的肯定，這是人們的共通性。每個人都喜歡被他人讚美，希望別人給他們所想要的東西——肯定。我們都擁有別人非常需要的無形資產，包括接納、肯定、欣賞、尊重及鼓勵等，這些都是我們應該盡量給予別人的！承認別人的重要性，不花一毛錢，而且用之不竭。因此，請不要吝惜你的讚美，給予別人中肯的評價；把你的

第三章　結好人脈網，處世要懂人情學

眼光投向他人的長處，盡力去發掘他人的閃光點，讓他人切實感受到你對他的肯定，感受到你有多麼的需要他。這樣的話，只要在他的能力範圍之內，他就會很樂意的幫你解決一切問題，為你把事辦好。

(二) 從別人的視角看事情

從別人的視角看事情，是一個重要的處世技巧。掌握了這個技巧，你才能有效的與人溝通和交流，否則，你就無法與人相處。

事物都具有兩面性，從不同的角度看就有不同的觀點和看法。每個人看問題都有自己獨特的視角，你只有站在他人的立場上，才能瞭解他人的想法。當你誠心的這麼做，他人才會打開心扉，設身處地的考慮你的觀點。在這個過程中，你們才能互相瞭解彼此的想法及做法。不幸的是，大多數人都未能有效的互相溝通，只是彼此輪流說話，這樣不能從根本上解決問題。在思想和認識上均不能達成共識，自然也就無法建立良好的人際關係了。

亨利・福特對成功的人際關係提出了一點建議：「如果有任何成功的祕訣，那就是能夠同時站在自己和別人的觀點及角度看事情。」

站在別人的立場，同時也站在自己和別人的觀點及角度看事情，你就能創造一種互相尊重的氣氛，彼此才能默契配合，積極解決問題，並在解決問題的過程中創造出雙贏的局面。

簡單的說，人們需要感受到你瞭解他們是重要的，他們的觀點是值得你去考慮的。別人需要你承認他們的重要性，你一定也想要讓他們承認你的重要性。成功的人際關係是讓人們喜歡自己的藝術，它是一種分享自我的欲望和需求的過程。當人們感受到受別人所重視，他們就會更喜歡自己。能夠慷慨的喜歡自己的人，才能在與你相處時慷慨的合作。只有你給予了別人，別人才會給予你。

(三) 有效的傾聽技巧

高陽描述「紅頂商人」胡雪巖時，就曾經這樣寫：「其實胡雪巖的手腕也很簡單，胡雪巖會說話，更會聽話，不管那個人是如何言語無味，他都能一本正經，兩眼注視，仿佛聽得極感興趣似的。同時，他也真的是在聽，緊要的關頭補充一兩句，引申一兩義，使得滔滔不絕者，有莫逆於心之快，自然覺得投機而成至交。」

有效傾聽是一種主動而非被動的心理技巧，需要對別人所說的話表現出專心與關心，可以讓別人獲得很大的滿足感。

當你注意聽別人說話，就是給他們真誠的讚美，表現出你認為他們說的話很重要，值得你考慮，讓說話之人自然而然的感覺到自己的價值與自尊得到了提升，因而當你講話的時候，他人才會對你所說的給予充分的重視。

主動傾聽需要聽者的自律和努力，因為思考的速度比說話快，大多數人每分鐘說一百二十五個字，每分鐘卻能思考四百五十到五百個字。因此，你可能在對方說話的兩三分鐘時間內想別的事情。心的能力未充分利用時，自然會胡思亂想。如果你同時嘗試傾聽和思考，結果將會什麼都做不好。因此有效傾聽需要注意四點：

(一) 專注傾聽談論的主題

大多數的情況下，你可能認為自己對主題很清楚。如果你認為談論的主題枯燥，自己毫無興趣，那麼你也應該表現出對這個主題很有興趣，幾分鐘後，你會發現真的如此。即使說話者欠缺適當的說話技巧，也要忽略這些缺點，專心聽他們所說的話。

(二) 耐心

不要對主題急於提出意見。我們時常在人們還未說明白之前就做出

第三章　結好人脈網，處世要懂人情學

結論。如果你對別人所說的話尚未完全瞭解就給出意見，在心裡開始反駁他的論點，一定會使雙方有效溝通的努力遭到破壞。很多聽者預設立場，早已想好他們要如何回答，因此許多話都聽不進去。這樣的做法，不僅達不到好的效果，還可能把事情變得更糟。

（三）回答之前先暫停三秒

整理你的想法，確定對方已經說完想說的話。在別人對他們的看法提出問題和批評之前，你需要充分的時間表達自己的觀點。記住，在回答之前先暫停三秒，給自己一個緩衝的時間，再做做調整，檢查一下是否有遺漏，是否有不明確之處。

（四）放開心胸

每個人都有權利說話，你可能不喜歡某個人，但是觀念若無法溝通，什麼事都不能做。一個人的外表穿著或某些原因可能會使你不悅，同樣的，你也可能因此得罪別人。每個人都有向別人學習的機會，重要的是觀察，去尋找這些機會。

從現在開始，練習剛剛所學習的三項技巧，你就能夠以積極的、可預見的方式，有效的激勵及影響別人。切記：對方想要的就給，不做對方不喜歡的事！這樣，你就可以擁有良好的人際關係，才能把握成功的關鍵。

第二，要時常保持聯繫。

你的人際網路要建立得穩固長久，就要時常保持聯繫。要向最需要的人提供一些有價值的資訊，提醒對方沒有注意到的問題，主動去幫助他人解決問題，噓寒問暖，讓對方可以感受到你對他的關心和關注，在他的腦海中對你的形象留下深深的烙印，這樣他才不會忘記你，在關鍵的時候才會想起你。

尋找方法保持聯絡，其目的就是要為找人辦事做好準備。比如：記下他人的生日或對他來說某個重要的日子，到時寄出一張賀卡。留心報紙或雜誌上出現的內容，發現對某位人士有幫助，剪下來或複印一下寄出去。出差路過某人的城市或居住地時，看看是否可以相聚共進一頓早餐、午餐或晚餐，至少也要打個電話問候一下。平時用電子郵件聯繫，哪怕拿起電話僅說一聲「嗨，你好！」這種聯繫不需花費太長時間，或承擔什麼責任，實際上沒有目的的去關心會更令人愉快。最重要的是進行聯繫，不斷的聯繫。

在與他人的第一次接觸開始，就要不斷的去收集累積他人的資料，特別是有關細節上的情況，掌握得越多，越有實際價值。

總之，任何事都是人辦的，沒有人事難成，不去努力建立良好的人脈，那麼找人辦事就成了一句空話了。

第三章　結好人脈網，處世要懂人情學

第四章
會交際的人會處世

　　有人把交際比喻做我們生活中的道具。的確，生活中的每個人都離不開必要的交際。想要在交際應酬中靈活自如，還是需要有一些技巧的。如果應酬的功夫太差，你就會失去很多的機會。交際永遠是伴隨人的一生的學問。在紛繁複雜的環境中，若能夠靈巧的駕馭交際局面，你就可以成為一個處世高手。

第四章　會交際的人會處世

出門交際要保持良好的形象

　　一個人要想得到別人的歡迎，首先要做出「受人歡迎」的樣子。雖然你不是總統，但不管你從事的是什麼樣的工作，只要你想要做出成就，想要被別人喜歡，就不應該忽略自己的形象，它將影響到你的未來和發展。

　　如果你是一名普通的公司職員，良好的形象有助於獲得升遷；如果你是一名推銷人員，良好的形象將有助於你獲得別人的好感，獲得成交的機會；如果你是一名管理者或是上司，良好的形象將有助於你提高在公司中的影響力；如果你是一名演員、歌星或者公眾人物，良好的形象會幫助你提升事業，獲得更多人的喜愛。形象是一個人行走於社會的通行證，一個人完全有可能因為形象良好而贏得更多的機遇，脫穎而出，成為處世的贏家。

　　因此，出門辦事前一定要審視一下自己的整體形象，不要等出門以後才發現，該帶的東西沒帶齊、絲襪破了、扣子掉了、鞋子穿得和衣服不搭……這是十分令人懊惱的。出門前養成自我檢查的好習慣，這樣可以增加自信，同時對突發事情也可以從容應對，不至於在他人面前自毀形象。

　　在交際中，保護好自身整體形象，是對他人最大的尊重，也是對自己負責的具體表現。那麼如何才能完善整體形象呢？不妨參照以下幾種方法：

（一）查看皮包

　　為了保持良好的外在形象，出門辦事前必須檢查皮包內的東西是否齊全。女士皮包中一般裝有簡便的化妝品、面紙、小筆記本、筆、證件、錢；物品確定齊全後，還要看一看皮包是否有磨損或開線的地方，

如果有最好換另一個。

(二) 檢查牙齒

出門之前，還需查看一下牙齒，看一看齒縫裡是否有殘渣，是否有口氣，如有需要的話，重新刷牙或嚼口香糖。

(三) 檢查手部衛生

手是人的第二張「臉孔」，它長時間露在空氣當中，是外在形象的一部分。所以在出門時，要仔細檢查一下手部衛生。指甲會不會太長、有沒有肉刺，指甲裡有沒有汙垢等，為了美觀還可以塗上與服裝相配的指甲油。

(四) 仔細梳理頭髮

在人際交往中，頭髮同樣可以給人留下深刻的印象，整齊、大方的髮型，可以給人清新的感受。蓬亂的頭髮讓人看了心生厭惡。所以，出門前還應檢查頭髮是否已梳理整齊，是不是該清洗了，髮型是否與服裝搭配，如果有必要還應做進一步的調整。

(五) 臉部整潔很重要

臉是整體形象的關鍵部位，評價一個人整體形象的好壞也是從面容開始的，為了塑造良好的整體形象，不能忽視了臉。出門前，必須檢查妝是不是均勻、得體，顏色和服裝是否協調。仔細看有沒有浮粉，如果有，立刻補妝處理。

(六) 衣服要整齊

在整體形象中，服裝占有一定的比例。出門前要檢查內衣有沒有穿好、扣子夠不夠結實、儀容夠不夠整齊。內衣、褲有沒有露在外面。

(七) 鞋子要搭配

鞋子的選擇與服裝的色調、款式要保持一致，這樣才能更好的烘托

第四章　會交際的人會處世

整體形象，與人交往交際時才能更有自信。鞋子的顏色、款式，在選擇衣服時就應該確定，為了防止不搭配、不協調，出門前應仔細斟酌一番，如需調換，應該及時更改。

人的外在形象在交際辦事的過程中非常重要，保持良好的整體形象能夠提升一個人的品位、氣質，同時也加大你的辦事成功率。

微笑是交際的催化劑

微笑是一片花瓣，能給人以美麗芳芬；微笑是一朵浪花，使生活流淌歡暢；微笑是一串音符，能讓你的人際關係優美和諧。

沒有什麼東西能比一個陽光燦爛的微笑更能打動人了。微笑具有神奇的魔力，蘊含著震撼人心的力量，它能讓你的周圍充滿陽光。微笑，是最好的交流工具。用你的微笑去迎接每一個人，你會成為最受歡迎的和最會處世的人。

微笑，它不花費什麼，但卻創造了許多奇蹟。它豐富了那些接受它的人，而又不使給予的人變得貧瘠。它產生於一剎那間，卻給人留下永久的記憶。

微笑是一種令人愉悅的表情，是一種含義深遠的表情，在公關活動中有著很重要的作用。微笑可以大大的縮短人與人之間的心理距離，迅速增進親近感。生活裡，不管是和相識的還是不相識的人在一起，不管是去找人辦一件事，還是想結識一位夥伴，一個熱情的微笑，都會像一縷霞光，給人以溫暖，使人感到輕鬆愉快；而冷漠的、古板的態度，只會讓人感到難堪，產生被人拒之於門外的隔閡心理。

所以，不論你現在從事什麼工作，在什麼地方，也不論你目前遇到了多麼嚴重的困境，甚至你的人生遭遇了前所未有的打擊，用你的微笑

微笑是交際的催化劑

去面對它們，面對這一切，那麼一切都會在你的微笑面前低頭。

有人做了一個有趣的實驗，以證明微笑的魅力。

他給兩個人分別戴上一模一樣的面具，上面沒有任何表情，然後，他問觀眾最喜歡哪一個人。答案幾乎一樣：一個也不喜歡。因為那兩個面具都沒有表情，他們無從選擇。

然後，他要求兩個模特兒把面具拿開，他要其中一個人把手盤在胸前，愁眉不展並且一句話也不說，另一個人則面帶微笑。

他再問觀眾：「現在，你們對哪一個人最有興趣？」答案又是一樣：他們選擇了那個面帶微笑的人。

現代社會競爭越來越激烈，生活節奏也是越來越快，人們只顧忙著自己的事，已經很少關心別人了。在這種情況下，人們內心深處就更需要他人的理解和關懷。此時，若是給他們一聲真誠的問候和關心，既能滿足他們情感的空缺，還會有一份真情回報於你！

柳真是一位大學剛畢業的學生，他孤身來到北部的一家四星級酒店打工，成為一名餐飲服務員。在結束試用期的前一天晚上，一件意想不到的事情發生了。那天晚上，有位港商模樣的人單獨要了一間客房，還指名道姓的要柳真送去一杯咖啡。當時，他忙得脫不開身，等到了那位港商房間時，比他原先約定的時間還遲到了二十多分鐘。柳真小心翼翼的把咖啡調好送去，面帶微笑的說：「先生，首先感謝您對我的欣賞和信任。但由於暫時沒能抽出身來，耽誤了您的時間，我感到非常的抱歉！」這位港商卻不領情，把左手一揚，正好碰到柳真雙手捧著的咖啡杯，杯裡的咖啡濺了柳真一身，可他卻視而不見，指了指手錶說：「多長時間了？像你這樣服務，還會有人再來嗎？」

不管柳真怎麼樣解釋和道歉，這位港商都不領情。最後，港商要來了客戶意見表，柳真心裡一沉，心想這位港商要投訴自己了。如果客人

第四章　會交際的人會處世

投訴的話,那麼,自己三個月的試用期就要白費了。儘管十分委屈,但是柳真還是表現得非常有禮貌,仍然面帶微笑的雙手呈上意見表,向他真誠的說:「我為今晚的服務不佳表示道歉,您有什麼意見和看法儘管寫上去吧,我會欣然接受您的批評。」

第二天早上,餐飲部經理宣布錄用正式員工的名單中,沒有柳真的名字!就在人們都看著柳真的時候,經理又宣布了根據酒店總經理的特別提議,任命柳真為餐飲部的領班。

會後,餐飲部經理帶柳真見了酒店總經理。沒想到,他就是那晚刁難柳真的總經理。他說:「雖然你的綜合素養表現得很不錯,但真正能打動我的,還是你的微笑。那一臉甜美燦爛的微笑,你一共發揮了九次。特別是你那種毫不矯情的、純真的笑,簡直可以擊退我最後一道冷漠的防線!」

的確,沒有人能輕易拒絕一張笑臉。笑是人類的本能,要人類將笑容從臉上抹去是件很困難的事情。由於人類具有這樣的本能,因此微笑把人們之間的距離拉得最短,具有神奇的魔力。真誠的微笑是交友的無價之寶,是社交的最高藝術,在為人處世中,微笑是友好的標誌,是融合的橋梁。微笑可以化干戈為玉帛,協調人與人之間的關係,可以為辦事之際創造快樂的氣氛。

一些不懂得利用微笑價值的人,實在是很不幸的。要知道,微笑在社交中是能發揮極大效果的;無論在家裡、在辦公室,甚至在途中遇見朋友,只要你不吝惜微笑,立刻就會產生令你意想不到的良好效果來。難怪有許多專業推銷員,每天清早洗漱時,總要花三分鐘時間,面對鏡子訓練自己的微笑。

微笑是人類的寶貴財富。微笑是自信的標誌,也是禮貌的象徵。人們往往依據你的微笑來獲取對你的印象,從而決定對你的態度。只要你

善於運用微笑，人與人之間的溝通將變得容易，辦事將不再感到為難。

　　法國有位作家曾說：「笑是沒有副作用的鎮靜劑。」即使你遇到的人有的愛發脾氣，有的刻薄挑剔，有的會出言不遜、咄咄逼人，或者與你存有隔閡芥蒂，應對這些最難對付的人，含蓄的微笑往往比口若懸河更可貴。面對別人的胡攪蠻纏、粗暴無禮，只要冷靜微笑，你就能穩控局面，從而以靜制動，以柔克剛，擺脫窘境。

　　微笑不是奴顏婢膝，而是一個人涵養的外化，是對他人一種和藹友善的表示。它能反映出你控制和表現自己情緒的能力，也能顯示出你主動熱情、坦率大方的個性。當你不慎得罪了你的朋友和同事，當你無意冒犯了你的上司和長輩，你很想向他們解釋道歉，卻又礙於顏面難於啟齒。這時，只要你主動真誠的向他們報以微笑，一切便會和好如初。

　　有人說，微笑是愛情的「催化劑」，是家庭的「向心力」，是人際交往的「潤滑劑」；微笑也能給人以美的享受；微笑又是向他人發出的寬容、理解和友愛的信號。面對這樣的表示，又有誰會拒絕呢？假如你在街上遇見一位素來愛慕的女孩正向你微笑，你一定會忘情的報之以一笑，就在你們這相互會心的微笑中，你們越加感受到對方美的風采、美的情感；假如你的妻子或丈夫正向妳大發雷霆，你若對她（他）嫣然一笑，又有什麼芥蒂不能冰消雪融呢？

　　古人云：「笑開福來。」微笑因幸福而發，幸福伴喜悅而生，即「情動於中而形於外」。這時，只要你時時超越自我情緒的困惑，你就能保持輕鬆愉快的心境，你的臉孔就會因此而湧起幸福的微笑，並感染他人，而他人的微笑又反過來強化你的愉悅和微笑，形成你與他人之間人際關係的良性迴圈，這無疑會極大的促進了你優美個性和創造力的發揮，為你把事情辦好鋪下一塊塊堅固的「基石」。

第四章　會交際的人會處世

交際場上，學會為自己解圍

在現實生活中，能否學會交際？直接關係到我們人際關係的好壞。

老於世故的人都知道，交際場上不能過於真實，有時候得說一些無傷大雅的假話，這樣才能不傷害朋友間的和氣，同時避免自己陷入為難的境地。

李志斌去年在安泰辦公室辦公的時候，同一樓層裡辦公的都是一些小公司小部門。負責繪畫和書法的馬利什，負責雜誌發行的沈珀西，負責社會活動的蕭立喬，負責企業培訓的謝維佳，搞電視廣告的王列格，他們的部門都比較簡單，下數最多也不過五、六人，而李志斌當時更是一個光桿司令。

中秋節的時候，負責繪畫和書法的馬利什提議大家聚一聚。馬利什是最先來這個樓層辦公的，其他的人差不多都是馬利什介紹過來的，算是德高望重，他的提議立即得到了大家的響應。的確，在同一樓層裡辦公，低頭不見抬頭見，但平常坐在一起聊聊的時間並不多，趁節日聚一聚也好，可以促進瞭解，加強溝通，增進友誼。

中午的時候，在馬利什的帶領下，大家一起說說笑笑來到一家餐廳，分頭坐定，共九個人，剛好坐滿一桌。雖然大家相識已有一段時間，但還是頭一次一起坐到餐桌邊，所以氣氛很是熱烈，每個人的興致都很高。

馬利什作了一個簡單的開場白：「今天是我們樓層裡各部門的朋友第一次聚會，也是中秋節，大家一定要吃個痛快、喝個痛快。我建議每個人都點一道自己最喜歡吃的菜，從我開始，我點一道清蒸魚。」馬利什這麼一說，大家興致更高了，一本正經的點菜，連旁邊的服務員也為大家的情緒所感染，笑出聲來了。蕭立喬當時就要向服務員收費，他說

「笑一笑，十年少，這是多大的功德。我們吃飯，你們笑了，今天這頓飯錢算是免了，如果再笑還要再交錢」。

聚餐喝酒當然是少不了的，他們一開始就點了十瓶啤酒，李志斌原本是喝不了多少酒的，包括啤酒在內，但也被分配了乾杯一瓶的任務，似乎在這種場合和氣氛下，你就不能自作主張了，喝不下也得喝——所謂「捨命陪君子」大概就是指這樣的情形吧。

那一桌菜的確是豐盛，雞鴨魚肉全都包括，甚至還叫服務員特意從旁邊一家日本料理店買來了生魚片。大家一邊吃，一邊喝，一邊說笑，碰杯聲接連不斷。一瓶啤酒更是把李志斌灌得腦袋有點暈，臉特別的紅。

啤酒快喝完的時候，蕭立喬情緒高漲，提議大家再喝「二鍋頭」。蕭立喬是個作家，曾經寫過不少好詩，據說特別能喝酒。李志斌雖然也是舞文弄墨的，但一聽到喝「二鍋頭」，他就想求饒。但當時的氣氛是一哄而上，蕭立喬的提議才出口，大家就都舉杯把啤酒一飲而盡了，「對，對，接著喝，二鍋頭！」

馬利什看到李志斌似乎還在猶豫，杯裡的啤酒還沒喝完，就鼓勵道：「小李，加油呀！」其他的幾位頓時也紛紛附和。看到大家這麼興奮的樣子，他不想喝也不行了，忙做出一副豪放的樣子，把啤酒一飲而盡，嘴裡面還不由自主的說：「好，咱們再喝二鍋頭！」

其實，李志斌以前很少喝白酒，更沒有喝過二鍋頭，連啤酒也喝得很少。那天他第一次喝二鍋頭，而且大口大口的喝。結果一回家就嘔吐，蒙頭睡到第二天早上八點，活生生的錯過了一年一度的中秋圓月。

有句話叫「捨命陪君子」，但也要看是什麼事，對於平常的應酬，只要誠意到了就可以，大可不必擺出「捨命陪君子」之架勢，酒多傷身，得不償失。其實，李志斌完全可以說一個善意的謊言，比如：自己最近

第四章　會交際的人會處世

的胃不太舒服，剛剛到醫院檢查過，醫生特意囑咐我千萬不要喝酒，尤其是白酒。這樣一來，大家也不會對你強行勸酒，既不掃大家的興致，也很好的解了自己的圍，可謂是一箭雙雕。而李志斌過於老實，不懂得交際場中的人情世故，結果讓自己受罪。

親切稱呼縮短彼此距離

　　稱呼，是待人接物時說出的第一個詞，它也是進入社交大門的通行證，是指人們在日常交往中所採用的彼此之間的稱謂語，也是當面和對方打招呼，以表明彼此關係的名稱。它是溝通人際關係的橋梁，也是表情達意的重要手段。據有關心理專家說，人們對別人怎麼樣稱呼自己特別的看重；同時，由於各國各民族風俗不同、語言各異，社會制度也不一，因此在稱呼上的差別也較大。朋友相見，尤其是與陌生人相見，就不得不講究應該如何稱呼了。錯誤的稱呼，將會鬧出笑話，造成誤會，使對方不高興，甚至是反感。而恰當的稱呼則會讓對方感覺出你對他的尊重，它猶如妙音入耳，使對方倍感溫馨，從而使雙方的感情更加融洽，使交流更加順暢。

　　有這樣一個故事：有個年輕人騎馬趕路，眼看已近黃昏，可是前不著村後不著店。正在著急之時，忽見一位老人從旁邊路過，他便在馬背上高聲喊道：「喂！老頭，離客棧還有多遠？」老人回答：「五里！」年輕人聽後策馬飛奔，急忙趕路去了，結果一口氣跑了十多里，仍不見人煙，他暗想，這老頭真可惡，說謊騙人，非得回去教訓他一下不可。他一邊想著，一邊自言自語道：「五里、五里，什麼五里！」猛然間，他醒悟過來了，這個「五里」，不正是「無禮」的諧音嗎？於是他調轉馬頭往回趕。追上了那位老人，急忙翻身下馬，親熱的叫聲：「老人家！」話還

沒說完，老人便說：「客棧已經走過頭了，如不嫌棄，可到我家一住。」

這個故事之所以流傳很廣，是因為它說明了一個樸素的道理：在與人交往中，稱呼是個大課題，稱呼的好了，對方自然高興，但如果稱呼不當，那就麻煩了。例如故事中的年輕人，他就因為對老人的稱呼太無禮，結果被老人教訓了一頓，但當他禮貌的稱呼老人時，老人也改變了態度，親切的邀請他做客。

(一) 稱呼語要因人而異

一、親屬之間的稱謂。親屬之間，對長輩應以親屬稱謂相稱，如爺爺、奶奶、爸爸、媽媽、姑姑、舅舅等。這時，如果直呼其名是很不禮貌的，但若稱呼長輩的職稱、身分、職業等又會顯得生疏。所以，應該禮貌相稱。對平輩，可互相用親屬稱謂或加排行序列稱謂相稱，如哥哥、妹妹、二哥、三妹等。年長的平輩可直接稱呼年少者的名字，若年少者已成年，則用親屬稱謂較禮貌。對晚輩，可稱呼其親屬稱謂，也可直呼其名，這樣顯得親切。但當晚輩有了他自己的成年晚輩時，直呼其名也就不妥當了。夫妻之間可以以姓名相稱，倆人在一起時，可用昵稱，但不宜在公開場合或者在父母、孩子面前使用。

二、熟人之間的稱謂。對關係比較密切的熟人，可大致仿照自己親屬的性別、年齡、身分等來確定相應的稱呼，還可以用「姓加親屬稱謂」、「名加親屬稱謂」、「姓名加親屬稱謂」稱呼，如「王奶奶」、「致遠叔叔」等。

年紀較大、職務較高、輩分較高的人常對年紀較輕、職務較低、輩分較小的人直呼其姓名，這種稱呼明快直爽。年紀較輕、職務較低、輩分較小的人對年紀較大、職務較高、輩分較高的人，不能直呼姓名，可

第四章　會交際的人會處世

以仿照親屬間的稱謂。但是在一些正式、公開的場合，最好稱呼熟人的職稱，也可以「姓加職稱」、「名加職稱」、「姓名加職稱」相稱。如「趙廠長」、「王校長」等。在人的親屬、職稱、身分等稱謂前，加上「老」、「大」等詞，是更為尊敬的稱謂，如老廠長、大姐等。對德高望重的老年人，可以在姓後加「老」字，如「李老」、「張老」等，這種稱呼是比較恭敬的。

長者對年輕人、老師對學生或關係親密的人之間，不稱姓而直呼名是最親切、最隨便的一種稱呼。但如果沒有這種特殊關係而直呼人家的名字就不禮貌了，甚至還會讓人覺得你是在和人家套近乎，使人生厭。

朋友、同學之間，因為相處的時間長了，所以稱呼可以隨便一些，可在姓氏前加「小」、「大」等，如「小李」、「老張」等，還可以用一些暱稱或者綽號之類的，如：「小豬」、「阿超」、「老大」，用這種暱稱的話，即使工作太忙，平常疏於聯繫，只要見面時，一句親密的稱呼，也會讓大家很快找回昔日的那種感情。

三、對陌生人的稱謂。對陌生人的稱謂，一般來說可用以下兩種方法：一種是可根據人的具體年齡、性別、職業等情況稱「女士」、「師傅」、「先生」、「小姐」等。對男人一般可以稱「先生」，未婚女子稱做「姐」，已婚女子稱「夫人」或「太太」，這個是不能搞錯的，若稱未婚女子為「夫人」就是極不尊重了，但若已婚女子的年齡不是太大，叫「小姐」，對方也絕不會反感。因為女性大多比較在乎年齡問題，所以寧可把「太太」、「夫人」稱作「小姐」，也絕不要冒失的稱對方為「夫人」、「太太」。如果是成年女子，你對對方又不瞭解，為了不冒犯對方，可以稱為「女士」。另一種是根據親屬稱謂相稱。可根據對方的性別、年齡等情況，以父輩、祖輩、平輩的親屬稱謂相稱，如「叔

叔」、「阿姨」、「大叔」、「大姐」等。稱呼對方「大嫂」或是「大姐」時，必須謹慎，在不確定對方是否結婚時，稱「大姐」比較穩當。

(二) 運用稱呼語應注意的問題

一、要注意民族、地域的差異。俗話說「入鄉隨俗」，每一個地方，大到一個國家、民族，小到一個小地方、一個小團體，對人的稱呼都有一些特殊的習慣，漢民族語言中的稱呼語相對於其他民族語言中的稱呼語要複雜得多，不僅要看人的性別、輩分、年齡，還要分敬稱和謙稱。但是在很多歐美國家就沒這麼講究，如英語中「阿姨、姑姑、伯母、叔母」等都是同一個單字。所以各個民族有不同的稱呼習慣，在實際運用中，要遵從各民族的習慣。

在不同的地域，不同的生活習慣造就了各種方言，所以還要注意方言間稱呼的異同。如「同志」一詞是大陸用得最廣泛、最普通的稱謂，但在港澳臺，若是用「同志」這一稱呼，大家便會覺得很彆扭。

二、要注意語言環境和稱呼對象的不同。在日常生活中，對我們比較熟悉的人，我們稱呼上就可隨便一點，甚至可叫別人小名、綽號，夫妻、戀人之間私下裡還可用昵稱，但是在工作場合和公眾場合，這樣稱呼會顯得很不正經，比如：你到對方上班的地方去找他，稱呼最好還是嚴肅一點。特別是當你的朋友是某一部門的上司時，更要幫他維護形象。在工作場合喊出其不文雅的綽號，這時會讓對方在下屬面前很尷尬，甚至覺得很沒面子。

運用稱呼語時，腦子要靈活一點，嘴巴甜一點，根據說話環境和稱

第四章　會交際的人會處世

呼對象做靈活的選擇。一句稱呼，可以拉近你和對方的距離，也可以讓你獲得尊重和讚揚。

在交際開始時，只有使用尊稱，才會使交際對象產生與你交往的欲望。因此，使用稱呼語時要遵循如下三個原則：

（一）禮貌原則

這是人際稱呼的基本原則之一。每個人都希望被他人尊重，而合乎禮節的稱呼，正是表達對他人尊重和表現自己有禮貌修養的一種方式。在社交接觸中，稱呼對方要用尊稱。常用的尊稱有：「您」──您好、請您……；「貴」──貴姓、貴公司、貴方、貴校；「大」──尊姓大名、大作；「賢」──賢弟、賢媳、賢侄；「高」──高壽、高見、高明；「尊」──尊客、尊言、尊意、尊口、尊夫人等等。

（二）尊崇原則

一般來說，漢民族有從大、從老、從高的心態。如對於同齡人，可稱呼對方為哥、姐；對既可稱「爺爺」又可稱「伯伯」的長者，以稱「爺爺」為宜；對副科長、副主任、副廠長等，也直接以正職相稱。

（三）適度原則

要視交際對象、場合、雙方關係等選擇恰當的稱呼。在與眾多人打招呼時，還要注意親疏遠近和主次關係。一般以先長後幼、先高後低、先親後疏為宜。

一般在正式場合的稱呼還應注重身分、職務、職稱，非正式場合則注重輩分、姓名等稱呼。在社交活動中，按照國際通行的稱呼慣例，對成年男子稱先生，對已婚女子稱夫人、太太，對未婚女子稱小姐，對年長但不明婚姻狀況的女子或職業女性稱女士。這些稱呼均可冠以姓名、職稱等，如「王一鳴先生」、「護士小姐」等。對部長以上的政府官員，

一般可稱「閣下」、職稱或先生，如「部長閣下」等。但在美國、墨西哥、德國等國沒有稱「閣下」的習慣，因此對於這些國家的人可以「先生」相稱。君主制國家，按其習慣稱國王、皇后為「陛下」，稱王子、公主、親王為「殿下」其他有爵位的人，可以其爵位相稱，也可稱為「閣下」或「先生」。對於有學位、軍銜、技術職稱的人士，可以稱他們的頭銜，如某某教授、某某博士、某某將軍、某某工程師等。外國人一般不用行政職務稱呼別人，不稱「某某局長」、「某某校長」、「某某經理」等。在美國，人們常把直呼其名，視為親切的表示，但是對長者和有身分地位的人例外。

在人際交往中，為了使自己對他人的稱呼不失尊敬，應避免在對人對事稱呼上的一些忌諱：

（一）不要使用綽號和庸俗的稱呼

女性不要隨意給人起綽號，這些稱呼不僅難登大雅之堂，而且還會給人留下沒有教養的形象。

（二）不濫用行業性或地域性的稱呼

師傅、老闆、出家人等帶有行業性；在中國使用很普及的表示另一半或男女朋友的「愛人」這一稱呼帶有地域性，在臺灣或國外往往被理解為充當第三者的情人。

（三）對不吉利的詞語和惡言謾罵的詞語要避諱

「死」字，歷來就十分被忌諱，所以另造了一些詞來表達死的含義，如百年之後、去世、過世、辭世、病故、病逝、長逝、長眠、仙逝、作古、不在了、遠行等等。這些言語忌諱不僅反映了人們趨利避害的思想傾向，也表示了對他人的尊重。

第四章　會交際的人會處世

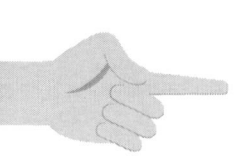

飯局裡的交際學

當今社會，飯局無疑是拓展人脈，投資感情的最佳場所。據權威機構研究，世界上所有的談判百分之八十是直接或間接在飯桌上完成的。可見利用飯局進行人脈拓展非常有效，因為在飯桌上，人們的情緒都是放鬆的，心情也大都比較好，更容易結成深厚的友誼。

首先，飯局不論是早餐、午餐還是晚餐，只要是用餐時間，都不應討論生意上令人不愉快的話題。靠一頓宴請來說服猶豫不決的立法人員投自己一票，歷來就是美國白宮政客慣用的手法。這一頓飯可以是室外的午餐，可以是非常講究的早餐，也可以是精緻的晚宴。但不管是哪一種，每當有重要的提案要投票時，毫無例外的，銀質餐具便搬了出來。即使是政治捐款，也總是和吃東西聯繫在一起的。

其次，作為社交方式的飯局，可以向對方傳達不見外的資訊，代表親近，即認同對方是自己人。要辦的事先不說，先吃飯，這樣，就沒有勢利感，辦不成事可以喝酒，也不傷面子。

嚴皖冰是一家公司的經理，在他做每週的工作計劃的時候，總是先確定他要和哪些人碰面，然後每個禮拜安排四個早餐、四個午餐和兩個晚餐來跟他個人或業務目標有關的人士聚餐。他們可能是客戶，也可能是朋友，或是某些有影響力的人，也有可能是潛在客戶或其他人。

嚴皖冰經常會在街上遇見想和對方一起吃飯的人。即使在最忙的時候，他一週也會有四次正式的早餐、午餐和兩次晚餐。因此嚴皖冰一個星期無論多繁忙，仍然有十次訪談機會。在很愉悅的時間裡加深顧客對他的印象。

這是極簡單卻非常有效的方式，畢竟，自己吃飯也需要時間。另外，在飯局上，人的情緒大多會非常好，更容易結成深厚的友誼。拜訪

十位客戶需要花費許多時間，可是運用飯局拜訪客戶，在還沒展開正式工作之前，就已經見了十位客戶了。

大部分像這樣的吃飯機會，不但可以進一步加強與客戶現有的關係，甚至能得到某些很有價值的回報。試想，如果你每年有兩百次機會，和一些可以為你生活帶來正面效果的人一起吃飯，可以想像你在個人和事業兩方面，一定都會有所成長。

在臺灣，飯局從來就是人們不可或缺的首選交際方式。只要辦事，最先想到的就是有沒有關係。若牌照被扣，先問親戚朋友交管處有無熟人，然後再請出來吃飯。幾乎可以說只要需要求人，大多以飯局開場。公司的飯局，同事之間，上級請下級，下級請上級。名目繁多，數不勝數。當然，飯局的作用不只是在臺灣，全世界亦如此。

那麼，飯局聊些什麼？在正餐上來之前，人們喜歡聊些高爾夫球、天氣之類的話題。吃主菜的時候，人們談的則是美食、藝術、時事及一些無傷大雅的話題。不過，在聚會或活動上，不可太過急功近利。你的談話一定要有彈性，不要做硬性推銷。重要的不是你做了什麼，而是人們對你的這種方式是否接受，最好的方式是不要談工作。

一定要注意一點：成功的生意飯局都不會討論生意上讓人掃興和尷尬的話題。

還有一點要記住，那就是，你在席間要適當的談你自己的情況，談你可以為對方帶來什麼好處，可以提供什麼樣的優質服務。

無論是飯局還是其他任何形式的聚會和活動，你都應積極參加或者組織，並在這個過程中去認識更多的人。為自己搭建更多的人際關係的橋梁，使自己成為處世的大贏家，讓自己的人生更精彩。

第四章　會交際的人會處世

觥籌交錯，學會在酒桌上辦事

「酒逢知己千杯少」，酒能拉近人與人之間的距離，並增進彼此間的深層瞭解。古往今來，以酒會友，彼此推心置腹，肝膽相照，從而成為知己的故事，比比皆是。

大學剛畢業，王育剛面試上了一家大公司。初來乍到，面對陌生的環境和淡漠的同事，王育剛有點無所適從，不知該怎麼樣消除與老員工們的隔閡，盡快融入這個新的團體中。恰好，有一天加班到很晚，大家一起去小餐廳聚餐。結果，幾杯酒入肚，老員工立刻拍著王育剛的肩稱兄道弟起來。以後，王育剛在工作中碰到什麼難題，老員工們不再冷眼相看，而是主動提供幫助。而王育剛嘗到了酒的好處，也更是主動和老員工們多多聚餐喝幾杯。

俗話說：「酒是萬能膠，越喝越要好。」在酒桌上，人和人之間就容易結交為知心朋友。所謂「酒後吐真言」，喝酒時，每個人都豪氣沖天，借助酒的刺激，忘掉了平日世俗的忌諱，忘掉了對陌生人的戒備心，把平日裡不敢說、不想說、不能說的話，都掏心窩似的掏了出來。所以，喝酒時，大家會覺得彼此間更加坦誠，以誠會友，怎麼會得不到好朋友呢？再者，因為有「酒後吐真言」的威脅，能在一起大碗喝酒，也就是向對方表明：我不把你當外人看，你可以聽我的真心話。如此相待，在這個人與人互相戒備、互相防範、互相欺騙的時代，怎麼能不起到加深感情的作用呢？

的確，酒作為一種交際媒介，在迎賓送客、朋友聚會、彼此溝通、傳遞友情等方面，發揮了獨到的作用，玩弄一下酒桌上的手腕，也可以有助於你辦事成功。在這裡，你應該特別注意以下幾點：

(一) 眾歡同樂，切忌私語。

大多數酒宴賓客都較多，所以應盡量多談論一些大部分人能夠參與的話題，得到多數人的認同。因為個人的興趣愛好、知識面不同，所以話題盡量不要太偏，避免唯我獨尊，天南地北，出現離題現象，而忽略了眾人。

特別是盡量不要在人耳邊小聲私語，給別人一種神祕感，往往會產生「就你們要好」的嫉妒心理，影響喝酒的效果。

(二) 瞄準賓主，把握大局。

大多數酒宴都有一個主題，也就是喝酒的目的。赴宴交際時首先應環視一下各位的神態表情，分清主次，不要單純的為了喝酒而喝酒，而失去交友的好機會，更不要讓某些嘩眾取寵的酒徒攪亂東道主的交際主題。

(三) 言語要得當，詼諧幽默。

酒桌辦事交際的能力足以顯示出一個人的才華、學識、修養和交際風度，有時一句詼諧幽默的言語，會給別人留下很深的印象，使人在無形中對你產生好感。所以，應該知道什麼時候該說什麼話，言語得當，詼諧幽默很關鍵。

(四) 勸酒適度，切莫強求。

在酒桌上辦事交際往往離不開勸酒這一環節，有的人總喜歡把酒場當戰場，想方設法勸別人多喝幾杯，認為不喝到量就是不實在。這是一種不好的行為，酒量大小不要強求，以免酒後失態，既影響酒宴場合，也影響健康，從而打亂了喝酒的辦事交際的目的。有時過分的勸酒，會將原有的朋友感情完全破壞。

第四章　會交際的人會處世

（五）敬酒有序，主次分明。

敬酒也是一門學問。一般情況下敬酒應以年齡大小、職位高低、賓主身分為序。敬酒前一定要充分考慮好敬酒的順序，分清主次。即使與不熟悉的人在一起喝酒，也要先打聽一下對方的身分或是留意別人如何稱呼，這一點心中要有數，避免出現尷尬或傷感情的情境。

敬酒交際時一定要把握好敬酒的順序。若有求於席上的某位客人，對他自然要倍加恭敬，但是要注意：如果在場有更高身分或年長的人，則不應只對能幫你忙的人畢恭畢敬，也要先給尊者、長者敬酒，不然會使大家都很難為情。

（六）察言觀色，瞭解人心。

要想在酒桌上得到大家的讚賞，就必須學會察言觀色。只有這樣才能瞭解人的內心，左右逢源，才能扮演好酒桌上的角色。

（七）鋒芒漸露，穩坐泰山。

酒席宴上要看清場合，正確評估自己的實力，不要太衝動，盡量保留一些酒力和說話的分寸，既不讓別人小看自己又不要過分的表露自己，選擇適當的機會，逐漸顯露自己的鋒芒，才能穩坐泰山，不致於給別人產生「就這點能力」的想法，使大家不敢低估你的實力。

請客吃飯，讓你辦事更順暢

請客吃飯，是我們辦事的一個很重要的手腕。懂得請客，讓你辦起事來如沐春風；不懂請客，你會「四面楚歌」，到處碰壁。

請客吃飯作為求人辦事中的一種禮節性行為，如何向「貴人」發出邀請是非常重要的一步。恰當邀請，可以為求人辦事順利成功奠定良好的基礎，否則有時不但花了錢費了力，反而事情還是辦不成。

確定邀請對象是請客吃飯首先應該解決的問題。邀請對象的選擇必須根據交際的目的而定。就一般的情況而言，下棋應請棋友；跳舞要請舞友；打球當請球友；喬遷、喜喪則請親朋故友；開業剪綵則該請有利於工作展開、業務往來，便於協調社區關係及從事新聞媒介傳播等方面的客人……

求人辦事，邀請的對象自然是能給你帶來幫助的人，但有時也需要一些其他朋友作陪，如果遇到這種情況，就應當精心安排，選擇好邀請對象。你可以根據求人的性質、需要及宴會規模的大小等，遵循先主要後次要，先親近後疏遠的原則，來劃定邀請範圍，依次確定邀請名單。

此外，還要適當考慮邀請對象的學識、年齡、地位、性格的差異和他們相互間的關係等，注意邀請對象間的關係和諧，避免給你的交際辦事帶來不便和麻煩。

接下來，就是採取恰當的方式發出邀請，要根據交際的性質、對象而定。

比如，邀請的對象是學者、專家、上司等，他們大多工作忙、時間緊，對他們最好提前邀約，以便他們能做好工作調整、時間安排；閒暇時間多、工作容易調度的對象能早點約定，自然更好，但即使臨時邀請，一般也能隨請隨到；對某團體的要人，要公開邀請，甚至借助傳播媒介，就既能體現公正無私，光明磊落，又利於引起關注，促進宣傳，擴大影響力。

如果是準備與朋友密談，那麼就要悄悄的進行了，以便避開旁人的視線，保證交際活動的隱密性。當然，一般的往來、一般的親友，打個招呼、通個電話、傳個簡訊也就可以了。

相對於比較重要的工作聯繫、業務關係、公關事務等，那就必須採用相應的公文格式了，如發書信、邀請函等，或者按照一定的規格派專

第四章　會交際的人會處世

人傳達、親自登門，以示重視、鄭重和尊重。

切記，邀請的方式要因事而異，因人而異。所以，在邀請之前，一定要明白以下事理：

(一) 注意邀請的對象

確定邀請對象是邀請這件事首先應該解決的問題。而邀請對象的選擇，必須根據求人的目的而定。求人辦事，邀請的對象自然是能給你帶來幫助的人，但有時也需要一些其他朋友作陪，如果遇到這種情況，就應當精心安排。選擇邀請對象，要根據求人的性質、需要及宴會規模的大小等，遵循先主要後次要，先親近後疏遠的原則，來劃定邀請的範圍，一次確定邀請名單。此外，還要適當考慮邀請對象的學識、年齡、地位、性格的差異和他們相互間的關係等，以防所邀非人，破壞邀請對象之間的和諧關係，給你的交際帶來不便和麻煩。

(二) 邀請的可行性

所謂可行性，也就是請客吃飯要量力而行，既不強人所難，也不為所不能為。同時，要盡可能的替邀請對象著想，為其提供往來、交通等方面的便利。王老闆想請張教授幫他解決一個工廠技術上的難題。張教授年事已高，行動不便，原本打算拒絕，沒想到王老闆竟派了專車接送，專人護理。張教授很感動，就接受了邀請。這樣一來既與人方便也與己方便。

(三) 邀請的目的要明確

邀請前一定要明確宴會的時間、地點、活動內容、邀請對象等，以便心中有數，做好邀請。還需將上述事項向邀請對象解說明白，以利其接受邀請，擔負相應的角色，準時赴約。

(四)要真誠相約

王列格曾邀請幾位朋友到他家去做客。朋友信以為真，誰知他卻是虛意敷衍，讓朋友吃了閉門羹。他這種失禮行為使朋友非常氣憤。事隔多年，提及此事，朋友仍然耿耿於懷。這樣的邀請耍弄了別人，又失去了朋友，豈不害人害己！

(五)不可以憑藉地位的尊卑來定冷熱

所謂「首長」，只是工作上的職務，當官的與平民百姓之間，在人格上是均等的，沒有貴賤之分，因此，在日常生活的交往中也是平等的。在一般的家宴桌上，只要不是什麼特殊的需要，盡可以隨意一點，那樣有好處，甚至可以調節「官」、「民」關係。而如果把「官」和「民」的關係延伸到宴會桌上來，那不僅不會使上司提高威信，不能讓上司臉上有光，結果只會適得其反。

(六)不可以關係親疏來定冷熱

在家宴席上，來的客人之中，會有與主人關係比較親密的，也有與主人關係一般的人，在這種場合，特別要注意在待人的態度問題上，要既不討好位尊者，也不歧視冷落位卑者，端莊而不過於矜持，謙遜而不矯飾造作，充分顯示出你的誠摯內心。我們常常會聽到周圍有這樣的評價：某某人做事真周到。這樣的話，肯定就是對那些善於在日常交際中做得圓滿者的讚賞。

其實要做到上述兩點並不難，只要你常常向「在座者」微笑，並不時的向他們詢問一些平常的問題，常常示意其喝茶或吃點心，同時，讓他們也能有機會參與到你們的談話之中，這樣就足夠了。

第四章　會交際的人會處世

點菜也是一種技術

宴請，有正規待客的，有好友相聚的，有兩情相悅的，有論功行賞的，有聯絡感情的，林林總總，不一而足。不同的目的決定了菜色的品質和品種。點菜不應以主人的愛好為準，而應全盤考慮到主賓的喜好與禁忌。

宴請點菜有不少的講究。想要成為點菜高手，你需要按照下列步驟來操作：

（一）看人點菜。看人點菜是宴請點菜的一項基本原則。知己知彼方可百戰不殆，掌握同席之人的口味乃點菜之優先考量。具體來說：

一、如果一同前去的是兩個人，而且其中一個是女人，可以點一葷一素兩個冷菜，或加上一個滷味，再點一盤的蔬菜、一個海鮮、一個葷素小炒即可。如果是那些注重美食、營養的人，各自再加一個小燉盅就可以吃得風光而體面了。

二、與生意上的客戶共進晚餐，在雙方不熟悉的情況下，點菜點得恰到好處，涼熱葷素、雞鴨魚肉搭配得當是非常關鍵的問題。一般工作餐會是三五成群，所點的冷菜不僅要有海鮮、滷味，最好還要有一些別致的小菜。而熱菜要有一道高級海鮮，外加二道葷素小炒，一道帶肉主菜，一道清口蔬菜，湯煲、點心、水果各一道即可。

三、點菜時一定要先問問桌上同餐者有沒有什麼人有特殊飲食忌諱，比如素食者、少數民族等。做到心中有數，點菜時就可以兼顧，不會有人大快朵頤，有人卻停箸默然。

（二）注重特色。所謂特色，就是本店的招牌菜，一般是餐廳用來吸引客人的拿手菜，味道不錯、價錢也不會太貴。每到一個不熟悉的餐

館，不妨先問問有什麼特色菜，這樣就可以瞭解該餐館的素養，點菜時心裡有底。

（三）搭配合理。以中國菜而言，並不要求每個菜都出色精彩，但講究一桌菜五味俱全且要搭配合理，鹹淡互補，讓每道菜都發揮到極致。菜餚應該強調葷素、濃淡、乾濕、多種烹調方法搭配，原料盡量不重複。

從營養的角度來看，要注意膳食平衡，即注意穀、果、肉、豆等各類食物品種齊全、比例適當。根據用餐者的年齡、個人嗜好、身體狀況及用餐季節，點菜時應注意以下方面：

（一）葷素搭配：對海鮮、畜肉、禽肉、豆類及其製品、蔬菜及水果等應全面考慮，但要注意肉類不宜太多。在重視飲食營養的今天，一定數量的素菜是必不可少的，菜餚中應有綠色蔬菜和豆製品。這樣可以透過葷素搭配保證營養平衡，在色澤和口感上也有新鮮感。若是擔心素菜顯得不夠「高級」，可配些草菇、香菇、蝦仁等增加「美食感」。

（二）軟硬搭配：這主要是考慮照顧好老人和小孩，且注意油炸食物不宜太多。

（三）菜色搭配：即整體色彩搭配效果清爽誘人。

（四）口味搭配：即酸、甜、苦、辣、鹹各種口味菜餚的搭配要盡量照顧到大多數用餐者的喜好。如果用餐者中有病人，如患有高脂血症、糖尿病等疾病者，應注意點一些低脂、無糖、高纖維的菜。

（五）冷熱搭配：注意冷菜及冷食不宜過多。在臺灣的膳食結構中，有主食和副食之分。但是凡是宴會，往往只飲酒吃菜，不進

第四章　會交際的人會處世

主食,即使進主食,也是象徵性的,多數赴宴者酒足菜飽後難以問津主食,這對健康是不利的。作為宴席內容的一個重要方面,宴席主食的配備必須遵循一些規律。

(一) 瞭解客人對主食點心的喜好

若來自中國的北方客人的飲食口味偏重,他們以麵粉為主食,喜歡吃麵食,如水餃、饅頭、麵條等,並喜吃油重、色濃、味鹹和酥爛的麵食。東北地區居民喜吃雜糧類麵食。北方麵食注重變化多樣、味美濃醇。

生活在溫暖地區的臺灣人,一般的飲食特點是「口味清淡,以鮮味貴」,國人一般以稻米為主食,對米類製品比較感興趣,如米飯、米糕。麵點製品注重小巧,講究精美、適口。為此,在點主食時,要瞭解賓客的民族、宗教、職業、年齡、性別、體質和嗜好忌諱,並依此確定主食的品種,做到主賓滿意。如北方人喜歡吃味道濃厚的麵食,南方人喜歡吃清淡爽口的小點心,老人喜歡吃粗糧軟點心等。掌握賓客的飲食習慣,才能使宴請達到最佳效果。

(二) 根據時令選擇主食

宴席春夏秋冬四季有別,菜餚如此,主食亦然。主食的季節性可從兩方面考慮,即與宴請的季節和這一季節裡生物週期生長的規律相協調,這樣就可使整個宴席風味盎然。

春季,氣候變暖,人們喜愛不濃不淡的食品,配席麵點則可上春捲、包子等。同時,春季也正是植物芬芳吐豔的季節,可以配一些以「杏花」、「梨花」、「桃花」命名的具有自然風采的麵點。

夏季是百花爭豔、鳥語花香的季節,酷暑炎熱,味覺自然有點變化。這時,宴請客人點菜的主食既要有消暑、清涼之作用,如如意涼

卷、莓果雪酪等，又要點些體現季節特色的麵點，如荷花酥、鮮花餅、綠豆糕等。

秋季，菊黃蟹肥，天氣轉涼，如點菊花酥、蟹黃湯包、葵花盒子等，寓意收穫，可喚起食客無限的秋思和遐想。

冬季，氣候寒冷，且是梅花傲霜鬥雪之季，如點梅花餃等有象徵意義的麵點，可起到烘托宴席氣氛的作用。

主食與一國的民風食俗有著很多聯繫，如果宴席的日期與某個民間節日臨近，主食也要相應安排。夏季宴請若正趕上端午節，各種粽子製品可即席配備；春節可配食年糕、春捲等；元宵節可配食湯圓、元宵；清明節可配食草仔粿、潤餅；中秋節可配上月餅等。

(三) 根據宴席的規格、主題選擇主食

宴席的規格有高、中、普通三級，與之相應，主食可從用料的高低、餡心粗精、成形的繁簡幾方面來選擇。主食要搭配宴席的價格和規格，才能使席面上的菜餚品質與主食品質相配，達到整體協調一致。

第四章　會交際的人會處世

第五章
能說會道，巧妙贏得他人心

說話的藝術，可以說是非常奇妙的。當然，並不是說人人都會說話，能把對方說得舒暢順耳。相反的，若恰好是說話的菜鳥的話，還常把話給說壞了。善於說話者，往往善於察言觀色，隨之應變，把話說到對方的心坎裡。那樣一來，為人處世就會一帆風順。

第五章　能說會道，巧妙贏得他人心

幽默是處世的王牌

　　幽默感體現的是智慧，是聰明，是機智，是豁達，更是展現個人魅力和親和力的有效途徑，所以在為人處世中，幽默感也被稱之為「人際溝通的助推器」。

　　要知道，有些人之所以處處受歡迎，正是因為他們善用幽默。俄國文學家契訶夫說過：「不懂得開玩笑的人，是沒有希望的人。」可見，生活中的每個人都應該學會幽默。多一點幽默感，少一點氣急敗壞，少一點偏執極端，良好的人際關係自然就形成了。

　　張大千是現代著名的畫家，他留有很長的鬍鬚，講話詼諧幽默。

　　一天，他與友人共飲，座中所講的笑話，都是嘲弄長鬍子的。張大千默默不語，等大家都講完了，他清了清嗓門，也說了一個關於鬍子的故事。

　　三國時期，關羽的兒子關興和張飛的兒子張苞隨劉備率師討伐吳國。他們兩個為父報仇心切，都爭當先鋒，這卻使劉備左右為難。沒辦法，他只好出題說：「你們比一比，各自說出自己父親生前的功績，誰的父親功勞大誰就當先鋒。」

　　張苞一聽，不假思索順口說道：「我父當年三戰呂布，喝斷壩橋，夜戰馬超，鞭打督郵，義釋嚴顏。」

　　輪到關興，他心裡一急，加上口吃，半天才說了一句：「我父五縷長髯……」就再也說不下去了。

　　這時，關公顯聖，立在雲端，聽了兒子這句話，氣得鳳眼圓睜，大聲罵道：「你這個不孝子，老子生前過五關斬六將之事你不講，卻只在老子的鬍子上做文章！」

　　在座的無不大笑。

張大千巧妙的套用了關於鬍子的幽默故事，不僅使自己擺脫了眾矢之的的困境，而且也反擊了友人善意的嘲弄。

但為了取得理想的效果，幽默時要特別注意以下兩點：

(一) 幽默要真實而自然

我們經常看到和聽到一些政治家們的幽默言行。他們大多把幽默的力量運用得十分自如，真實而自然。沒有聳人聽聞，也不嘩眾取寵，更不是做戲。這是因為，他們都知道太精於說妙語和笑話，對個人的形象並無幫助。

但是，有的人就不那麼高明了，智力平平，卻非要附庸風雅，企圖以成串的笑料和廉價的笑點來博得聽眾的歡心。他們硬要把自己塞進別人的肚子裡，不顧別人是不是有這個胃口。結果有可能是真的引起了「笑」果，但卻很有可能是笑他形象的滑稽和為人的淺薄。

在芝加哥有這樣的一個人，他一心想得到某俱樂部主席的位置。他在一次對俱樂部成員的演說中，表現過了頭，在不到兩小時的演說過程中，他至少說了五十則笑話，並搭配豐富的表情和引人發笑的手勢，聽眾們被逗得哈哈大笑。最後，在他講完最後一個笑話的時候，人群中有人說「再來一個！」

他果然又講了一個，再次把人逗笑了，但他卻沒能當上俱樂部的主席。

當他悶悶不樂的走出俱樂部時，他問走在他旁邊的人，「你覺得我比他們差嗎？」、「不，你比他們有趣多了！你可以去當喜劇演員。」

(二) 敢於自嘲的人才有權利開別人的玩笑

「笑的金科玉律是，不論你想笑別人怎麼樣，先笑你自己。」可以自嘲自己的觀念、遭遇、缺點乃至失誤。有時候還要笑笑自己的狼

第五章　能說會道，巧妙贏得他人心

狽處境。

一個人對公司的總經理很反感。在一次公司的職員聚會上，他突然問總經理：「張先生，你剛才那麼得意，是不是因為自己是公司的總經理？」

這位張總經理立刻回答說：「是的，我得意是因為我當了總經理。這樣我就可以實現從前的夢想，親一親總經理夫人的芳容。」

總經理敏捷的接過對方取笑自己的話語，讓它對準自己，於是他獲得了一片笑聲。就連那位發難的人也忍不住笑了。

幽默的力量是巨大的，恰當的運用，可以拉近人與人之間的距離。

真正厲害的人大多是沉默的

佛教中，「沉默」具有特殊的意義。當文殊法師問維摩詰有關佛道之說時，維摩詰一句話也沒有說。後來，有一位禪師說他的不語好像「雷聲一樣使人震耳欲聾」。這種「如雷的沉默」，猶如颱風的中心眼，沒有它，颱風便不能形成。這種沉默，就是不可言說的道，是禪的精義所在。

如果我們暫且拋開晦澀的佛教教理，從「沉默如雷」的角度來看，不難得出這種結論：沉默有它獨特的、無與倫比的力量。

曹操向來都是很欣賞曹植的才思敏捷的，很想把王位傳給他，因其法定繼承人曹丕在詩詞方面與曹植相差很多。曹丕的謀士吳質卻很會揣摩曹操的心思，他揚長避短，為曹丕設計了恰當的表現方式，並逐步使曹丕代替了曹植在曹操心目中的地位。

一次，曹操要帶兵出征，曹丕和曹植為父親送行。曹植出口成章，頌揚曹操的功德，曹操聽了很是高興。要說曹植這馬屁拍得很準，讓後

面出場的曹丕很不好辦,然而吳質卻在曹丕耳旁告訴他,待會兒只要痛哭就行了,什麼都不用說。

曹丕一點就通,在曹操面前哭得昏天黑的,對父親曹操的眷戀之情表現得淋漓盡致。曹操和眾人都被這種場面所感動了。剛才對曹植的良好印象被這「淚水」沖得一乾二淨,曹操及眾人反而認為曹植的華麗辭藻顯得華而不實了。

後發先制人可以使你變強,幫你戰勝弱者。

有道德者,絕不泛言;有信義者,必不多言;有才謀者,不必多言。多言取厭,序言取薄,輕言取辱,失言取怨。唯有保持適當的緘默,別人才會把你當作是一位高明的處世哲學家。

一家著名的馬達製造廠召開管理員會議,會議的主題是「關於人才培育的問題」。會議一開始,山崎主管提出了自己的意見:「我們公司根本沒有發揮人才培訓的作用,整個培訓體系形同虛設,雖然現在有新進職員的職前訓練,但之後的在職進修卻成效不顯著。職員們只能靠自己的摸索來熟悉工作情況,很難與當今經濟發展的速度銜接在一起,因而造成公司職員素養普遍偏低,進而影響了公司的效益。所以我建議應該成立一個讓職員進修的培訓機構,不知大家看法如何?」

「你所說的問題的確存在,但說到要成立一個專門負責培訓職員的機構,我們不是已經有這種機構了嗎?據我瞭解,它也發揮了一定的效用,我認為這一點可以不用擔心。」社長說。

「誠如社長所說,我們公司已經有了培訓機構,但它並沒有發揮實際作用。實際上,職員根本無法從中得到任何指導,只能跟著老職員學習那些已經過時的東西,這樣怎麼能夠迅速提升職員的業務水準呢?而且我觀察到許多職員往往越做越沒有信心,越做越沒幹勁。所以,我認為公司已有培訓的效能不佳,所以還是堅持……」山崎不卑不亢的說。

第五章　能說會道，巧妙贏得他人心

「山崎，你一定要和我唱反調嗎？好，我們暫時不談這個話題，會議結束後，我們再作一番調查。」社長有些生氣。

就這樣，一個月後，公司主管們重新召開關於人才培訓的會議。這次社長首先發言：「首先我要向山崎道歉，上次我錯怪他了。他的提案中所陳述的問題確實存在。這個月我對公司進行了抽樣調查，結果發現公司的培訓機構確實未能發揮應有的功效。因此，今天召集大家開會是想討論一下應該如何改變目前人才培育的方法，請大家盡量發表意見吧！」

社長的話一出口，大家就開始七嘴八舌的提出建議，但令人奇怪的是，這一次山崎主管卻始終一語不發的坐在原位，安靜的聆聽著大家的意見，直到最後，他都沒說一句話。

會議結束後，社長把山崎主管叫到社長辦公室面談。「今天你怎麼啦？為什麼一句話也不說？這個建議不是你上次開會時提出的嗎？」

「沒錯，是我先提出來的。」山崎說，「不過上次開會我把該說的都說了，我上次堅持與社長唱反調，無非是想引起社長您對這個問題的重視罷了。現在我的目的已經達到了，我又何必再說一次呢？還不如多聽聽大家的建議。」

「是嗎？不錯，在此之前我反對過你的建議，你卻連一句辯解的話也沒有。今天大家提出的各種建議都顯得很空洞，沒有實際的意義，反倒是你的沉默讓我感到這個問題帶來的壓力。這樣吧，這件事就交給你去辦吧。從現在起由你全權負責公司的人才培訓工作，請好好努力吧！」社長感慨的說道。

「是，謝謝您對我的信任，我一定會努力把這件事做好！」山崎說。

沉默為什麼會產生如此大的「無聲效應」呢？因為沉默所表達的意義是豐富多彩的，它以言語形式上的最小值換來了最大意義的交流。沉

真正厲害的人大多是沉默的

默既可以是無言的贊許,也可以是無聲的抗議;既可以是欣然默認,也可以是保留觀點;既可以是威嚴的震懾,也可以是心虛的流露;既可以是毫無主見、附和眾議的表示,也可以是決心已定、不達目的絕不甘休的標誌。當然,在一定的語境中,沉默的語義是明確的,就像樂曲中的休止符一樣,它不僅是聲音的空白,更是內容的延伸與昇華,是對有聲語句的補充。

與人相處時,特別是遇到問題產生不同看法時,適時的沉默,並不意味著膽怯、畏縮和無能,反而意味著理解、寬容和尊敬,更容易起到溝通感情和解決問題的作用。在與人交談時,適時的沉默與作曲家所認為的休止符與音符本身同樣重要的道理是一樣的。適時的沉默,既能體現出人的學識修養,也能避免說出效果不夠理想的言語——言多必失。當然,我們並不是主張回到那種「萬馬齊喑」的沉悶局面,那是對人們心靈的嚴重壓抑。而是認為,適時沉默能使說話者變得冷靜,肩部和嘴部的肌肉放鬆,會更加的心平氣和,語言流暢,是一種明智的行為。

所以,人要學會適當的保持沉默,這也就找到了擺脫煩惱的最好方法。許多時候,沉默往往會給你帶來益處。在某些場合,沉默不語可以避免失言。許多人在缺乏自信或極力表現的禮貌時,可能會不假思索的說出不恰當的話給自己帶來麻煩。

研究談話節奏的學者們認識到,有張有弛的談話在人際交往中至關重要。《談話的藝術》的作者解釋說:「沉默可以調節說話和聽講的節奏。沉默在談話中的作用就相當於零在數學中的作用。儘管是『零』,卻很關鍵。沒有沉默,一切交流都無法進行。」

第五章　能說會道，巧妙贏得他人心

有時耳朵比嘴巴更有用

　　一天早晨，有一位怒氣衝衝的老顧客闖入德迪茂毛呢公司創辦人德迪茂的辦公室內。德迪茂先生說：「這位顧客欠我們十五美元，卻不承認這件事，他接到我們公司的財務部堅持要他付款的信以後，收拾行李來到芝加哥，衝進我的辦公室，告訴我說，他不但不付那筆帳，並且永遠不再買德迪茂公司的東西。」

　　德迪茂耐著性子聽他說話，幾次想要打斷他，但德迪茂知道這樣做對他沒有好處，德迪茂要讓他盡量發洩不滿。等他冷靜下來，可以聽進別人說話的時候，德迪茂平靜的對他說：「謝謝你到芝加哥來告訴我這件事，你幫了我一個大忙，如果是我們的財務部惹惱了你，他們也會惹惱別的主顧，那樣的話就太糟了，真謝謝你告訴我這一切。」

　　「老顧客似乎有點措手不及，萬萬沒想到我會說出這番話。我想他當時肯定有點失望，要知道他到芝加哥來是向我挑釁的，但我在這裡反而感謝他，而不與他爭論。我真心實意的告訴他也許是記錯帳了，我們打算取消那筆十五美元的帳款並將此事忘掉。我對他說，他是一個很細心的人，又只需留意自己的一份帳目，而我們的員工卻要同時處理數千份帳目，所以他會比我們記得更準確。我告訴他我十分瞭解他的感覺，如果我處在他的位置上，我也會有類似的舉動。由於他說不想再買我們的東西了，所以我還向他推薦了別的幾家公司。」

　　「在那之前，每當他來芝加哥時，我們常一起用餐。那天我照舊請他吃飯，他似乎不太好意思的答應了，但當我們回到辦公室的時候，他馬上訂下了很多貨物，然後心情舒暢的回去了。為了證明自己的坦誠，他回去後重新檢查了他的帳單，結果發現有一張放錯了地方，接著他便寄給了我們一張十五美元的支票，還誠懇的道歉了一番。」

可以說，這是一個因重視傾聽顧客申訴不滿，最後挽救了彼此間關係的典型範例。

有一句西方諺語表達了人們應該更多的注重傾聽：「上帝給我們兩隻耳朵，卻只給了一張嘴巴，其用意是要我們少說多聽。」傾聽既是我們取得關於他人第一手資訊、正確認識他人的重要途徑，也是我們向他人表示尊重的最好方式。

那麼要如何進行傾聽呢？首先要了解「傾聽」與單純的聽不同，後者僅僅是一種對聲音的感知，而傾聽則是一個積極主動的行為，它意味著傾聽者要參與到對方的表達之中，一方面要透過自己的態度表明理解對方的意願，另一方面還應就這種理解表達與對方的共鳴。

理解不僅是理解他的話的字面含義，而且還要透過對方的話語讀懂他的內心世界，因此：

（一）必須對自己敏感，能回憶並連結自己過去的經歷，那時是怎麼體現自己的特殊感情的。這樣，才能理解對方表達的內容中所包含的情感之意義。

（二）必須對對方提供的各種資訊保持充分的興趣與敏感性，但要把自己的反應與對方的反應分開，不急於給對方的話下判斷或做推論，要保持一種洞察力，從中理解對方所表露的真實自我。

做到了以上兩點，就向對方表明了自己是一個真誠專注的傾聽者。當然，在整個傾聽過程中，還需要掌握一些行為技巧，這些技巧包括語言與非語言的神態：

（一）保持一種開放、專注的神態。開放的神態表示接受對方。即使對方的話語聽起來有點老生常談，即使你做不到聽得津津有味，也要保持專注。

第五章　能說會道，巧妙贏得他人心

（二）在神態上還要避免保持距離過遠或昂頭俯視，靠近對方、身體前傾是鼓舞人的良好方式，表明你在洗耳恭聽。

（三）注意提問，提出自己哪些地方沒聽清或沒理解，要求對方最好能重複或深入解釋一下，這也表明你正在認真的傾聽。

（四）讓談話按照對方的意願展開。作為有名的對話大師，古希臘的哲學家蘇格拉底認為自己是一個助產士，是幫助別人形成對自己的正確看法的人。透過傾聽我們可以幫助對方形成並完善他的想法，因此，不應該去打斷對方的表達或人為的轉移話題，即使想表達自己的某種看法，也應當是借用對方的話做一些引申，如「就像你剛才說⋯⋯」、「正如你所指出的那樣」等。這一方面表明你重視並記住了他的話；另一方面，也使對方感到你是在做一種補充說明，說明你不僅在聽，而且在思考。

硬邦邦的話，軟綿綿的說

　　和別人說話，辯論是非曲直，如果面紅耳赤，唇槍舌劍，雖然也可能達到不打不相識的效果，但那畢竟是不得已的事情，而且容易出現讓彼此都動氣的話，這就很有可能成為人際關係破裂、矛盾激化的開始。深諳人情世故的處世高手是不會直面的與人發生衝突的，即便有矛盾，他們也會「綿裡藏針」，這樣的說話技巧，可使對方誠心接受你的話，在無形之中說服對方。

　　春秋時期，齊國的大夫甯戚去見齊桓公。待行過大禮之後，只見齊桓公對其置若罔聞，根本不拿正眼看甯戚，態度非常傲慢。甯戚見此情景，嘆了口氣，故意說道：「齊國真是危險啊！」

齊桓公驚訝的問道：「你這話什麼意思？」

甯戚反問道：「您和周公相比，誰會更賢明呢？」

「周公是聖人，我怎麼敢和聖人相比！」齊桓公答道。

甯戚於是接著說道：「在周最強盛的時候，周公只要聽說有人要見他，即使是正在嚼飯，也會急忙把飯吐出來，去會見客人。即便是這樣，他還是怕怠慢了客人。可是，大王您呢？齊國現在已經國勢危急，國內接連發生殺死國君的事情。大王您的王位並不可靠。所以就算您像周公那樣禮賢下士，大家恐怕也不願意到您這兒來，更何況您還這麼傲慢呢？齊國的處境難道還不危險嗎？」

齊桓公羞得滿臉通紅，連忙道歉：「我沒有治國經驗，請先生不要介意。」

甯戚將周的強盛與齊的衰落，周公的謙遜與齊桓公的傲慢進行了對比，可謂是「綿裡藏針」，從而使齊桓公受到強烈的震撼，又達到了春風化雨的境界，使話語達到應有的效果：齊桓公心悅誠服的被感化了。

「綿裡藏針」法的運用常常跟餵小孩子吃苦藥的道理一樣，要用糖衣包著藥片，或者就著糖水吞下，招術因人而異，竅門卻千通百通。

俗話說：是人抵不過三句好話。看來說話也有它獨到的技巧，說得好自有其無窮的語言魅力。形容人有「三寸不爛之舌」，或者「巧舌如簧」，都是指說話，但是都有貶義在裡面。

有時，人難免因一時糊塗做一些不適當的事。遇到這種情況，就需要把握好指責別人的分寸。

這種情況下，如果能適當的說幾句軟話，化解對方的難堪，既能指出對方的錯誤，又能保全對方的面子，避免破壞交往的氣氛和基礎，又可以消除可能帶來的嚴重後果。

王錚到上海出差，在街頭小攤上買了幾件衣服，付款時發現剛剛

第五章　能說會道，巧妙贏得他人心

還在身上的幾百元不見了。小攤上只有他和姑娘兩人，明知與姑娘有關，但他沒有抓住把柄。如果他貿然提及此事，說不定姑娘會翻臉說他誣陷人。

在這種情況下，王錚沒有和她來「硬」的，而是壓低聲音，悄悄的說：「姑娘，我一下子關照了妳六百元的生意，妳怎麼能這樣對待我呢？妳在這個熱鬧街道擺攤，一個月收入成千上萬，我想妳絕對看不上那幾張紙鈔的。再說，妳們做生意的，信譽要緊啊！」

王錚見姑娘似有所動，又懇求道：「人家託我買東西給我的錢，丟了我真的沒辦法交待。妳就替我仔細找找吧，或許忙亂中混到衣服裡去了。我知道，妳們攤販還是能體諒人的。」

姑娘終於被說動了，她找個台階借坡下驢，在衣服堆裡找出了拿走的鈔票，不好意思的交給王錚。

說「軟」話會讓對方覺得是在吃糖，心裡甜甜的。王錚的一番至情至理的說辭，不但使錢失而復得，而且還可能挽救了一個幾乎淪為小偷的女攤主。

現實生活中，人們普遍存在著吃軟不吃硬的心態。你雖然很有主見，性格剛烈，但說不定對方比你更硬。你如果說了「硬」話，比如以命令的口吻，對方不一定會理睬；但你如果來「軟」的，對方反倒產生同情心，縱使自己為難，也會順從你的要求。

將批評夾在讚美中

在你與人的交流溝通之中，一般情況下應該用好言相求，對於某些「忠言」，也應該裹上「蜜餞」，讓對方聽著悅耳，在沒有防範的情況下就範，從而使效果更好。

將批評夾在讚美中

一對夫妻新搬到一個小鎮上，幾個月後妻子向鄰居埋怨圖書管理員的服務態度不好，希望鄰居能把她的話轉告給圖書管理員。幾天後，當這對夫婦再次來到小鎮圖書館時，那位管理員的態度發生了一百八十度的轉變，不但語氣和藹，還客客氣氣的向他們介紹新近的暢銷書。於是，妻子興奮的把這個轉變告訴了他的鄰居：「您大概已經把我埋怨他服務態度不好的話轉告給了他？」

「不，」鄰居坦然的回答，「希望您不要見怪，我沒有跟他說您告訴我的那些話；相反的，我對他說，您的丈夫稱讚他管理得法，而您也誇獎他選購的新書很有水準。」

這真是要感謝那位理智的鄰居，如果他原原本本的轉告，結果將會怎麼樣？有句古話叫「誠於嘉許，寬於稱道」，這就是友善力量的反映。

因每個人都有一種渴望受到尊重的需要，也希望有共同的愛好，如果你能夠滿足這種需要，就會發展你們之間的關係。

俗語說：「打人一巴掌再給一個甜棗。」雖然不能輕易的「打一巴掌」，但既然「打」了，給與不給「甜棗」的效果便大不相同。丟了羊，再補牢這便是一個沒有辦法的辦法，當你一時衝動當眾責備了你的部下時，不妨一試，相信還是有些效果的。另外，請遵守下面介紹的上司批評部下的幾個原則，並隨時加以檢討。

(一) 只說眼前，不提過去

批評並不是回顧過去，而是應該站在如何解決當前的問題，將來如何改進的立場上進行，最重要的是將來，而不是過去。

重視現在，而不是過去。不追究過去，只將現在和將來納入需要解決的問題，不是要責備已成的結果，而是對今後如何做有所「鼓勵」，這樣的批評法才是理想、得當的說服法。

第五章　能說會道，巧妙贏得他人心

(二) 只論此事，不言其他

如果一次批評許多事情，不僅使內容相互抵消，而且還可能掌握不住重點，同時也容易使受到批評的人意志消沉。

在現實生活中，尤其是面談時很容易出現這種情形，日常的工作場合說話的機會很少，所以便趁面談的機會把過去的一切全盤托出，這樣容易產生反抗的心理。因此為了有效的說服，應該盡量避免這樣的情形出現。

(三) 一對一，莫讓他人聽到

這是因為批評時若有他人在場，被批評者會有屈辱感，因此心生反抗，只會找理由辯解，而無心自省，也就無法產生效果。因此，不到不得已，不要當眾批評部下，除非是與自己有相當程度信賴關係的部下。

(四) 別用批評來發洩心中的不快

所謂的「批評時不可加入感情」，意思是說責備別人時要公事公辦，不要混雜私人的不快情緒，而是進行冷靜的批評。可是，批評是人的感情行為，不可能脫離情緒，那種如同戴面具的批評更是令人生厭的。因此，如何正確的表現感情就成為批評重要的一環。換句話說，透過批評表現出自己的感情來打動下屬的心，才是有成效的批評說服。

要想真正打動下屬的心，達到說服的效果，絕不能把自己表現得完美無缺，高高在上的批評對方。這樣只是使批評的一方獲得自我滿足，而毫無半點成效。而應該將對方的缺點和錯誤看成是自己的，抱著希望對方能發現自己的過失和錯誤並予以糾正的心理。

也就是說批評對方也等於批評自己。因此，尤其是作為能左右別人的上司，必須以責己之心來批評部下，否則就收不到真正的批評效果。

巧妙拒絕，讓對方不覺得傷面子

俗語說「做人難，人難做」，尤其是當別人對你有所請求，而你因為辦不到，不得不拒絕時更加左右為難。但拒絕不當就容易令對方不快甚至惱恨，許多人就是因為拒絕不當而失去了朋友、得罪了上司、惹怒了合作夥伴等。這就需要學習一些巧妙委婉的拒絕方式，既可以表達自己的願望，又能將對方的失望與不快的情緒控制在最小範圍內，不影響彼此之間的人際關係。

《北齊書》第四十六卷中記載了這樣一則故事：

蘇瓊文是南北朝時很有名的一位清官。他政績卓著，深受人們愛戴。在他擔任清河太守時，清正謹慎，半點私心都沒有。

有一次，一個法號道研的和尚求見他，說是想和他商量一下寺院討債的事情。蘇瓊文想：按道理來說，寺院本是個清靜的地方，和尚也不應該過問俗事，可這個和尚竟然來找我商量討債的事情，一定不是什麼正道的債。於是，他就命令下屬去通知道研和尚說：「太守正在會見貴客，請你過幾天再來。」道研和尚只好回去了。其實，蘇瓊文根本沒有會見什麼貴客，他只是想先弄明白這裡的奧妙再說。

蘇瓊文馬上派了幾個人到道研和尚所在的寺廟明察暗訪，看看究竟是什麼人欠了他們的債。

原來，道研平日裡學了一些醫術，經常上山採藥，本來是自己用的。可是有一次，他在採藥回來的路上，發現了一個人昏迷不醒，但與那人同來的人以為他死了。道研看了看認為他是中暑了，於是把他背到自己的寺廟內，煮了草藥給那昏迷的人吃，不出幾天就好了。自此，道研聲名鵲起，人們都說道研是神僧，哪家有病人都來找道研求藥。按說，道研那點本事，應付平常的小病還可以，遇到大病就不敢說了。可

第五章　能說會道，巧妙贏得他人心

是偏偏道研走運，瞎貓碰上死耗子，有一次竟然救活了一個連名醫都治不好的病人。從那以後，來找道研看病的人越來越多，道研就借此提高藥價，賺了不少錢。有些出不起高額藥費的人就只好欠了帳，道研就是要請蘇瓊文來幫助他要這些帳的。

蘇瓊文瞭解到這些情況後，知道道研賺了不少的黑心錢，並不打算幫他討債。於是，當道研第二次來找他的時候，蘇瓊文待道研一進門，就和他大談特談高深玄妙的佛法和人生哲理。還把道研說成至高無上的僧人，誇他的修行好等等。如此一來，道研到被說得不好意思，根本就不好再提要債的事。另一方面道研也不想得罪蘇瓊文，便一直耐著性子和他談話，一談就是大半天，害得道研連提的機會都沒有。

最後，道研只好無功而返。在接下來的日子裡一連幾次都是這樣。

道研的徒弟看到師傅總是無功而返就問他：「師傅，怎麼您一連去了好幾次都沒有結果啊？」道研喪氣的說：「沒辦法，每次一見到蘇太守，他就和我談一些雲裡霧裡的事，搞得我連話都插不進，更不要說討債這種俗事了。」道研沒辦法，只好燒了這些債券，也不敢再抬高藥價了，生怕被蘇瓊文找到把柄，治他的罪。

我們也應該學會這種拒絕人的辦法，不過前提是事先瞭解對方用意，否則反而會弄巧成拙。道研本是和尚，不應該賣高價藥，這本身就有違佛法。蘇瓊文正是抓住了他的這個特點，見面就談為人、修養之道，把他捧得高高的，道研自然難以啟齒。蘇瓊文這招先下手為強，著實讓人叫好。

生活中我們也會常常遇到以下的情況：當別人有求於你，而你出於各種原因，不能接受，又不好直說「不行」、「辦不到」，怕傷害對方的自尊心；對方提出一些看法，你不同意，既不想講違心之言，又不願直接頂撞對方；你看不慣對方的行為，既想透露內心的真情，又不願表達

得太直露，以免刺激到對方。為了很好的應對上述種種情況，就要在社交活動中學會巧妙的拒絕，根據不同情境善於說「不」。這種拒絕的藝術可採取如下的一些方式方法：

(一) 假托直言

直言是對人信任的表現，也是與對方關係密切的標誌。但是，有時直言可能逆耳，無法收到預期的效果。在這種情況下，要拒絕、制止或反對對方的某些要求、行為時，可採取假藉非個人的原因作為藉口，而加以拒絕，這樣對方就容易接受。

例如，某報社的推銷員登門要求你訂閱他們發行的報紙，可是你不想訂閱。你可以很有禮貌的說：「謝謝。你們的服務很周到，可是我家已經訂閱了其他幾家報社的報紙了，請諒解。」

(二) 模糊應對

在交往中，由於某種原因不願意或不便於把自己的真實想法說給對方聽，這時就可以用模糊的語言來應對。

例如，在醫院裡，一位患有嚴重疾患的病人問醫生：「我的病是不是很重，還有康復的希望嗎？」醫生回答：「你的病確實不輕，但是經過治療，安心養病，慢慢會好的。」這裡的「慢慢會好」是模糊語言。這個「慢慢」是多久，是說不清的，但給病人以希望，對病人是一個極大的安慰。

(三) 妥協應對

這種方法是明確表示你希望滿足對方的要求，並表示同情，可是實際上心有餘而力不足，請對方諒解，而不直接拒絕。這樣也能收到良好的效果。

例如，客戶要求電信局安裝市內電話，但由於供不應求，無法一一

第五章　能說會道，巧妙贏得他人心

滿足，但又不能拒絕客戶的要求。回答時，應表示同情，並熱情的說：「滿足客戶的需求是我們應盡的責任，可是由於目前線路短缺，還不能全都解決，我們積極改進，請您耐心等待。」

（四）選擇應答

選擇應答是對對方提出的問題，有選擇的回答，而不直接否定對方所提出的不合己意的問題。

例如，星期天你的妻子說：「今天我們去看話劇好嗎？」而你不願意去，可以說：「去看電影怎麼樣？」這樣回答不會引起對方的反感，還可能會同意你的意見。

（五）巧避分歧

對某一人某一事物有不同的看法，而你又一時說不出誰是誰非，這時就要本著「求大同，存小異」的原則，用巧妙的辭令含蓄的加以迴避。

例如，有人問娛樂評論家：「你對當前爭論最大的某演員是怎麼樣看的？」

評論家回答：「過去我與某演員素不相識，直到前不久開會時聽了她的發言才算認識了她。關於某演員的爭論我不太瞭解，無從談起。只覺得對於像她這樣的優秀演員，我們一定要珍惜，不應過多的苛求。我們這一代人，能夠達到這樣的表演藝術水準，太不容易了。我們應充分敬重她，不要苛求我們的演員。」這樣就巧妙的避開了爭論的問題，同時又說出了一般人對該演員持有的看法，可謂巧避分歧。

（六）用幽默表示拒絕

在交往中幽默能使氣氛活躍，幽默可以緩衝某種緊張情緒，幽默可以使人擺脫困境。

前美國總統羅斯福在他當海軍軍官時，有一次，一位好朋友問他關

於美國新建潛艇基地的情況。羅斯福不好正面拒絕，就問他的朋友：「你能保密嗎？」朋友回答「能。」羅斯福笑著說：「我也能。」

對方聽後就不再問了。

在人際交往之中，既要敢說「不」，也要善說「不」，更要會說「不」。你才能應付自如，不得罪人。

別把話說滿，給自己留下迴旋的餘地

人生在世，千萬不要使自己的思維和言行沿著某一固定的方向發展，直到極端；而應在發展過程中冷靜的認識、判斷各種可能發生的事情，以便能有足夠的迴旋餘的來採取機動的應對措施。

杯子留有空間，就不會因加進其他液體而溢出來；氣球留有空間，便不會因再灌一些空氣而爆炸；人說話留有空間，便不會因為「意外」出現而下不了台，反而可以從容轉身。

企業的上司就某項決策徵求職員意見的時候，在表現自己的同時，別忘了給自己留一條後路。當你對企業決策發表自己看法的同時，別忘記加上一句話，「這僅僅是我個人的想法，還要看上級的最終決策」。

事情辦成了當然是皆大歡喜，但如果出現了問題，每個人因為自保都會推卸責任的，而關鍵就在當時大家發表意見時每個人的說法上了。

一個公司的產品部經理在對每個產品進行市場預測的初期，總是要召開公司會議，還經常加上銷售部和設計部共同討論，同時私底下也會徵求個人意見。

正所謂「初生之犢不畏虎」。開會的時候，公司新來的兩個員工孫利豪和趙書輝都表達了自己前衛的思想，得到了公司上司包括銷售部和設計部的好評。而且兩人在闡述自己想法的同時，還強調如果按照他們的

第五章　能說會道，巧妙贏得他人心

方法做一定會成功。產品部經理當即表示要孫利豪和趙書輝一起寫一份詳細的計劃書出來，公司一定會認真考慮。此話一出，兩人欣喜若狂。作為新人的他們能得到上司如此重視，想來自己也算是幸運的吧。但是後來新產品在製作的過程中出現了問題，這令公司上下非常緊張。

事後，當公司追究這個問題責任的時候，孫利豪和趙書輝成了眾矢之的。而本該為這個專案負責的產品部經理，參與產品研討的銷售部經理、設計部經理都相安無事。最後，孫利豪和趙書輝出於無奈，遞交了辭職信。

置身事外的人，大概都認為那些上司應該為這件事情負責吧。正常來說，上司不僅肩負著本部門的工作，公司發展和重要決策的決定他們也應該負百分之九十以上的責任。但這次公司新產品出了問題，為什麼不讓上司來負責，而是拉出了孫利豪和趙書輝這兩個當代罪羔羊呢？原因就出在產品部經理讓孫利豪和趙書輝共同寫的計劃書上。當初讓他們寫的原因是希望能參考年輕人的想法，但當然，如果出現問題自然有文字上的東西為公司中層們開脫。

話不說滿就是給自己留有迴旋的餘地。有些問題需要進一步瞭解事實真相，或看看事態的發展及周圍形勢的變化才可拿主意。孫利豪和趙書輝也有問題，他們不懂得「模糊表態」的說話方法，最終留下了話柄。他們在開會時不僅表明了自己的想法，還要在後面加上按照這個方法來做一定能夠成功。這種飄飄然的自我誇大，也註定了他們最後自討苦吃的結果。當公司要追究責任的時候，產品部經理只需把孫利豪和趙書輝共同寫的計劃書一交，自然把自己的責任推得一乾二淨。

這就是把話說得太滿而給自己造成窘迫的例子。當然，也有人話說得很滿，而且也做得到。不過凡事總有意外，事情會否產生變化，這些意外並不是人所能預料的。話不要說得太滿，就是為了容納這個

「意外」！

所以當別人徵求你意見的時候，在闡述自己想法的同時，一定要注意「話不說滿」，千萬別忘了加上一句「這僅僅是我個人的想法，還要看上級的最終決策」。這樣不僅表達了自己的看法，關鍵時刻還不用負責任，達到明哲保身、留有後路的目的。

有時候「話不說滿」還可以作為拒絕別人的最佳方法，既給對方留了面子，也不會讓自己為難。它可以讓對方保留一點希望之光，並有利於穩定對方的情緒。

當有人要求你解決或答覆問題的時候，他的內心其實一定寄予著厚望，希望事情能如願以償，圓滿解決。但如果突然遭到生硬的拒絕，由於缺乏必要的心理準備，很可能因過分失望或悲傷，心理上難以平衡，情緒難以穩定，產生偏激言行，有礙於人際交往。相反的，倘若話不說滿，一切都尚未完全說死，則使他感到事情並非毫無希望，也許經過更多的努力或者過一段時間機會降臨，事情會向好的方向轉化，因而情緒趨於穩定。

凡事沒有必然的公式，並不是說在任何情況下都要「話不說滿」。任何事情的發展變化都得有個過程，有的還需要有一個相當長的演變過程。當事情處於發展變化初期，實質性的問題尚未表露出來時，這就難以斷定其好壞、美醜、利弊、勝負。這時，就需要等待、觀察、瞭解、研究，切不可貿然行事，信口開河的去下定論或亂做承諾。

委婉的表達，就能收到預期的效果

英國思想家培根就說過：「交談時的含蓄與得體，比口若懸河更可貴。」做人固然要正直、直率，但並不意味著連說話都要直言。因為不

第五章　能說會道，巧妙贏得他人心

適當的直言就如同從反面說話一樣，是一種消極和否定的語言暗示，不是使人抵觸反感，就是使人顧慮重重，增加心理壓力；而恰當得體的委婉說話意味著進行積極的語言暗示，而防止了消極的語言暗示。

例如醫生給人看病，遇到病情較嚴重而又診治不及時的病人，就直言道：「你怎麼這麼瘦哇！臉色也很難看！」、「你知道你的病已經到了什麼地步了嗎？」、「哎呀！你是怎麼搞的？你這個病為什麼不早點來看哪！」這些說法裡所包含的消極暗示會使病人怎麼想呢？作為醫生這是治病還是致病呢？

相反的，若醫生說：「幸好你及時來看病，只要你按時吃藥，多注意休息，放下擔憂，相信你很快就會好起來的。」這將給病人很大的鼓舞。

所以在言談中，有駕馭語言能力的人，就會自如的運用多種委婉的表達方式。他們知道，生活中並非處處都能「直」，有時還非得含蓄、委婉些，才能達到最佳的表達效果。

西門町有家髮廊，一天，有位高個子的女孩走進店來，要店員給她剪一個像日本電影《生死戀》中的女主角夏子那樣的髮型。

女店員發現這位姑娘長得好看，只是脖子很長，如果像夏子那樣把頭髮盤上去，勢必把脖子全部都暴露出來，未必會好看，但要直說，又怕傷害對方的自尊心。她想了一下，溫和的說：

「小姐，聽妳口音不是台北人吧？」

「我是台中人，到台北好幾年了。」

「怪不得，妳長得比較高，其實，高才好看，身材苗條，穿裙子也漂亮。」

幾句話，把對方說得心裡甜絲絲的，雙方的距離一下子拉近了，對方還沒開腔，女店員又說：「現在秋天已經到了，把頭髮盤上去，脖子會不會有點涼？」一句話，提醒了對方，姑娘連忙說：「那讓我再考慮

考慮。」

女店員忙說：「我也正想和妳商量，不如燙個『波浪式』，髮尾剛好披在肩上，下部捲曲，中間起伏，再配上妳這身材，一定很好看。」姑娘聽後想了想，滿意的點了點頭。

想想，如果店員直接說：「妳的脖子這麼長，剪這種髮型太難看。」對方一定會氣得一走了之。既要使對方明白「長脖子不宜盤髮」這個道理，又不傷害對方的自尊心，那就應該採取間接規勸的辦法。女店員以話家常的方式閒談，先從籍貫談起，毫不涉及「長脖子」的問題，而是將話題引到個子高身材好上去，幾句話就把對方說得心花怒放，當雙方有了進一步談話的感情基礎後，雖是不失時機的點到「脖子」這個要害，但又不像是故意指出對方的缺點。所以，並沒有引起對方的反感，卻提醒了對方要注意的問題。

女店員用委婉暗示的間接戰術，使對方自省自悟，從而收到良好的效果。此外，在外交上，委婉含蓄的語言往往更寓意深刻。

一九八四年九月，前蘇聯外長葛羅米柯訪問白宮時，曾開玩笑似的對第一夫人南西說：「請夫人每天晚上都對雷根總統說一句悄悄話──和平。」言外之意是雷根總統頭腦不夠冷靜，往往做出有損於世界和平的事。對此，南西回敬說：「我一定那樣做，同樣的，希望你的身邊也能常常吹出這樣的『枕邊風』。」葛羅米柯聽後，心領神會的尷尬一笑。

由於代表著不同的國家、不同的政治利益，政治家之間的語言遊戲，無論形式為何，都是針鋒相對的鬥爭。葛羅米柯和雷根夫人的妙語，都在含蓄之中藏著三寸鋼針，一個刺得好，一個扎得妙。聽似玩笑，實則真言。憑藉著委婉含蓄，政治家把尖銳的批評包藏起來拋向對方，不顯山不露水的進行了一番較量。

由此可見，委婉法是說話處世時的一種「緩衝」方法。委婉的說法

第五章　能說會道,巧妙贏得他人心

能使本來也許是困難的交往,變得順利起來,讓聽者在比較舒坦的氛圍中接受資訊。因此,有人稱「委婉」是處世語言中的「軟化」藝術。但是,使用委婉語,必須注意避免晦澀艱深。談話的目的是要讓人聽得懂,如一味追求獨特,就會使得他人丈二和尚摸不著頭腦,甚至造成誤解,必然影響到表達效果。

第六章
方圓有度，處世要活

　　生存在這個大千世界中，很多人都夢想自己有朝一日能夠成就自己的事業。但是，在當今競爭激烈的社會裡，實現夢想並不是一件容易的事。成功不僅僅需要專業的知識，更重要的是懂得各種為人處世的技巧，擁有各種有利於自身的社會關係。就如同人們常常說的，為什麼同樣是一件事，有的人做起來歷盡波折，有的人卻能夠順風順水？有的人做事無可挑剔，有的人則是漏洞百出？這就和為人處世的方法與原則有關。所以，在社會這本大書當中，掌握好處世是很重要的。

第六章　方圓有度，處世要活

欲將取之，必先予之

「欲將取之，必先予之」，老子這句話強調了先予後取的重要。他告誡我們，凡事有捨才有得，想要得到長遠的利益，就要有「先予後取」的胸襟和謀略。然而在生活中，很多人卻不懂得這個道理，他們想得到一樣東西，便強取豪奪，想推銷一件商品，便拉住人不放，一副不賣出去就不罷休的架勢，結果只能是讓人產生反感。而聰明的人卻懂得先予後取。

當然，老子的「先予後取」的原則，還有更深一層次的意思。那就是，無論做什麼事情，要想達到目的，都要先從其相反的方面下手，在打算獲得某樣東西時也是如此。

春秋時期，宋公子鮑就是用「厚施收買人心」的方法，最後取得王位的。

宋公子鮑，一直以來韜光養晦，廣納人心，散盡家財，周濟貧民。宋昭公七年，宋國遭受自然災害，舉國鬧糧荒。宋昭公不理國事，終日遊樂於宮中。宋公子鮑就把家裡的糧倉打開，給天下百姓放糧。宋公子鮑比商人做得還周到細緻，他尊老敬賢，凡七十歲以上的老人，都按月發給糧食衣物；他還不斷派人到一些老者、賢者、有功之人的家中去慰問，帶去生活所需。對於那些有一技之長的人，都收養在門下，厚養寬待。宗族親屬，不論遠近，凡有紅白喜事，其費用全由他出。

第二年，災情未解，但宋公子鮑家裡的糧食已經分光了，他又找到祖父宋襄公的夫人，到襄公夫人那裡借糧借錢，幫助蒼生。就這樣，宋公子鮑贏得了良好的社會輿論環境，舉國上下無不念其大仁大義，明裡暗裡都，願助他成為一國之君。

不僅如此，就連那位老太太襄公夫人都不再支持她的孫子宋昭公，

主動要幫助宋公子鮑除掉昭公。看來這種欲取先予的策略，對於籠絡民心，真是極好的方法。

那天宋昭公要出去打獵，襄公夫人就密告宋公子鮑，讓他乘宋昭公打獵出宮門之際，將其殺害。宋公子鮑覺得時機已經成熟，沒必要再繼續掩飾自己的目的，就讓自己的手下幹將在軍中宣布：「國母襄公夫人有命，今日要扶立宋公子鮑為國君。我們要同舟共濟，共同起來討伐無道昏君，共同擁戴有道明主！」

有宋公子鮑長時間的厚恩廣濟，軍中老小都對宋公子鮑景仰已久，恨不得早日擁戴其主理國政。就連老百姓聽到宋公子鮑要奪取王位，也是無不積極回應。

待昭公剛一出宮門，眾人就將其團團圍住，昭公已插翅難逃。殺掉了昭公，宋公子鮑的身邊親信啟奏襄公夫人：「宋公子鮑仁厚得民，宜嗣大位。」於是，大家便擁立宋公子鮑為國君，這就是後來的宋文公。

宋公子鮑由於德行高而深受百姓愛戴，最後為人們擁立為國君。這做的可是一筆長遠生意，獲得的回報無比巨大。我們不得不說，德者是最大的智者，也是最高明的投資商。

那麼，該怎麼樣利用「欲取先予」這一法則呢？

(一) 以善良的心辦事

善良是人間最美麗的花朵。善良的人不會與人為惡，不會為了占點便宜不擇手段，不會為了獲取利益而丟掉原則。有心機的人首先會讓自己做個善良的人，用善良的心辦事，這是給他人的一個最好的禮物。

(二) 心胸寬廣

心胸寬廣的人，既能夠容得下人，也能夠容得下事。他們不會為一點蠅頭小利而錙銖必較。也正是因為他們從不與人計較得失，他們才能

第六章　方圓有度，處世要活

有更豐厚的回報。仔細想想，生活中，越是把利益看得太重的人，越是得不到大利益；而那些並不看重利益的人，卻得到了更多的利益。

（三）不對回報患得患失

有的人在辦事的時候，也想用「欲取先予」的法則，但在做的時候，他們又充滿懷疑：我給了他這麼多，他會為我辦事嗎？如果他不幫，我是不是損失大了？就是這樣的想法，讓他們遲疑著不肯給予，這卻讓他們在很多時候，錯過了辦事良機。人要有這樣的想法：也許一次付出沒有回報，但經常的付出總會獲得回報的。

不過，運用「欲取之，必先予之」的方法也要把握好分寸。「欲取」的目標必須能暫時隱藏，並且在未暴露之前投其所好，這就需要你放低姿態，先讓對方嚐到甜頭，待對方嚐得高興了，再順勢把自己「欲取」的目標提出來。否則，很可能會捨大得小，甚至「賠了夫人又折兵」，得不償失。

低調處世是一種手腕

「江海之所以能為百谷王者，以其善下之，故能為百谷王」。即大江大海之所以能不斷壯大、氣勢磅礡，是因為其所處位置最低，故百川歸順。「是以聖人終不為大，故能成其大」。一個不自高自大的人，才有可能成為一個偉大的人。

老子認為，只要精神上得到滿足，即使沒有多少財物，沒有多少名利，也是幸福的。而精神上要得到充實，就要不爭，就要低調，直到最後「無物」、「無我」。

試看，那些具有同樣的耀眼才華，並同樣在社會上奮鬥的人，有的人能掀起萬丈狂瀾，做出驚天動地的偉業；有的人則在浪濤中拍打了幾

下就沉入海底，成了曇花一現的人物；有的人入水面就如泡沫般瞬間消失，成了來也匆匆、去也匆匆的過客；有的人則被波瀾沖刷，再也找不到蹤影。縱觀人類社會的歷史長河，閱盡古往今來的風雲人物，可以發現，凡能夠順利走過人間坎坷，不斷交上人生鴻運的人，大多是低調處世的。

低調做人就是不要把自己的心理能量浪費在無謂的人際鬥爭中。即使你認為自己有滿腹的才華，即使你認為自己的能力比別人要強，也要學會「藏拙」，這是一種能量的內斂，也是保護自己的有效手段。不捲進是非、不招人嫌、不招人嫉、沉默的不動聲色的把自己要做的事情做好做出色，這才是最重要的事情。

民間有句非常貼切的諺語：「低頭是稻穗，昂頭是稗子。」越成熟、越飽滿的稻穗，頭垂得越低。只有那些裡頭空空如也的稗子，才會顯得招搖，始終把頭抬得老高。

劉健利向來是一個低姿態的人，因為這種性格，他走到哪裡都不會讓人反感，而且還因為這樣的性格，幸運之神總是眷顧他。

有一次，劉健利騎摩托車外出，被一個交通警察攔下。交警問劉健利說：「這是你的摩托車嗎？」劉健利趕忙回答是，交警隨後打電話問交管局，查劉健利的車牌，查完後交警說：「你的摩托車已經超過使用年限了，要是捨不得處理，我就叫車來拖走。」

劉健利一聽，馬上做出承認錯誤的表情，並態度誠懇的說知道自己這樣做是不對的，給交警添了麻煩，只是因為自己沒錢才一直不捨得換車，現在交警要是把這輛摩托車給收了，自己還是得買一輛舊摩托車。

按照常理，摩托車報廢了是一定要收走的，但是，交警看到劉健利態度很好，認錯也很誠懇，於是對謙和、謹慎的劉健利動了惻隱之心，就把他放走了，最後還說了句「以後騎車要小心一點」。

第六章　方圓有度，處世要活

　　當今社會，與人相處，只要稍有點處理不當，就會招惹不少麻煩。輕則工作不愉快，重則影響職業生涯。因此，與人相處，我認為關鍵是要學會低調！

　　為人過於直率，不知隱忍，激情衝動往往是幼稚、膚淺所致，你要做到不管是在順境或逆境時，都能以低調的態度處世。

　　學會低調做人，是處世的一門基本學問，是為人的一種至高境界，是認真生活的人的一種很好的體悟。「低調做人」被一切真正的成功人士奉為聖經。

　　外面是一個非常精彩的世界，但外面又是一個讓人特別無奈的世界。因此每個人都應該這樣：「得意時不要太張揚，失意時不要太悲傷。」愛因斯坦由於創立了相對論而聲名大振。有一次，他九歲的小兒子問他：「爸爸，你怎麼變得那麼出名？你到底做了什麼呀！」愛因斯坦說：「當一隻瞎眼甲蟲在一根彎曲的樹枝上爬行的時候，它看不見樹枝是彎的。我碰巧看出了那甲蟲所沒有看到的事情。」

　　然而，讓事情更糟的是，你在得意時越誇耀自己，別人越迴避你，越在背後談論你的自誇，甚至可能因此而怨恨你。同時，驕傲的人必然妒忌，他喜歡那些依附或諂媚於他的人，而他對於那些以德行受人稱讚的人是會心懷嫉恨的，結果，他會失去內心的寧靜，以至於由一個愚人變成一個狂人。

　　在一般的情況下，忍住顯示自己才智的欲望，可以獲得更多才能，保持不自滿的心態同時也可以避免因為炫耀自己的才能，招致他人對自己妒忌、詆毀、攻擊、陷害。

　　過於顯露自己的才能和智慧，過分的招搖，首先會招致對自己的損害。歷史上的名人、能人、英雄、豪傑，都是身懷絕技，但他們也都知道「山外有山，天外有天，能人背後有能人」的道理，所以想要贏得勝

利,後發制人,就要保持低調,不輕易的暴露和表現自己的才能。

西漢時的韓信,曾經家裡貧窮,沒有事做。曾有個人欺侮韓信說:「你雖然又高又大,喜歡佩帶劍,但其實內心怯懦。」並且當眾辱罵韓信說:「你若不怕死,就刺我一劍;如果怕死,就從我褲襠下鑽過去。」韓信仔細想了一下,俯身從那人褲襠裡爬了出去,全街的人都取笑韓信怯懦。

後來,加入劉邦集團的最初,韓信只是一個管倉庫的小官,還因為犯法而差點掉了腦袋。幸虧在臨刑前遇到了滕公夏侯嬰,韓信才保住了性命。隨後透過夏侯嬰的賞識舉薦,韓信當上了管糧餉的治粟都尉。治粟都尉為韓信提供了一位重要的人脈──蕭何。因為治粟都尉當時是蕭何屬下的官員,再加上夏侯嬰的引薦,韓信成功結識了劉邦集團總經理蕭何。後來蕭何對高祖說:「韓信是無雙的國士,你要爭得天下,非要韓信不可。要請他當將軍,選一個日子,要齋戒、設立壇位、禮教完備才行。」劉邦答應了他,拜韓信為大將軍。等到劉邦取得天下之後,韓信被封為齊王,是為淮陰侯。

真正聰明的人,不會自以為是,他們為人處世,以謙虛好學為榮。常以自己的無知或不如人而慚愧,能夠得到更多的學習機會,向別人求教,豐富和完善自我是他們的目的。即使自己確有才智,也不會四處出風頭,不去刻意的炫耀或展示自己,而是克制和忍耐住自己爭強好勝的心理。

低調作為一種做人手腕,特別是對於許多普通人來說,是絕對不可缺少的。所以,俗話說:「一事當前低調為高」。

對自己的朋友、上司,你不可能事事據理力爭。對於自己的長輩、老闆的某些指示、命令,由於主觀理解上的偏差而得不到很好的實施,而你卻已經盡了最大努力。在這種情況下,上司、長輩、老闆、上司對

第六章　方圓有度，處世要活

你批評和指責是很正常的，不要急於辯解，認為自己無比委屈，其實錯誤就在你的身上。

學會低調做人，就要不喧鬧、不矯揉造作、不故作呻吟、不假惺惺、不捲進是非、不招人嫌、不招人嫉，即使你認為自己滿腹才華，能力比別人強，也要學會藏拙。而抱怨自己懷才不遇，那更是膚淺的行為。

人要在社會上有所作為，必須具備許多的條件，例如高深的學問、恢弘的志氣、寬闊的心胸、忍耐的修養等，這些都是艱難人生旅途中最大的助力。其中「低調」更是不可少的修養，低調並不是退縮，而是用平常心去對待人間一些不平凡的境界。

低調做人，是一種品格，一種姿態，一種風度，一種修養，一種胸襟，一種智慧，一種謀略，是做人的最佳姿態。欲成事者必要寬容於人，進而為人們所容納、所讚賞、所欽佩，這正是人能立身處世的根基。根基既固，才有枝繁葉茂，碩果累累；倘若根基淺薄，便難免枝衰葉弱，不禁風雨。而低調做人就是在社會上站穩根基的絕好姿態。低調做人，不僅可以保護自己、融入人群，與人們和諧相處，也可以讓人暗中積蓄力量，在不顯山不露水中成就事業。

吃虧不一定是壞事

老子的《道德經》中說：「是以聖人後其身而身先，外其身而身存。非以其無私邪？故能成其私。」意為：聖人把自己置身於後，反而能在眾人之中領先，將自己置之度外，反而能安然存在。這難道不是因為他無私嗎？所以，成就了他的自身。老子的觀點是：無私才能成就有私，肯吃虧者多回報，旨在告訴人們不要怕吃虧。

吃虧不一定是壞事

有所失才會有所得。為人處世要做好感情投資，只有不怕吃虧，敢於捨得本錢，去照顧他人或者幫助他人，才能與人和諧相處，並贏取別人的信任，使自己處處受歡迎。這樣才會在人生更多的博弈過程中，加大勝出的籌碼，甚至會贏得一本萬利的效果。

「吃虧是福」是老祖先總結出來的一種人生觀，它包括愚笨者的智慧、柔弱者的力量，領略了生命含義的曠達和由吃虧退讓而帶來的安穩與寧靜。與這樣貌似消極的哲學相比，一切所謂積極的哲學都會顯得幼稚與不夠穩重、不夠圓熟。

鄭板橋曾說過：「吃虧是福。」這絕不是阿Q式的精神自我安慰，而是他一生閱歷的高度概括和總結。對待小事情要善於吃小虧，對待小人更要敢於吃虧，這是一種未來之大福。

人生在世，吃點小虧是算不了什麼的。當然這裡所謂的「吃虧」必須不是原則性問題，否則吃虧就是禍了。吃了一次虧，聰明的人就會從中學到智慧，感悟人生，得到一個「福禍相隨」的大道理。從而知足常樂，調整自己，使自己一輩子幸福。吃虧還是一種更高一級的制勝策略，在生活中我們不可能事事爭強好勝，處處占上風，所以我們可以主動的吃上幾記輕拳，而把出重拳的主動權牢牢抓在自己手裡。

瑪莉的公司最近準備參加一個服裝品牌夏季推廣會的活動。她很努力，而且她對自己這一次的活動策劃很滿意。覺得這次是她在業內嶄露頭角的機會，所以，她和她的兩個搭檔加班加點，犧牲了好幾個週末的休息時間。就在她透過一次次的篩選，快要把專案拿到手的時候，老闆讓她把這個專案讓給另一個同事來操作，理由是那個同事與客戶的關係更好，拿到這個專案的把握性大一些。老闆讓瑪莉理解一下，為公司作點犧牲。瑪莉為此心情很不好。

眼看著自己的工作成果被同事拿走，自己的美好前景化作了泡影，

第六章　方圓有度，處世要活

瑪莉感到心裡堵得慌。但最後，瑪莉還是選擇了吃虧，把機會讓給了同事。

經過大家的努力，這個專案終於成功了。公司開慶功會，老闆沒有忘記瑪莉的功勞，而且對她大方的表現很是欣賞，當眾誇獎她願為公司利益犧牲，是最有發展的員工。不久，瑪莉就得到了晉升。

應該說，這種以大局為重的品質是現代職場人應該必備的，也是職場競爭中一大護身法寶。當然，如果瑪莉不將自己的企劃拱手相讓的話，她也有可能拿到這個專案。但是，如果妳犧牲了團隊精神，將來就再也沒有人配合妳了，在公司裡妳就成了孤家寡人，也因此妳就很難有第二次的成功了。

你愛吃虧嗎？對於這個問題，我想每個人的回答應該都相同，那就是「不」。人生幾十年，誰不曾吃過虧，但誰都不愛吃虧。不過，備受推崇的厚黑學則認為吃虧是福。

吃虧是福關鍵在於心，在於不計較小小得失。生活中，懂得吃虧的人才是真正的智者。對於生活中由於爭端而吃點虧，最好的做法是「大事化小，小事化無」。因為每個人生活中都會有不順心的時候，但你能在這個時候盡量忍讓，不惹事端，多考慮對方的感受，多感謝他們平時對自己的幫助和支持，這會有助於以後工作的發展。

據報導，盛大網路前總裁唐駿在卡拉OK盛行的時候，研發了一個專門用於卡拉OK設備上的評分機，演唱者唱完一首歌後，評分機會自動打出分數，這一設備增加了賣點。三星公司以八萬元的價格買斷唐駿該項專利後，其卡拉OK設備在整個市場的市占率一下子從百分之十幾提高到百分之三十多。三星的競爭對手──日本先鋒公司花了一百五十萬元向三星購買專利使用權。三星依靠該項專利成為大贏家，很多朋友都覺得唐駿吃了大虧。

吃虧不一定是壞事

然而，這位資訊科技行業的風雲人物，在談到早年的吃虧經歷時，沒有顯出一絲遺憾，相反的，對當年的吃虧一事心懷感激。唐駿說，應該感謝三星公司，如果沒有三星來買這項專利，就沒有我創業之初的八萬元創業資金，也許後來的事業不會有現在這麼順利。唐駿認為，這件事教會了他如何將專利變成商品，使他從一個學者型的人變成一個事業型的人。

可見，這位成功人士的吃虧經歷，竟然被當事人理解為福分。可以看出「吃虧是福」並不是阿Q式的精神自慰，而是一種糊塗處世的智慧，吃虧是福。我們要學會正確的調整心態，坦然面對吃虧，從而讓我們能在人生路上走得踏踏實實、快快樂樂。

工作中，有些事情不是分得很清誰多做誰少做。如果大家都想占便宜，那肯定有許多事情就沒有人去做了，這樣的結果使你們這個集體的名譽受到影響，正所謂占小便宜吃大虧。如果大家都不怕吃虧，有什麼事情都搶著做，也許這次你吃虧了，也許下次他吃虧了，但是，工作都完成了，集體榮譽得到了，大家感情融洽了，工作氛圍好了，相比下來，雖然吃了點小虧，還是收獲了「福」。

朋友相處也是這樣，如果都想著占別人的便宜，也許你會得逞一兩次，可是，時間久了，誰還會相信你這個朋友？朋友講究的就是為對方考慮，雖然「為朋友兩肋插刀」是常人難以達到的境界，但凡事多為朋友著想。朋友交往不是一兩次，也不是一兩天，所以不能計較是不是吃虧，時間長了，彼此就都很瞭解了，因為偶爾的吃虧，得到一輩子的好友，這難道不是福嗎？

對待家人也是如此，親人都要心甘情願的吃虧。身為子女的不能理所當然的占這個那個便宜，要體會雙親的一份真情，同時，也要能為家人吃虧。大家都能讓上三分，還會有什麼家庭矛盾，這難道不也

第六章　方圓有度，處世要活

是福嗎？

剛柔並濟，靈活處世

　　曾國藩曾說過這樣一句使人受益終生的話：「方圓的世界，方圓的人。」為人處世，無非三種情況：方、圓或者兼而有之。但是，方或圓都只是一個人的性格特點，卻絕不是為人處世的好方法。方有剛有棱，易傷害他人和自己；圓則有柔有韌，尚不可全盤否定。因此，在人事紛繁的社會裡，方圓結合，剛柔相濟，才是最好的處世之道。

　　清朝的政治風氣，在嘉慶、道光以後日漸腐敗萎靡，人才亦日漸寥落。這與皇帝的喜好及執政者之逢迎諂諛，都有密切的關係。清朱克敬撰的《瞑庵雜識》中說：曹振鏞晚年恩遇益隆，聲名俱泰。做了很長時間的大學士卻平安如初。他的一個門生請教緣故，曹振鏞答曰：「無他，但多磕頭，少說話耳。」

　　在當時，政治場合中廣泛流傳著一首詞叫《一剪梅》，生動的刻畫了當時官場積習：

　　仕途鑽刺要精工，京信常通，炭敬常豐，
　　莫談時事逞英雄，一味圓融，一味謙恭。
　　大臣經濟在從容，莫顯奇功，莫說精忠，
　　萬般人事要朦朧，議也無庸，駁也無庸。
　　八方無事歲年豐，國運方隆，官運方通，
　　大家贊襄要和衷，好也彌縫，歹也彌縫。
　　無災無難到三公，妻受榮封，子蔭郎中，
　　流芳後世更無窮，不謚文忠，便謚文恭。

　　早年曾國藩在京城，喜歡與那些名氣大、地位高的人作對，當然不

剛柔並濟，靈活處世

乏挺然特立、不畏強暴的意思，也因此肯定吃過不少苦頭。還有，在創建湘軍之初，曾國藩以程朱理學為立身之本，胸中充滿了正直剛強之氣，對作為友軍的綠營兵和當地其他民團武裝的無能嗤之以鼻。就因為這一點，他不知道得罪了多少當地的官紳和其他鎮壓太平軍的武裝力量。於是，在缺乏軍需供給和友軍支援的情況下，湘軍作戰時總是孤軍深入，被石達開打敗過三次。

父喪、軍事失利、官場的嚴重傾軋對他都是沉重的打擊，在很長的時間內，他意志消沉，精神上非常痛苦。在對前途、信念以及自己的身體近乎絕望的情形下，曾國藩讀懂了老子「柔弱勝剛強」的微言大義，開始了由申韓之法向老莊之道的轉變，在思想上開始由弱求勝。他悟出了「大柔非柔，至剛無剛」的真諦，能克剛之柔，比剛更剛。

咸豐十年（西元一八六〇年），咸豐帝在逃往熱河途中，命令曾國藩速派湘軍大將鮑超帶兵北援。曾國藩一時舉棋不定，幾天都「通夕不能成寐」，因為北援事關「勤王」，無可推諉，但他又想留下鮑超對抗太平軍。他召集部屬討論對策，要求每人提出一種方案，結果多數人主張派兵入衛，只有李鴻章力排眾議，說「夷氛已迫，入衛實屬空言，三國連橫，不過金帛議和而已，斷無他變」，而「而湘軍關乎天下安危，舉措得失，切宜慎重。」，主張「按兵請旨，且無稍動」。

李鴻章認為，英法聯軍現已逼近北京，「入衛實屬空言」，英法聯軍之役必將以「金帛議和」而告終，危及大清社稷的不是英法聯軍，而是造反的太平軍，湘軍「關乎天下安危」，應把刀鋒對準太平軍，至於北援，應「按兵請旨」，靜待時局之變。

曾國藩深受啟發，一面上疏冠冕堂皇的表示：「鮑超人地生疏，斷不能至，請於胡（林翼）、曾（國藩）二人酌派一人進京護衛根本」，一面又在實際行動上採取拖延觀變戰術。

第六章　方圓有度，處世要活

　　結果不出所料，十月便接到「和議」已成、毋庸北援的廷寄，而當初接到率勇北上諭旨的河南、陝西等省巡撫聞命即行，結果卻空跑一趟，勞民傷財。相比之下，則顯出曾國藩的高明，而他之所以高明，則由於接受了當時充任幕僚的李鴻章的意見。

　　曾國藩不願派鮑超入援，還有另一層考慮，即鮑超乃一員勇將，朝廷肯定會讓鮑超由勝保來率領，而勝保又極端仇視湘軍，若以「勤王」之名，將鮑超收為麾下，那時北援湘軍就要拱手送人，這對全局又是大有影響的事。

　　但鮑超不明其理，認為自己失去了一次立功社稷的大好機會，故露出不滿之意，還是胡林翼寫信勸誡鮑超說：滌帥與我都深知勝保為人忮忌貪詐，專意磨折好人，收拾良將，弟若北援，無論南北風氣異宜，長途餉項軍火，無人主持，且必為磨死，而又不能得功得名。惟北援是君父之急難，不敢不遵，萬不可以他詞推諉，其時滌帥籌思無策，只得應允，自行北援，或兄北援，以兄與滌帥若能北行，則所帶將士，或不致十分飢困，亦不致受人磨折。弟若知滌帥此次之恩，弟且感激流涕之不暇。滌帥待弟之恩，是天地父母之恩……弟於世事太愚，當一心敬事滌帥，毋得稍有怠玩，自來義士忠臣，於曾經受恩之人，必終身奉事惟謹。

　　經過胡林翼的一番開導，鮑超才明白了曾國藩的良苦用心。如果說在「勤王」的問題上，曾國藩採納李鴻章的意見「按兵」抗上是一種「剛」，而曾國藩對待鮑超的這番良苦用心則可謂是另一種「柔」。

　　其實，曾國藩悟出的不僅僅是「大柔非柔，至剛無剛」的道理，而是悟出了一個新的思維方式，即孔孟和老莊並不對立，入世出世相輔相成，互為補充。這樣既可以建功立業，做出一番轟轟烈烈的事業，又可讓自己保持寧靜謙退的心境。

剛柔並濟，靈活處世

曾國藩複出後，主動修好與同僚、友軍的關係，一改往日作風，以以弱勝強的合作態度主動裁減湘軍，大力扶持左宗棠、李鴻章，壯大了對敵作戰的友軍隊伍，從孤軍推進到中興三臣團結合作，最終平定了太平天國起義。

從恃強之敗到以柔克剛，曾國藩的例子是弱勝、合作的一個絕佳注解。從此之後他更加意識到，人生在世，一定要學會與世沉浮。這是需要技巧的。環境是不能改變的，可以改變的只有自己。既要成就一番事業，又要避免被環境所吞噬，就要用到與世沉浮以自保的智慧。這個智慧，就是被曾國藩視為處世祕訣的「柔」字。

那麼，何時何處可剛？何時何處當柔呢？曾國藩有自己的法則，曾國凡遇事或為公，應當強矯，而爭名與逐利，應當謙退；開創家業時，應當強矯，而守成安樂，應當謙退；在外待人接物時，應當強矯，居家與妻兒享受時，應當謙退。藩的剛柔之道就是文武之道，一張一弛；剛柔之術，兼而有之。他深知官場風雲波譎雲詭，稍有不慎便可能會捲入漩渦，因此他堅持陰陽互濟，缺一不可；他平衡各種官場關係，不強出頭，不爭功名，低調行事，即使權傾朝野，他也做到善始善終，堪為這方面的楷模。

做人應該剛柔相濟。太剛則折，而且過於死板；太柔則靡，而變得毫無原則。只有不拘一格，靈活應變，才會在為人、處世、治國方面得心應手。人生是經歷緊張、鬆弛、再緊張、再鬆弛，不斷輾轉迴圈，人就不斷的在進步，這種情況和太極拳一樣，透過一張一弛，表現陰陽、剛柔，因此，我們的人生也是「太極人生」。

人不可無剛，無剛則不能自立，不能自立也就不能自強，不能自強也就不能成就一番功業。剛就是使一個人站立起來的東西。剛是一種威儀，一種自信，一種力量，一種不可侵犯的氣概。自古以來，哪一個帝

第六章　方圓有度，處世要活

王將相不是自立自強闖出來的？哪一個聖賢不是各有各的自立自強之道呢？孔子可算是仁至義盡的了，他講中庸之道，講溫柔敦厚，可他也有剛的時候，他當宰相才十天，就誅殺了少正卯。因為有了剛，那些先賢們才能獨立不懼，堅忍不拔，也可以說剛是一個人的骨頭。

人也不可無柔，無柔則不親和，不親和就會陷入孤立，四面楚歌，自我封閉，拒人於千里之外，柔就是使人挺立長久的東西。柔是一種魅力，一種方法，一種春風宜人的風彩。哪一個人不是生活在人間，哪一個人沒有七情六欲，哪一個人脫離的了他人的信任與幫助？再偉大的人也需要追隨者，再精彩的演說也需要聽眾。柔就是一個人的皮肉，是使一個人光彩照人的東西。

然而，太剛則折，太柔則靡。因此，靈活應變，伺機而動不失為一種大智慧。

能方能圓，能適應善變通

老子在《道德經》中云：「勝人者有力，自勝者強。」現代社會到處都充滿著競爭，也存在著欺騙。人們往往感到迷惑不解，弱小者躲避，愚魯者輕生。其實，每個人都想在社會上站住腳，然而往往又對現實甚為不滿，心態不佳。可是，這種生存方式如果不好好處理就會被現實社會所淘汰。

又有另一種人，心懷大志，為了高潔之理想，九死不悔的去追求，成事者固然極多，但敗陣者亦為數不少。我讚嘆這些人的執著，可是，世間沒有無緣無故的愛，也沒有無緣無故的恨，這些勇者的失敗必然有其原因。

無智乎？非也，無勇乎？非也，無仁乎？無義乎？無禮乎？無信

乎？均非也。英雄的氣概，君子的風度，這些儘管他都具備，但最終卻落得兩手空空，滿目淒淒。緣由在於少了一點關鍵性的技能，這些技能人人都能學得會，人人都能做得到。但要把這點技能學得精、做得妙，那就需要下功夫研磨一番了。

這點技能是什麼？答曰：方圓處世。

一代「紅頂商人」胡雪巖，正是一個真正懂得「圓世」哲學之人。胡雪巖的圓世態度，既在通，又在活，還在融，總結在一起，無非是要達到圓滿無憾。通是權和變，活是趨向、眼界，融是狀態，滿是結局。人生如此，又有什麼事情做不成的呢？

卻說嵇鶴齡聯絡當地鄉紳地主很快將聚眾抗糧的頭目捉拿歸案，並押送受審。一場蓄勢待發的民亂，就這樣被制止住了。

王有齡見嵇鶴齡為他解決了一個心頭大患，對他十分賞識，於是，決定為他向上面請功。此事巡撫大人黃宗漢也爽快答應，並還要為王有齡記功。

可是，過了一段時間，王有齡調任署理湖州府的文書下來，而真正的有功之士嵇鶴齡卻一直沒收到委任狀。胡雪巖知道其中必然有蹊蹺，一打聽，果然是這樣。黃宗漢已經有所暗示，但嵇鶴齡一介書生出身，生性孤高耿介，他知道官場雖然明鏡高懸，實際上是最黑暗、最骯髒的地方，他是寧願拿錢去塞狗洞，也不會拿錢去賄賂那些張著血盆大口的官僚，所以他內心十分憤懣，對請功一事再也沒有興趣，也就不聞不問了。

而王有齡見為自己立功的嵇鶴齡的委任狀至今沒有下來，心裡十分著急，於是，決定登門去拜訪一下黃大人。王有齡不好開誠布公的向黃宗漢諮詢嵇鶴齡委任的事，只是旁敲側擊的說自己的這次升遷，還要多謝黃大人的栽培，而自己只是幕後操縱者，如此嘉賞，實在是受之有

第六章　方圓有度，處世要活

愧。他想以此來提醒黃大人，真正立功的人還沒有得到該有的獎賞。

然而，黃宗漢似乎故意不明其意，他只是問胡雪巖的阜康錢莊開張後的經營狀況如何，並附帶說自己準備到阜康錢莊去給老家兌匯二萬兩銀子，以略表對家人的孝心。而對於嵇鶴齡委任一事，他卻一字未提。王有齡沒有理解黃宗漢的暗示，繼續在「旁敲側擊」。黃宗漢十分不悅，推說自己身體有恙，不能久陪。王有齡只好起身告辭。

胡雪巖從王有齡那裡瞭解到這些情況後，微微一笑，滿懷信心的告訴王有齡，不出三日，嵇鶴齡的委任狀就會下來。回到阜康錢莊，胡雪巖立即讓夥計準備二萬兩銀票，然後以嵇鶴齡的名義寄往黃宗漢的老家，事情辦成之後，把匯票的存根給黃宗漢送去。

果然不出三天，嵇鶴齡的委任狀就下來了，他填補王有齡調任所留下的浙江海運局「坐辦」的空缺。王有齡佩服胡雪巖料事如神，既保全了嵇鶴齡讀書人清高的面子，也算了卻王有齡知恩要報的一樁心願。

胡雪巖這種走後門、行賄賂的做法，肯定是不夠光明正大，為人所不恥，但要使事情能夠更好更快的解決，不得不委曲求全。這種想法與做法儘管有急功近利之嫌，但最終結果卻是一舉多得，皆大歡喜，令人滿意的。而不像嵇、王兩人那樣的於事無補。特別是在胡雪巖那個時代，身為商人，要與官府打交道，權錢交易是不可避免的。圓融的處世，是胡雪巖成功的又一重要因素。

胡雪巖的行為處世，善於體察人心的喜怒哀樂，順應人們的愛憎惡欲，取得皆大歡喜的辦事效果，充分展露了一個人對自身、對外界的掌握和應對，這一充分體現，表現出的是一種圓而神的處世方式。

那麼，到底什麼是圓呢？

所謂圓，就是圓融通達，行得通。我們著迷於胡雪巖，無非就是這個處處事事行得通的道理。而通天入地謂之神，也就是為人能夠上下

左右，無所阻滯，是日「圓」神。這些東西雖然為讀書人所不恥，卻恰恰是作為生意人所必需的，只要做到這些，萬事無不順遂，人心無不可得，所以胡雪巖無論在權場，還是在商場，都能夠馬到成功。

因此說，解開方圓做人的天機，參盡圓滿做事的祕訣。要想圓滿做事，必先學會方圓做人，處世於方圓之間，做事以圓滿終結，做事很難，難在圓滿；做人亦難，難在方圓。但「圓」並不是每個人都能做到的，圓是一種為人處世的大智慧，有了它，生意場上也好，社交場合也罷，都可以化弊為利，達到不留後患、無事不成的境界。圓是處世之道，是妥當處世的錦囊。真正的圓世哲學是大智慧與大容忍的結合體。圓融處世，方能謀得各方人脈，也才能在遇到各種困難時，應付自如，左右逢源，化險為夷，為事業提供難得的保障。

縱觀我們所走過的人生之路，由於我們缺乏機變、不能隨機應變而造成的錯誤與損失數不勝數。由於我們缺乏機變，不僅浪費了自己的才能，還導致傷害了朋友的感情；在各行各業中，由於缺乏機變，商家失去了顧客，律師減少了業務，作家得不到讀者的支持，教師失去了學生的信賴；也是由於缺乏機變，政治家失去了民眾的擁護……

一個人即使才高八斗，如果他缺少足夠的機智，不能隨機應變、權衡利弊，不能在恰當的時候說恰當的話、辦恰當的事，那麼他就不能最有效率的運用自己的才幹。一個善於機變的人，不但能利用他所知道的東西，而且善於利用他所不知道的東西，還能用巧妙的方法來掩飾他無知愚拙的方面，這樣的人往往更易得到別人的信賴與欽佩。

有的人之所以缺乏機變，一是由於他們不識時務，二是由於他們思想不敏銳。

機變的人善於交際，能迎合別人的心理。這種人在初次與人會面時，就能找出對方感興趣的話題，提出來作為談話的素材。他們不會過

第六章　方圓有度，處世要活

多的談論關於自己的事情，因為他們深知，對方最感興趣的莫過於他們自身的事情和希望。而不會機變的人，只喜歡談論自己感興趣的事情，常常不顧及他人的感受。於是，這樣的人便常為朋友們所不喜歡。懂得機變的人即使對於不感興趣的事，也不會輕易在表面上顯露。而那些不能隨機應變的人，往往最容易得罪他人，這種人如果要加入一個團體，也一定不為大眾所歡迎，不是受到冷遇，便是自討沒趣。

劍橋大學的教授曾說：「要想成為一個善於運用知識的人，你必須既靈活又聰明。」

思維和行動的靈活性是許多傑出上司和改革家的共有特徵。但直到最近，靈活機變的能力才為絕大多數職業者所重視。

有一年，金門酒廠參加萬國酒類博覽會。因為赴會參加展銷的酒廠很多，酒的品種也很多，一時間，人們不知道該買哪一種酒了。而當時金門酒廠生產的酒雖然是運用傳統工藝精心釀製的佳品，但從包裝外觀和廣告宣傳上，都很難讓經銷商認可。

就這樣，時間一點一點過去，酒展馬上就要結束了，推銷員開始焦急起來。

這時候，他突然靈機一動，拿著一瓶酒走到人多的地方，裝作不小心，突然把酒瓶掉在了地上。酒瓶摔碎了，人們把目光都集中到了這裡。同時，酒的香氣也散了出來，人們都被這奇妙的香氣所吸引，紛紛過來詢問這是什麼酒。這位推銷員馬上忙了起來，向人們介紹他們的產品。在剩下的時間裡，他不但把帶去的高粱酒全賣了出去，而且還接到了大量訂單。金門高粱酒不僅因此拿到了金獎，從此更享譽全球。

這個推銷員之所以獲得成功，就是因為在自己的廣告宣傳處於劣勢時，利用打碎酒瓶發散酒香，吸引展客，一舉成功。這種隨機應變的靈活和機智的辦事手腕不能不稱讚他的高明！

彈性交際，不要與人鬥氣

記得清朝光緒年間東閣大學士閻敬銘，曾寫過這樣一首《不氣歌》：「他人氣我我不氣，我本無心他來氣。倘若生氣中他計，氣下病來無人替。請來醫生將病治，反說氣病治非易。氣之危害真可懼，誠恐因病將命廢。我今嘗過氣中味，不氣不氣真不氣。」

這首以幽默詼諧見長的詩，讓我們看到了不生氣是如此美好，如此值得珍惜。所以，與人鬥氣是非常不理智的行為，這既不能挽回你的面子，也解決不了問題，只是浪費時間和精力而已。處世高手是絕不會做這種傻事的。

在工作和生活中，你隨時都會遇到一些人，說些對不起你的話或做些對不起你的事。這時，你應當怎麼辦呢，是針鋒相對，以怨抱怨，還是以慈悲為懷，原諒別人？懂得人情世故，善於處世的人就會選擇後者。

冤家宜解不宜結，在人際交往中，如果受了氣，不妨放開眼界，把立足點放在解決對策上而不是鬥氣上，否則對方記了你的仇，將來還會再給你氣受。

和人家鬥氣，是非常不理智的行為，一來未必能夠鬥得過，二來浪費了時間和精力，對於解決問題沒有什麼好處。因此換一種視角，換一套思路，另闢蹊徑解決問題是最重要的。一旦問題解決了，你受氣的根源也自然消失了，這時候若你還不解氣，還讓那些本來已經很尷尬的相關人員下不了台，那就太不懂人情世故了。你應當想到，這一次人家阻撓了你，給你氣受，也許下次你還是有求於人，要是人家記了仇，你就還會有更大的氣要受。相反的，如果你能夠適當的給他一個台階下，他感懷你的寬容大量，下一次辦事時也許就能為你幫上大忙。

第六章　方圓有度，處世要活

每個人受了氣後都會產生一種報復心理，於是努力尋找時機，這是十分不可取的。相反的，如果一個人有了實力，或是抓住了對方的把柄，完全有能力收拾對方時，能夠恰當的利用這種優勢，以一種大度寬容的方式來對待對方，就會得到他人的信任與感激，那麼不但排除了樹敵的可能性，還多了一個可信賴的朋友。朋友多了，社會實力就會強大，同時能夠彌補個人能力的種種不足。對於有矛盾的雙方而言，這樣的結局無疑是最為理想的。

但在現實生活中，許多人在為人處世上總不會給人留下餘地，經常弄得對方十分尷尬。一旦一個人處於這種窘境，則不僅僅是氣別人，也氣自己的無能、無力，甚至會懷疑自己生存的價值和意義，從而萌生很強烈的人生挫折感和失落感。所以，有過這種體驗和經歷的人就應當設身處地的為對方想一想，一旦比對方強，完全有能力收拾對方，那麼就應當適可而止，別再以牙還牙，以怨報怨，把對方逼入絕境，否則，會讓對方受到打擊與屈辱，從而也為自己製造一個仇敵。

雅妃是位自尊心很強的女孩，但她不幸跟幾位「沒教養」的人做了同事。這些人舉止隨便，對人無禮，讓雅妃很是看不慣。有一次，天正下著雨，一位女同事想出去辦事，順手拿起雅妃的傘就往外走。雅妃心想：「怎麼連借都不借，就拿人家的東西，太欺負人了！」於是，她很不高興的說：「妳好像拿錯傘了吧？」女同事毫不在意的回答：「我忘了帶傘，只好借妳的用一下。」雅妃說：「你好像沒跟我說『借』字。」女同事：「哎喲，還用得著說『借』字嗎？下次妳再用我的不就得了？」雅妃冷冷的說：「借我的東西就得說『借』，我不同意，誰也不准拿！」沒想到，這件小事得罪了那位同事，那個同事覺得雅妃故意不給自己面子，讓自己很尷尬，於是心生敵意，將這件小事加油添醋，向別人大肆宣揚雅妃的小氣，使雅妃的處境發生了很大的改變。幾位同事從此以後再也不願

意理她，不知情的上司還經常提醒她，注意打好同事關係，根本不聽她的解釋。雅妃常常憤憤不平的想：「我只不過是就事論事，而且理虧的是對方，難道這也錯了嗎？」

人生好比行路，總會遇到道路狹窄的地方。每當此時，最好停下來，讓別人先行一步。如果心中常有這種想法，人生就不會有那麼多的抱怨了。你經常讓人一步，別人心存感激，也會願意讓你一步，一條小路對你來說也是坦坦通途。但假如你事事不肯讓人，別人心懷怨恨，就會設法阻礙你，損傷你，即使一條大路對你來說也充滿了險阻。「路漫漫其修遠兮」，人生道路上到處布滿了荊棘和浪濤，也許無意間的事物就會為自己種下禍根。所以，我們在處事的過程中，一定要謹小慎微，時時顧及別人的面子和感受。

有進有退，獲得成功的助力

《易經》中說：「變化者，進退之象也。剛柔者，晝夜之象也。」

為人處世，當進則進，當退則退；當高則高，當低則低。所謂進退有據，高低有時也。

這是兩個觀念，古時的文字很簡單也很美，其文學境界，往往影響了我們的思想。這兩句話，包含的意義很多。《易經》告訴我們宇宙間任何事情、任何物理，隨時隨地都在變化，沒有不變的東西。八八六十四卦，只是兩種爻——陰與陽在變，每一變動，產生一個卦象，每個卦象就不同了。變化代表「進退之象也」。「進退」，或者是陽多了一個，陽長陰退了，或者是陰多了一個，陰長陽退了，就在這個進退之間，產生變化。為什麼不用「多少」而用「進退」呢？

我們研究古書就要注意這一類地方，假如用「多少」意義就不同

第六章　方圓有度，處世要活

了，沒有「進退」深刻。「進退」是大原則，是動態，尤其是站在人文文化的立場看，都是一進一退之間的現象，所以變化是進退的現象，非進則退。

三國時期，由於關羽的狂妄自大，不但失去了荊州，自己也身首異處。

作為大哥的劉備當然對此怒不可遏，不聽諸葛亮的勸阻，親率七十萬大軍伐吳。蜀軍從長江上游順流進擊，居高臨下，勢如破竹。

劉備大喜，感覺一舉拿下東吳的時機已到，急馳大軍進發。戰事也正如劉備所預想。蜀軍連勝十餘陣，銳氣正盛，直至彝陵、猇亭一帶，深入吳國腹地六百里。

正在這個關鍵時刻，孫權命名不見經傳的青年將領陸遜為大都督，率五萬人迎戰。

陸遜雖然年輕，卻深諳兵法。他非常正確的分析了形勢，認為劉備銳氣正盛，並且是居高臨下之勢，吳軍如果與他正面交鋒，很難占到便宜。於是決定實行退兵戰略，以觀其變。

這樣，陸遜就把吳軍完全撤出山地。可這樣卻害苦了蜀軍，幾十萬蜀軍士氣正旺，卻一時找不到「打擊」的目標。並且在六百里的山地一帶很難展開數十萬大軍的陣勢，這樣一來，蜀軍反而處於被動地位，欲戰不能，兵疲意阻。

僵持了足有半年的時間，蜀軍鬥志鬆懈。年輕的統率陸遜看到蜀軍戰線綿延數百里，首尾很難相顧，且在山林安營紮寨，犯了兵家之忌。吳軍看到反擊的時機已經成熟，便下令全面反攻，打得蜀軍措手不及。陸遜一把火，燒毀蜀軍七百里連營，蜀軍大亂，傷亡慘重，慌忙撤退。

以退的方式來達到進的目的，可以說是一個「獨闢蹊徑」的成功方法。運用這一策略，劉邦也曾如願以償的做了沛縣縣令。

有進有退，獲得成功的助力

劉邦率眾起義，占領沛縣縣城後，城中父老推舉他為縣令，熱情十分高漲。劉邦實際上很想得到這個位子，卻假意推辭說：「當今天下大亂，各路諸侯紛紛揭竿而起，反對秦朝統治，如果將領選擇不當，起義就會前功盡棄，甚至全城百姓都有被殺頭的危險！我這樣說並不是愛惜自己的姓名，只是在下才疏學淺，恐怕難以勝任，到時真的害了沛縣的父老鄉親，我可沒有辦法交代呀。所以，你們在這件事上要慎重一些，不如另請高明吧！」

在場的蕭何、曹參都是文官，他們顧慮重重，擔心大事不成會被秦朝誅殺全家；同時，兩人又深知劉邦能成大事，於是極力推舉劉邦。

沛縣百姓也對劉邦說：「我們都聽過你的事蹟，知道你是個大人物；況且，我們已經卜過了，沒有人比你更吉利。如果你不當縣令，那麼換成任意一個人恐怕沛縣百姓就要遭殃啦！」

劉邦又多次推讓，但所有人堅決推選他做沛公，他這才接受了。

其實，劉邦完全可毛遂自薦坐上沛公的位子，但他恰恰選擇了與此截然相反的「以退為進」的做法，卻同樣達到了目的。實際上，劉邦選擇後者是非常高明的一個舉動。

劉邦之所以選擇「退」，其實是想試探一下其他人的心理，看他們是否真的信服自己。他知道，起兵造反是滅門之罪，如果追隨者不同心，造反必定難以成功，那樣的話，沛公之位就應暫時放棄；如果追隨者都心服口服，便有利於管理和指揮，這樣沛公之位才能去坐。

此外，劉邦的退，也是為了避免與他人發生矛盾紛爭。他知道，以勾心鬥角的方式奪來的位子是做不穩的。正因為假意拒絕推讓，劉邦才清楚的看到了眾人的真正心意，原來他們是真心擁護自己的，於是答應了眾人的請求，如願做了沛公。

可見，人生成敗與進退之術有很重要的關係，不善進退者，自然是

第六章　方圓有度，處世要活

敗者。我們知道過於急進者，常會自以為聰明至極，從而在某一天突然遭到大敗。因此，進是基於摸準對方心理的行為——只有摸準對方，才能進行有效的行動，這是人際交往的基本道理。

為什麼這麼說呢？

因為退避是事物發展過程中的一個特殊階段，一般人總是以事物發展向上向前為吉，而以向下向後之退避為凶，而這樣其實並不是對退避的正確理解。如果該進之時則向前，當然是吉兆，但是，如果處在該退之時仍然盲目前進，則由吉趨凶，自取其咎。相反，此時，如果順時而急流勇退，行遁之道，則又逢凶化吉。

所以，做人做事要懂得適可而止，不要過了頭。一件事做久了，就會形成一種慣性，讓人欲罷不能。權力也好，榮譽也罷，人的欲望如果不適時的加以遏制，就會逐漸膨脹，以至於到時難以駕馭。這時，你就需要停頓一下，或者後退一步，就像音樂需要休止符，照片需要留白，繪畫需要淡彩一樣。不論你在職場，還是在商場，還是為人處世，都要善識時務，懂得退讓之道，不要由著自己的性子來，退一步可能會更好。

智欲圓而行欲方

有所不為，有所必為，沒有方之靈魂，只會遭到大眾的唾棄；有了圓的包裹，在人群中才能遊刃有餘。方圓結合，暢行天下。

智欲圓而行欲方。人的智慧要圓融無礙，不僅要看到事物靜止的、不變的一面，還要看到事物運動的、發展的一面；不僅要看到各個不同事物的個性和局部的狀況，還要看到事物的整體和共性；不僅要看到事物的具體現象和應用，還要看到事物的本質；不僅能夠堅守原則，以不

變應萬變,而且要有高度的靈活性,具體分析此時、此地、此人的具體情況,以求得最佳的解決方式。這是從「智圓」的角度來講。

從行為上講,人的智慧雖然應圓融無礙,但在具體的作為上卻不能模棱兩可。也就是說,做人必須遵守一定的法度和規則,以便立足於社會之中。這就是「行欲方」的含義。

從靈活與原則的角度講,圓為靈活性,隨機應變,具體事情具體分析;方為原則性,堅守一定之規,以不變應萬變。

乾隆帝晚年,和珅位高權重,幾乎一手遮天,大小官吏趨炎附勢,奔走其門下。紀曉嵐卻始終保持清廉正直的品格,堅絕不與他們同流合汙。

一次,和珅新造了一座府邸,並在花園中建了一座涼亭,建涼亭當然要題匾,和珅要求紀曉嵐為之題寫。紀曉嵐雖不願輕易得罪和珅,但又看不慣其所作所為,便想暗中嘲弄他一下。

紀曉嵐謙和的接待了和珅,鄭重其事的為和珅題寫了兩個大字:「竹苞」。這「竹苞」二字本是《詩經·小雅》中的詞語,其原句是「如竹苞矣,如松茂矣」,所以人們常以「竹苞松茂」代表華屋落成,預示家族興旺之意。和珅見紀曉嵐只寫「竹苞」二字,以為文簡義豐,別有韻味,便製成金匾,端端正正的掛在亭上,還時常向別人炫耀。

一天,乾隆來到和府遊玩。到了花園,乾隆看見亭上的匾額,便問和珅是何人所書。和珅告知後,乾隆說道:「是啊,也只有紀曉嵐才能寫出這種詞來……」說完之後,哈哈大笑。和珅見皇上笑得弦外有音,不解其意。陪著乾隆遊玩的同時還有大臣劉墉,他見皇帝把和珅笑得一臉茫然,就對和珅笑道:「依鄙人之見,這個紀曉嵐在和你開玩笑!」

和珅更加不解。劉墉笑道:「你把『竹苞』二字拆開來看,豈不是『個個草包』嗎?」和珅這才恍然大悟,心中又羞又惱。

第六章　方圓有度，處世要活

可見，當對手非常強大時，當自己處於不利的地位時，不妨轉化一下思維與行動。

一位身著便服的偵察員走進列車上的廁所。冷不防，一個妙齡濃妝的女郎一閃身也跟著擠進廁所，反手將門鎖上：「先生，把你的手錶和錢包給我。否則，我就大喊你非禮我！」

面對這突如其來的場面，偵察員清楚的知道，廁所裡沒有其他人，辯解是毫無意義的；稍有遲疑，女郎就會反咬一口，使自己立即身敗名裂。陷入困境中的偵察員急中生智，張著嘴巴不停的「啊，啊」，一個十足的聾子加啞巴，表示不懂女郎說的是什麼。

女郎趕緊打手勢，偵察員仍然窘急的「啊，啊」著。見此情景，女郎失望了，真倒楣，怎麼碰上個啞巴！她轉身正想離去，這時，偵察員一把抓住女郎，拿出鋼筆，打著手勢請她將剛才說的話寫在手上。女郎欣然接受，接過鋼筆就在偵察員的手上寫道：「把你的手錶和錢包給我。不給，我就大喊你侮辱我！」偵察員立即翻轉手掌，抓住女郎說：「我是便衣員警，你犯了搶劫罪，這就是鐵證！」女郎目瞪口呆，乖乖被擒。這位便衣員警就是靠勇敢和機智戰勝了犯罪分子。

由此可見，遇到緊急情況，應盡量以新內容、新話題把它引開，千萬不能拘泥執著不放。否則僵持下去，只會導致更為難堪的局面。相反，就事論事，融方圓的原則性與靈活性為一體，事情就好辦多了。

大直若屈，大巧若拙

在現實生活中，並沒有誰標榜自己的個性是外露還是含蓄，也不可能隨便給誰貼上標籤。相反的，大多數人卻在追求「二合一」式的為人規範。給人留下直爽印象的人，骨子裡可能隱藏著什麼不便明言的小祕

密;而那些老讓人覺得陰險的人,則可能張口就稱自己是個直腸子。其實,這就是一種深藏不露的處世哲學。

孔子說:「危邦不入,亂邦不居。天下有道則見,無道則隱。」就是說,局勢危急的國家不能進入,局勢混亂的國家不要在那裡生活。天下有道的地方,就去施展你的才能,不講道行的地方,就應該隱居而不出。孔子的這句話就是要讓人認清局勢,在亂世要採取全身而退的方略;面對危急、混亂情況,也要做到該退則退,該隱則隱。

在古代的歷朝歷代,因「不隱」而落得妻離子散、死不知何所的大有人在;也有深知「隱忍」而保全自身,全身而退的人。至於「隱」與「不隱」,這就是《中庸》上講到的「兩端」,如何在面臨這種「進則可能死,退則可能生」的兩難境界的時候做出取捨?這就得適時的運用「中庸」思想,所謂「執其兩端,而用其中」。

在為人處世過程中,也要學會保全自身,不能過於冒進,不能偏激,要時時處處掌握好這個度。俗話說:人在屋簷下,不得不低頭。這中間的「不得不」就是迫不得已的意思,如果強出頭,後果就是「頭破血流」,誰也不會傻到這樣的程度。其實,說起來都容易,但做起來卻很難,這就需要在遇到這種情況的時候,要懂得運用「中庸」,萬事不可偏激,不可持極端的思想態度,採取恰當的處理方式,「退進」都能合乎「中道」。

試看,那些深通權謀的人,他們之所以能夠成為俊傑,是因為他們能夠適應不同的環境,採用不同的生存方式,能曲則曲,能伸則伸,就像《鬼谷子》中所說的:「或陰或陽,或柔或剛,或開或閉,或弛或張。」通俗的說,就是在狹小的空間裡,能最大限度的屈下身來保護自己,在發展的機會來臨,前景廣闊的時候,又能最大限度的揮灑自己的智慧與才幹。

第六章　方圓有度，處世要活

　　生活中做人做事需要一點彈性空間，這也是糊塗學的一個道理。否則，一味的硬挺，你自己累，你身邊的人也累，而適當的彎曲一下，也許你一時難以解決的問題就會在你躬起的背脊上悄然滑落。

　　生活中離不開忍，英雄等待出頭之日，需要忍；別人打你耳光，需要忍。忍中有道德、智慧，忍中有真、善、美。在忍中不覺得苦，不覺得累。所以忍是一個人生存的第一能力，能屈能伸方為大丈夫本色！生活中，我們都需要忍，都要學會忍。

　　那麼，怎麼樣去忍呢？答案是學會彎曲的做人藝術。山路十八盤，水路十八彎，人生之路也必定充滿了荊棘坎坷，這就決定了我們在人生旅途上不僅要有挑戰困難的決心，更應有一顆學會彎曲的心。

　　記得有一對夫婦，他們的婚姻正瀕於破裂的邊緣。為了重新找回昔日的愛情，他們打算做一次浪漫之旅。如果能找回就繼續生活，如果不能就友好分手。

　　不久後，他們來到一個山谷，這是一個東西走向的山谷。山谷很平常，沒什麼特別之處，唯一能引人注意的是，它的南坡長滿松、柏等樹，而北坡只有雪松。

　　這時，天上下起了大雪。他們搭起帳篷，望著紛紛揚揚的大雪，他們發現由於特殊的風向，北坡的雪總比南坡的雪來得大，來得密。不一會兒，雪松上就落了厚厚的一層雪，不過當雪積到一定的程度，雪松那富有彈性的松枝就會向下彎曲，直到雪從枝上滑落。這樣反覆的積，反覆的彎，反覆的落，雪松完好無損。可是其他的樹，因為沒有這個本領，樹枝被壓斷了。南坡由於雪小，總有些樹挺了過來，所以南坡除了雪松，還有柏樹等樹木。

　　帳篷中的妻子發現這一景觀，對丈夫說：「北坡肯定也長過雜樹，只是因為不會彎曲才被大雪壓毀了。」

大直若屈，大巧若拙

丈夫點頭同意。過了片刻，兩人像是突然明白了什麼似的，相互擁抱在一起。

丈夫興奮的說：「我們發現了一個祕密——對於外界的壓力要盡可能的去承受，在承受不了的時候，學會彎曲一下，像雪松一樣讓一步，這樣就不會被壓垮。」

大自然中的樹如此，生活中的人亦如此。彎曲中蘊涵著豐富的哲理，它並不是倒下和毀滅，而是順應和忍耐。生活中，忍就是彎曲的藝術。

戰國時期，齊國想攻打宋國，燕王為表示聯盟之意，也派張魁作為使臣率領燕國士兵去幫助齊國，而齊王卻糊裡糊塗的把燕王派來幫助自己的張魁給殺了。燕王聽到這個消息後，非常氣憤，連忙召來手下文武官員說：「我要立即派軍隊去攻打齊國，給張魁報仇。」

這時大臣凡繇卻持反對意見，他謁見燕王時說的話很有意思，用的是道家「曲則全」的謀略：「從前我一向認為大王您是賢德的君王，所以我願意追隨您的左右。現在看來你並非我心目中所仰慕的人，我不願再當您的臣子了。」燕昭王聽後，迷惑不解的問道：「這是為什麼呢？」凡繇回答說：「松下之亂，我們的先王曾經被敵人俘虜，你曾經對此深感羞愧，但仍能侍奉齊國，原因就在於自己的力量太薄弱了。而如今，張魁被齊國所殺，你卻要去攻打齊國，這難道不是把張魁看得比先王還重要嗎？」

聽凡繇這麼一說，燕王反問道：「如此說來，那我們豈不是不能出兵了。可是齊國殺了張魁，我們難道不報仇嗎？」

凡繇為此出策說：「請大王您穿上喪服住在郊外，派出使臣到齊國，以客人的身分前去謝罪，對齊王這樣說：『大王您是賢德之君，這些都是我們的過錯。大王心胸寬廣，一定不會誤殺諸侯使臣。燕王之使被殺，

169

第六章　方圓有度，處世要活

此乃燕國擇人之誤，望能改換使臣以表謝罪。』」

燕王於是聽從凡繇的意見，向齊國再次派遣了一位使臣。

使臣到達齊國，正逢齊王在舉行盛大的宴會，參加宴會的近臣、官員、侍從很多。齊王就讓燕國使臣進來稟告，使臣說：「燕王非常恐懼，因而特派我來請罪。」使臣說完，齊王甚為得意，又讓他複述一遍，藉以向近臣、官員、侍從炫耀。之後，齊王便讓燕王搬回富室居住，表示寬恕燕王。

燕王這次的委曲求全，是為了以後攻打齊國創造了時機和條件的。在接下來的幾年中，燕國在郭槐等一大批賢才的盡力輔佐下，不斷積養實力，壯大軍威，終於在隨後的濟西之戰打敗齊國，雪洗前恥。

為人處世要能屈能伸，在力量弱的時候就要委曲求全，這樣才能保存實力，為以後的發展奠定良好的基礎。如果當時燕王非要逞一時之勇，在沒有做好充分準備的情況下就去攻打齊國，很可能早就成了刀下冤魂了。

做人能懂得彎曲並敢於彎曲，是一種本領，更是一種境界。懂得彎曲，是為了不折斷正直。有時候，適當的彎曲是一種理智。彎曲不是妥協，而是戰勝困難的一種理智的忍讓。彎曲不是倒下，而是為了更好、更堅定的站立。彎曲不是毀滅，而是為了退一步海闊天空，是為了讓生命鍛煉得更堅強。

老子曾言：「曲則全，枉則直，窪則盈，敝則新，少則得，多則惑。是以聖人抱一為天下式。不自見故明；不自是故彰，不自伐故有功；不自矜故長。夫惟不爭，故天下莫能與之爭。」

意思是，委曲便會保全，屈枉會伸直；低窪會充盈，陳舊會更新；少取會獲得，貪多會迷惑。所以，有道的人堅守這一原則作為天下事理的典範。不自我張揚，反而得聰慧；不自以為是，反倒能明察；不自我

誇耀，反得功勞；不自大，要眾人服你，所以才能持久。正因為不與人爭，所以普天下沒有人能與之爭。其中的道理似乎並不深奧，那就是學會「曲中求直」。

在人生的道路上，學會向生活低頭，就是學會「蓄勢」，為將來「待發」做好充分的準備，懂得厚積薄發。余秋雨先生在《為自己減刑》一書中提到了他的一位獄中朋友因受其啟發，在監獄裡勤學英語，並學有所成。刑滿釋放時，帶出了一本六十萬字的英語譯稿，且出獄時神采飛揚，絲毫不像受過牢獄之災的人！他的這位朋友學會了向生活低頭，學會了「利用」生活，學會了先「委屈」於生活，而後「俘虜」了生活，也就是學會了能屈能伸，並最終能夠主宰自己的命運，獲得了成功。

待人要真誠，方能感人

「誠」是《中庸》道德觀念中最重要、最不可缺失的一環。它將天、地、人三者有機、合理的結合在一起，並且用它來啟承三者，而此三者又是以「誠」為軸心相輔相成的，天下萬物則各用其能，各盡其職。「致中和」，從而使人與人、人與天、人與地相互協調，天下太平。

「誠」具體體現在人身上就是中「性」，而「至誠」則符合了「中庸之道」，是道德品行最理想的境界，為了達到這個理想境界而修身養性，則能上通天道，下通萬物生息，是人與人之間和諧相處的最佳途徑。

只有天下極端真誠的人能充分發揮他的本性，也才能充分發揮眾人的本性；只有充分發揮眾人的本性，才能充分發揮萬物的本性；只有充分發揮萬物的本性，才可以幫助天地培育生命，就可以與天地並列為三了。所以，只有先對自己真誠，才有可能在與人交往中對別人真誠。

宋明理學的開山鼻祖周敦頤，在他的《太極圖說》中把「人」放在

第六章　方圓有度，處世要活

最重要的地位：「萬物生生而變化無窮，惟人也得其秀而最靈。」而何謂「秀」呢？即人純粹至善的品質──「誠」。「誠者，聖人之本。」、「聖，誠而已矣。」

　　人極則聖，聖人則誠。所以，人只有得到「誠」，用以身作則的方法去詮釋它，把它當做一面鏡子，才能從中更加透徹的認識到自己的「真性」，從而推及他人以及整個天地萬物的「真性」，正所謂「至誠可以參天地」。

　　試看，在歷史博大精深的文化底蘊中，因為講誠信，諸葛亮感恩圖報，鞠躬盡瘁，死而後已；因為講誠信，關羽銘記「桃園結義」的誓言，身在曹營心在漢，千里走單騎，歷盡千辛萬苦也要回到劉備身邊。人們崇拜諸葛亮、敬仰關雲長，就是崇拜敬仰他們這種講誠信的可貴品質。

　　《管子》有云：「誠信者，天下之結也。」誠信是人與人之間和諧相處的道德準則。為人處世，想要擁有自己獨特的人格魅力以及讓人覺得親善的性格，就需要先要求自己做到「誠於心」，「誠」與「信」是一個整體，有「誠」才使人「信」。「信於外」，即是在實際與人交往中「誠」的最完滿的表達。真誠是一個人最大的也是最值得驕傲的資本，沒有人能將真誠置之腦後。真誠是自我完善的根基，也是與人交往的開端和最終的歸宿，如果沒有了真誠，人性和事物就無法達到統一，也就無法談及家庭的和諧、社會的和諧。

　　然而，當我們進入這個充滿競爭的經濟社會時，隨著經濟的騰飛，我們的道德水準卻正在走下坡，有許多人已經喪失了「誠信」這一為人的本性，取而代之的是耍小聰明，使用陰謀詭計，弄虛作假。難道我們的社會和人都生病了嗎？實際上，經濟有經濟的規則，做人有做人的規則，處世有處世的方和圓，從過去到現在，從國內到國外，都一樣有規則。做人如此，交朋友如此，做生意也是如此。李嘉誠說：「一個企業

的開始,就意味著一個良好信譽的開始。有了信譽,自然就會有財路,這是必備的商業道德。」如果沒有了「信譽」,這個社會將是個什麼樣子?人際交往又會是什麼樣子?那麼一個人又怎能謀求長遠發展?

因此,不論在生活上或是工作上,只要真誠的橋搭到彼此的心裡,那麼嫉妒、猜忌、勾心鬥角還會有容身之處嗎?如果互相依賴,互相信任,那麼無疑你會從中得到充分的自由,得以創造和享受自己的人生。

有一天,張良閒著沒有事情做,就外出隨便走走。當他走到下邳橋的時候,看見一位身穿粗布麻衣的古稀老人在橋頭站立,看老人的衣著打扮像是一個生活貧苦之人,從老人的神色來看,似乎是在等什麼人。張良也沒放在心上,還是走自己的路吧。但當張良走過老人身邊時,老人卻把自己的鞋子脫下,故意讓它掉在橋下,然後指著張良說:「孩子!到橋下把我的鞋子取上來。」

聽著這樣無禮的要求,一股怒火從張良的腦門直往上竄,心想:「我與你一點不認識,憑什麼要我給你撿鞋?」但當他想到老人年歲已高,身體已經不太自如了,下到橋底撿鞋的確有困難,於是便忍著怒火,從橋下為老人取來了鞋子。看著張良拿著鞋子走上橋來,老人滄桑的臉上露出了一絲笑容。他慢慢的伸出腳,對張良說:「把鞋給我穿上!」語氣還是很霸道,根本就不是求人的語氣。張良雖然很不願意,也很生氣,但他又想了想:「既然已經為他撿了鞋,好人做到底,穿鞋就穿鞋吧!」於是,張良挺直身跪在地上,小心翼翼的把鞋穿在老人的腳上。

等張良做完這一切後,老人一句話沒說,只是看著張良哈哈大笑後轉身而去。

老人怪異的行為,很是讓張良吃驚,他看著老人遠去的身影,怎麼也想不明白是怎麼一回事。自己也悻悻的繼續走自己的路。誰知,過了一會兒,這個做事顯得無禮的老人又折返回來了,說:「你這孩子,還

第六章　方圓有度，處世要活

值得我來教導，你在五天後天剛亮時，到這裡來等我。」張良對老人的異常行為雖然感到詫異，但還是恭敬的說：「是！」

五天後的早晨，天剛矇矇亮，張良便穿戴整齊，急急忙忙向下邳橋趕去，誰知老人早已等候在那裡了。看到張良後，老人很生氣的說：「和長輩相約，反而比我晚到，這怎麼能行呢？過五天你早點來等我！」說完，就頭也不回的走了。

又過了五天，天還沒亮，張良早早的起床梳洗完畢後匆忙向下邳橋奔去。老人又已等候在那裡了。老人大怒道：「怎麼又遲到了？過五天再早一點兒來！」

又過了五天。張良想：「這次無論如何也不能遲到了。」於是，半夜時分就等候在下邳橋的橋頭。過了一會兒，老人步履蹣跚的走來。張良急忙上前扶住老人，老人看見張良早早就來了，終於露出了笑容，說道：「年輕人就應該如此！」他拿出一卷書說：「這是一本世上少有的奇書，我一直找不到合適的的年輕人來傳授，現在我把它傳給你！讀了它，你就會有遠大的謀略，實現自己的宏偉抱負。」聽了老人的話，張良很是感動，深深謝過老人，很虔誠的用雙手接過書來看，原來是《太公兵法》。張良又對老人表示了一番感謝後，帶著書回家了。回到家以後，張良反覆誦讀，認真體會，增長了不少的才幹。學成後，張良協助劉邦開創了漢朝。

那麼，我們怎麼樣才能做一個真誠的人呢？以下幾點可以借鑑：

首先，要做到真誠，不能只在外表上下功夫。說話表情雖好，但你的內心不誠，至多只是「巧言令色」罷了。對方如果不是糊塗之輩，定會看出你的虛偽，因為內心不誠，憑你的巧言令色，終有若干破綻被對方看出，豈不是成為心勞術拙嗎？相反的，內心真誠，即使拙於辭令，拙於表情，卻能體現出你的樸實：誠且樸實，效力更大，只要對方對你

素無誤會,你的真誠,必能感人。

其次,最忌的是平時好用欺騙手段,欺騙也許能得一時之利,卻不能維持長久。如果你的欺騙為人所察出,即使你真的有誠意,仍會被認為是另一種姿態的虛偽。因此,一生不可有任何欺騙行為。也許你曾遇到過這種人,你以真誠相待,他卻以欺騙回報你,於是,你便對於誠的效用產生了懷疑。其實,真誠的力量是絕對的。之所以會發生例外,是由於你的真誠不足以打動對方的心。對一切你要「反求諸己」,不必「求諸人」,這是用真誠打動別人的唯一原則。

再次,對方若不是深交之人,你也暢所欲言,逞一時之快,只能顯示你的冒昧和淺薄。真誠本來有三種限制:一是人,二是時,三是地。非其人不必說;非其時,雖得其人,也不必說;得其人與時,而非其地,仍不必說;非其人,你說三分話,已是太多;得其人與時,你說三分話,正好給他一個暗示,看看他的反應;得其人與時,而非其地,你說三分話,可以引起他的注意,如有必要,不妨擇地長談,這並不與真誠相悖。

總之,想要使自己成為真誠的人,你第一步要鍛煉自己在小事上做到完全誠實。當你不便講真話時,不要編造小小的謊言,也不要去重複那些不真實的流言蜚語。

第六章　方圓有度，處世要活

第七章
萬事「禮」為先，處世其實很簡單

　　古人說：「有禮走遍天下，無禮寸步難行。」可見「禮」在人與人之間的關係中的重要性。在我們的日常生活中，逢年過節需要送禮；求人辦事需要送禮；別人升官升職也要送禮；親朋好友見面更要送禮，陌生人等見面也通通要講禮儀。「禮」看起來是一個簡單的字眼，但是在很多情況下，一些人花了錢，卻收不到很好的效果。這就不得不說是你花錢失敗了，只有恰當的送「禮」，才能達到「禮」到事竟成的效果。

第七章　萬事「禮」為先，處世其實很簡單

謙虛有禮是處世之良方

　　天地之間，萬物共存，任何事情都是相對的。就好比，妲己美，卻狠毒；褒姒美，卻憂鬱；飛燕美，卻瘦弱；玉環美，卻肥胖。再美的人從某個角度說都有她的不足之處，甚至有時美之所在也就是醜之所在。因為美與醜本來就是相對的。一個人感覺美好的東西或許在別人眼裡卻是醜陋不堪的，此時非常美好的東西於彼時亦會一文不值。認識到這一點，就不能為妍而妍，為潔而潔，而應該知醜而妍、知汙而潔。

　　更進一步來說，就是「有妍必有醜為之對，我不誇妍，誰能醜我？有潔必有汙為之仇，我不好潔，誰能汙我？」。美與醜、潔與汙、善與惡、邪與正、陰與陽、長與短等等都是相互轉換並相互制約的，有美就有醜，有潔必有汙。因為沒有醜與汙就沒有美與潔，美醜潔汙是互相襯托才看的出來。明瞭這樣的道理的話，對一些事物的看法就可以超脫自然一些。

　　為人處世也是一樣的道理，如果你一味吹噓自己美的一面，就等於把自己醜陋的一面留給了別人，倒不如自謙讓人，反倒能贏得人們的公正評價。

　　富蘭克林說過：「缺少謙虛就是缺少見識。」英國哲學家史賓塞認為：「成功的第一個條件是真正的虛心，對自己的一切敝帚自珍的成見，只要看出與真理衝突，都願意放棄。」法國思想家孟德斯鳩說：「我從不歌頌自己，我有財產、有家世，我花錢慷慨，朋友們說我風趣，可是我絕口不提這些。固然我有某些優點，而我自己最重視的優點，即是我謙虛……」可見，謙虛是我們成功者共同珍視的美德。

　　謙虛是成功的要素，謙遜與內心的平靜是緊密相連的。內心的平靜是做人的一種高度的智慧。我們越不在眾人面前顯示自己，就越容易獲

得內心的寧靜，這樣，就容易引起別人的認同，得到別人的支持。

反之，顯擺自己是一個十分危險可怕的陷阱，而且這個陷阱是我們自己親手挖掘的。它會使你把大量精力放在顯示成果、自吹自擂或試圖讓他人信服你的個人價值方面。而誇誇其談、自吹自擂通常會使你驕傲自滿，把榮譽當做自我欣賞的裝飾品，沖淡你的成就或在你引以自豪的東西上的肯定錯誤的感覺。

其實，自高自大、自傲也是缺乏智慧的一種表現。一個自傲的人如果稍微有一點可憐的成就，耳朵就不靈光了，眼睛也花了，路也不會走了，因為他開始自我膨脹了；自以為寫了兩篇文章就成了作家，演了兩部電影就成了電影明星，唱了兩首歌就成了歌手……

一個人的成就再偉大，也只是相對於個人而言。在我們所生存的這個宇宙之中，沒有什麼不是渺小的。如果你在某一方面取得了一定的成績，你不應該過於看重它，因為它已成為你的歷史。不要留戀你的影子——哪怕它很輝煌，它畢竟只是虛無縹緲的影子而已。要知道，當你望著你的影子依依不捨的時候，你正好背對著照亮你的太陽。

或許，你所自鳴得意的事，正好是受人奚落的短處，就好像口袋裡裝著一瓶麝香的人，不會到十字路口去叫嚷讓所有的人都知道自己口袋裡的東西，因為他身後飄出的香味已說明了一切。

有一位朋友對謙遜曾經有過深刻的體驗。在被升職後的幾天裡，他與朋友聚會。朋友們都不知他被晉升的消息，他很想把這個好消息告訴大家。而且，他與另一個朋友都是被晉升的候選人。同為候選人，他和這個朋友之間當然有些競爭，現在的結果是他得到了提升，所以他極想向大家宣布是自己被晉升而那位朋友沒有。可是話到嘴邊，他隱隱覺得有個聲音在說：「不，千萬別說！」於是他只淡淡的笑了一下，只告訴大家自己被晉升，沒有提及另一個朋友未被晉升之事。因為他明白，這件

第七章　萬事「禮」為先，處世其實很簡單

事不用說大家也知道，說出來反而影響自己的形象，傷害朋友之間的感情，自己在心裡慶祝一下又何妨呢？

真正有雄心壯志的人是絕不會濫用優點和榮譽的，他不會等待著去享受榮譽，而是繼續努力去做那些需要做的事。正如俄國科學家巴甫洛夫所諄諄告誡的：「絕不要陷於驕傲。因為一驕傲，你就會在應該同意的場合固執起來；因為一驕傲，你就會拒絕別人的忠告和友誼的幫助；因為一驕傲，你就會喪失客觀方面的準繩。」

況且，讓事情更糟的是，你在得意時越誇耀自己，別人就越迴避你，越在背後談論你的自誇，甚至可能因此而怨恨你。同時，驕傲的人必然妒忌，他喜歡見到那些依附他的人或諂媚他的人，他對於那些以德性受人稱讚的人會心懷嫉恨，結果，他就會失去內心的寧靜，以至於由一個愚人變成一個狂人。

然而，具有諷刺意味的是，與此情況剛好相反，你越少刻意尋求贊同、越少刻意炫耀自己，你越會獲得更多的贊同和欣賞。要知道，在日常生活中，人們更留心那些內向、自信、不隨時隨地表現自己的正確與成績的人。大部分人都喜歡那些不自誇的、謙遜的人，他們總把自己的成績藏在內心，而不是表現為自我主義。

謙虛做人，還必須凡事都做到心中有數，自己有本事要在最恰當的時候拿出來，即使成功也不驕傲。因為若你不被重視，你不顯山露水，那麼你做什麼事情都會很順利，經過一段時期的累積，獨立、坦然、自律，也就很容易走向成功之路。而成功後更要保持謙虛，只有這樣你才能有更大的成功。

從做事的角度來看，一個人只有具備謙虛的心態，才能謹慎處理各種問題，這樣就能避免因為疏忽大意產生嚴重的後果。

正所謂「自謙則人越服，自誇則人必疑。」現代社會裡，人們有了

更多實現自我價值的通道，也取得了許多驕人的業績，然而維持謙虛的姿態不僅沒有過時，反而顯得更有必要。

為此，我們需要注意如下兩點：

（一）學會尊重別人。韓越說過：「是故聖人一視而仁，篤近而舉遠。」在這個世界上，每個人都有獨立的人格、不分長幼貴賤，所以我們要注意維護他人的尊嚴，更不能歧視和侮辱對方。

（二）客觀認識和評價自己。一方面我們要正確認識自己的地位和力量，不要驕傲自大；另一方面要善於把自己放到大環境中去做評價，意識到個人的力量是微小的，所以要保持謙虛的心態。

當然，真正學會謙遜是需要實踐的。這是件很美的事，因為你在平靜輕鬆的感覺中會立即獲得內心的充實。如果你的確有機會自誇，那麼，嘗試著去盡力抑制住這個欲望吧，那將使你受益無窮。

為人處世禮先行

《詩經》中說：「謙謙君子，賜我百朋」。

荀子論禮說：「人生來有欲望；欲望不能達到，就不能無求，如果一味追求而沒有個標準限度，就不能不發生爭奪；一發生爭奪就會有禍亂，一有禍亂就會陷入困境。古代的聖王厭惡那禍亂，所以制定了禮義來確定人們的名分，以此來調養人們的慾望、滿足人們的要求，使人們的慾望決不會由於物資的原因而不得滿足，物資決不會因為人們的慾望而枯竭，使物資和欲望兩者在互相制約中增長。這就是禮的起源。」

孔子認為：「禮是迴圈流通而沒有偏頗，抑制著惡而成全於好，所以

第七章　萬事「禮」為先，處世其實很簡單

禮是制中的東西，萬事的治理之本。」又說：「君子的一切事都在於禮。」

或許在有些人看來，禮儀使人變得無能和勢利，也有的人認為禮儀讓人的行為變得「不自然」，也有的人認為禮儀既浪費時間，又過於複雜。其實不然，禮儀不僅有助於培養積極的心態，養成高度的自制力，建立對自我的自信心，塑造迷人的個性，它還是我們走向成功必不可少的因素。

李宇強是某服裝廠的業務員，論口才，論業務能力，都令他的老闆「放一百個心」。可沒想到，在一次訂貨會上，當他風塵僕僕的找到一家商場後，接待人員見他鬍子沒刮且又衣冠不整，他帶的樣品連看也不看，就把他打發走了。因為這家商場認為：「就這樣一幅尊容，廠裡能生產出高級服裝？」李宇強心裡很窩火，這不是以貌取人嗎？可是連續跑了好幾家商場，

費盡口舌仍沒有一家商場願意訂他的貨。一氣之下，他去了髮廊整理了門面，然後換上自家生產的名牌服裝，氣宇軒昂的找到一家商場的總經理。對方見李宇強器宇不凡，且產品又很高級，當即簽訂了六十萬元的定貨合約。

如此說來，禮儀看起來雖是小事，實際上卻很重要。因此，不要遠離禮儀，因為遠離它的同時，你也遠離了成功。唯有努力試著去講禮儀的人，才能摘到成功的星星。那麼我們應從哪些方面來培養自己的禮儀呢？

（一）加強道德修養

一個人的道德風貌如何，是透過人與人的交往表現出來的。無論何時何地，無論事大事小，都可以表現出一個人的道德水準。

首先是社會道德。首先誠實正直、團結互助、勤儉節約、尊老愛幼

等都是社會道德的組成部分。其次就是職業道德。我們所說的職業道德，就是指從事一定職業的人，在其特定的工作中應當遵守的行為規範。醫生、教師、服務人員、商人、員警，各行各業都有相應的職業道德。最後是個人生活道德，即個人行為規範。它是指一個人在生活工作中所遵守的規範和所表現出來的道德品質，它是一種高層次的道德，是人們的自覺行為。所以，只有擁有較高思想境界的人才會產生強烈的禮儀意識，不斷自我完善，使自身禮儀修養不斷提高。

(二) 注重個性修養

個性是一個人所具有的本質的、穩定的心理特徵。它包括個人的氣質、性格和能力。個性是一個人涵養的反映，良好的個性能夠塑造一個人美好的社交禮儀形象。在現代社會，要從眾多競爭者中脫穎而出，擁有健康、良好的個性是非常重要的。每一個人在個性上都不相同，在與人相處的過程中個性就自然的流露出來。

可以說，個性修養是一個長期的過程，大家應該注意清楚自我形象的目標，欣賞生活中的美好事物，培養高尚情操，具有情感上的自我調節能力。

(三) 培養良好的心態

在禮儀的施行過程中要具有良好的心態，保持積極的心態。沒有健康的心態，就不可能在待人接物的過程中表現出熱情大方、積極向上，也不能做到彬彬有禮、自尊自信。有的人雖然學習了禮儀的相關知識，但是在社交活動中卻表現得畏首畏尾、缺乏自信，究其原因，就是因為沒有良好的心態。

事實上，要擁有良好的心態就是要有健康向上的心理狀態，對自己要有足夠的信心。每個人都有自己的長處，不應該把自己的短處和別人

第七章　萬事「禮」為先，處世其實很簡單

的長處放在一起比較而妄自菲薄，要懂得挖掘自己的潛力，自己肯定自己。這樣才能在人際交往中得到他人的認可。

我們所說的健康心理狀態應該具備以下特點：能夠正確認識自己，並能公正的評價別人，豁達大度；保持樂觀和穩定的情緒，在工作和生活中充滿熱情和活力；有較強的事業心和目標意識，能夠使自己的行為和公眾的利益協調一致；能夠坦然冷靜的接受所發生的事件並迅速做出應變反應；積極進取，勇於追求，意志堅強，自我克制。

(四) 豐富的科學文化知識

現代人必須懂得更多的科學文化知識，接觸更多的高雅文學和藝術，這是自身修養和人際交往的需要。具有一定的文學知識，能夠提高理解問題的能力、語言表達能力，有助於工作上的業務洽談等等；具有一定的哲學、歷史、心理知識，有助於提高認識問題、分析問題的能力，能夠幫助處理生活工作中的各種矛盾，協調各個方面的關係，掌握公眾的心理；具有一定的經濟學、法學的知識，有助於掌握經濟規律，依法辦事，提高辦事能力。

豐富的科學文化知識是人際交往取得成功的一個基礎。有了各種知識，才能使自己懂禮貌、講禮節，思考問題才能周到詳盡，處理問題才能得體妥當，也才能在當今社會中，與各式各樣的人進行廣泛的交流。

總之，禮儀不是先天生成的，而是後天養成的。但值得注意的是，學習禮儀不能機械式的模仿那些條款規矩，它是一個人內在氣質的外化。所以，從這個角度看，禮儀培養有著更深一層的含義，它需要我們從內在的道德修養做起，這樣才能使自己的修養和禮節的表現和諧統一起來，達到禮儀培養真正的目的。

禮多人不怪

　　自古以來，我們就是一個講文明、懂禮貌的禮儀之邦。在日常生活中，常常聽到這樣說：「禮多人不怪。」鄰里之間的問候和往來，公司同事之間的互道辛苦，遲到、早退、休假時的聯絡等社會規範歸根究底都屬於禮節的範疇。有時候就算狹路相逢，陌生人之間也會問好和點頭致意。需要全社會的人互相尊重、互相體貼、互相關心與信任，就像一個溫暖的大家庭一樣，真正構建起一個人間天堂式的和諧社會。

　　王錚是個不善於客氣的人，又患有重度近視，只要是十步以外，就看不清來人的面貌，對於熟人，只能由聽聲音來辨別他是誰，因此不熟悉的人，往往誤會他是自大成性。他為了彌補這個缺憾，說話時總是加上「請你」，或「謝謝你」，如果有人來到面前做陳述或要求，他總是起立，絕不坐在椅子上。這些舉動雖然未必會讓人產生好感，但相信至少不會產生厭惡感。

　　相反的，還有這樣一個例子：雷日德是某公司的最高上司，平日高級主管去見他，他不但坐著不動，也不屑稱他一聲某先生，而且在他陳述時也不肯注視他，真是架子十足。有時一不高興，即使認為他的說話不對，但這位上司卻始終不開口，好像聽而不聞，始終不看他，好像視而不見，這位主管備感難堪，只好頹然退出。

　　這位上司對高級職員如此，對其他下屬會如何，不問可知。對待朋友，也是愛理不理的神氣，那麼他推行工作會順利嗎？他的人氣指數會高嗎？

　　古人云：「施決然聲音顏色，拒人於千里之外。」雷日德正是如此，當他得勢的時候，大家只好背後批評，當面還是恭維，還是奉承著他，但心裡都是反對他，他種了這樣的惡因，要是後來形勢逆轉，一時間攻

第七章　萬事「禮」為先，處世其實很簡單

擊他的人一定很多，那他會在位還能持久嗎？多禮是一件為人處世所必要的工具，禮是人為的，是後天的，必須加強修養。

儒家的所謂禮，向來不單指禮貌，一般而言，禮貌必在其中，這是可以斷言的。「從周旋中規，折旋中矩。」言語行動，聲容笑貌，都要注意。文質彬彬，謂之君子，彬彬有禮，謂之君子，禮多人不怪。這是對人的說法，禮多足以表示你是位君子！

禮義廉恥是人們要遵守的道德標準，而其中對於一個人「禮」的要求又居於首位。「禮」，說白了就是一種規規矩矩的態度。現代社會中，我們也依然將「文明禮貌、講究禮儀」作為對公民的基本要求。「禮」對於一個社會來說，可以使得社會變得有序而和諧；對於一個人來說，「禮」最大的作用就是可以使我們把事情辦得更順利。對他人能做到彬彬有禮，到什麼場合說什麼話，這反映的是一個人的基本素養和道德水準。試想，如果你大大咧咧、不拘小節甚至態度粗魯，有誰會願意重用你，願意跟你打交道呢？

但是多禮尤須誠懇，多禮而不誠懇，反而使人討厭。交際場合中，見人握手，說幾句客套話，最無聊的，只會打哈哈，連今天天氣冷熱也不說，虛偽已達極點，受之者覺得無聊，說之者也未必不覺得無聊。能誠懇，才能恭敬，能恭敬，才是真的禮貌。

《易經》說：「相鼠有體，人而無禮，人而無禮，胡不遄死！」無禮取怨於人，真的會自尋死路。人在社會上，要多結人緣，少結人怨，而多禮便是一件必要的工具。禮是人為的，是後天的，必須要用心去學習，學習使人養成習慣，如此，多禮便能行無所礙了。

古代靠「多禮」收買人心的例子不勝枚舉。例如：

董卓為了拉攏呂布，特派李肅前去說服。李肅投其所好，送給呂布天下聞名的赤兔馬為見面禮。寶馬贈英雄，趁呂布心情大悅，李肅順利

的完成了勸其倒戈的任務。

　　曹操欲得關羽，封侯賜爵，三日一小宴，五日一大宴，上馬一提金，下馬一提銀，極盡禮遇。雖然關公最終還是義無反顧的過關斬將而去，但念及曹操的恩禮，在華容道上，曹操兵敗赤壁、窮途末路之時，關羽置必擒曹操的軍令狀於不顧，硬是把曹操放走了。

　　而有「鳳雛」美譽的龐統剛出道時四處碰壁，就是因為沒有領悟到「禮」多人不怪當中的深意。龐統自視甚高，不懂人情世故。在孫權面前誇誇其談，還順帶貶低了受孫權器重的周瑜，惹得孫權不快；在劉備面前，他也是長揖不拜，被劉備以一個小小的縣令職務隨便打發。若不是他後來耍了點小伎倆得以展露才華，恐怕就要一輩子都要鬱鬱不得志了。

　　可見，「禮」就是一種為人處世的技巧，在平時與人交往中，你如果能做到「禮」多人不怪，就會套牢別人的心。此外，多禮還必須誠懇，多禮而不誠懇，可知其人的虛偽，虛偽反而更使人討厭。能誠懇，才能恭敬，才是真的禮貌。俗話說：人熟禮不熟。這表示，你對於熟人，要有禮貌。更何況禮多還有諸多的好處呢？

　　好處一：可以種下善因。在現實生活中，人與人的交往，往往會有磕磕絆絆，但若是當你的禮節到了，對方會礙於情面不與你計較。

　　好處二：可以緩和關係。在與家人、同事、朋友的相處中，一定要注意言談舉止是否得體，因為，這對增進彼此之間的感情是十分有益的。

　　好處三：可以得到人心。俗話說：「冰凍三尺非一日之寒」，想要交一個好朋友就得多下些工夫，把禮節做到位了，對方自然就會尊重你，當你遇到困難時，可以支持和鼓勵你。比如，如果沒有劉備三顧茅廬請諸葛亮，他怎能成就其霸業？

第七章　萬事「禮」為先，處世其實很簡單

因此，在我們的日常生活裡，你一定要學習一些基本禮儀，因為學禮儀就是為了「美」，為了讓個人擁有一種美好的形象，為了企業享有一種美好的聲譽。對任何團體來說，不管它是營利，還是非營利，形象是最根本的。形象是我們的立身之本，也是贏得他人瞭解、理解、支持、信任的基礎和條件。僅對個人而言，形象也是我們獲取職業成功的一件法寶。

小禮物，大作用

有人說：「送禮猶如駕駛執照，你想飛奔在官場、商場和情場，是萬萬少不了的。」也有「有禮走遍天下，無禮寸步難行」之說，雖然話說得有些誇張，但對禮的作用則可窺見一斑。

現實生活中，若求人辦事時，送上一點禮品，則任何話好說，如果空手求人，只得被別人婉拒。

如今商業社會，「利」和「禮」是連在一起的，往往是「利」、「禮」相關，先「禮」後「利」，有「禮」才有「利」。這已經成了商務交際的潛規則。

李叡健是一位紙張推銷員，多次電話預約一位印刷廠張經理，都被婉言謝絕，而且曾二次登門拜訪，也都一無所獲。

一天，一個小孩在他身旁摔倒了，李叡健趕忙扶起並安慰了幾句，這使趕到的小孩媽媽非常感激他，不斷的道謝。就在這一瞬間，李叡健突然想到：我為什麼不從張經理的家人身上下手呢？

經過一番瞭解，他得知張經理有一個上小學一年級的兒子，而且很喜歡遙控賽車。於是他到玩具城精心挑選了一套進口的遙控賽車，等到星期天的時候，他還帶了一些水果去拜訪張經理。張經理的兒子看到玩

具後就愛不釋手的玩了起來,而李叡健也只是和張經理聊了一會,並未提及有關紙張的事。

過了兩天後,李叡健再次撥通了張經理的電話,這次的對方的語氣明顯要比以前親切許多,而且他們定在下午一點半在辦公室面談。面談的結果當然是張經理決定用李叡健所在公司的紙張,並且還給李叡健介紹認識了另外幾家印刷廠的老闆。

小禮物起到了大作用,而李叡健此舉之所以成功,在於抓住了對方的心理,又運用了自己的策略。一是他選擇了從孩子身上下手,這減少了對方拒絕的機率;二是他針對孩子的喜好選擇了恰當的禮物,這一點很重要。正所謂「寶劍贈英雄,紅粉贈佳人」,送人禮物必須能令對方感到滿意,才能肯定該禮物的價值。如果買一隻貴重的瑞士手錶給孩子;或者是送女孩一套玩具車……這些不恰當的東西,都只會得到相反的效果。因此,在購買禮物前應仔細考察,才能為受禮人帶來無比的溫馨。

那麼選了禮物之後,如何把東西送出去卻也是一件讓人頭痛的事,若方法不當,對方很可能會嚴詞拒絕,或婉言推卻,或事後送回,這都令送禮者十分尷尬,結果賠了夫人又折兵。那麼如何防患於未然,一送中的呢?關鍵在於你送禮的藉口好不好,送禮的說詞圓不圓。如果你能巧妙的掌握送的技巧,就能給整個辦事過程畫上一個漂亮的句號。以下列舉一些比較常用的送禮技巧,希望助你禮到事自成。

(一) 借花獻佛

假如你送的是土特產,你可以說是老家寄來的,分給朋友嘗嘗鮮,東西不多,也沒花錢,不是特地買的,請他收下。通常如果這樣說的話,受禮者那種盛情無法回報的拒禮心態就會大為緩和,最後,大多會收下你的禮物。

第七章　萬事「禮」為先，處世其實很簡單

(二) 暗度陳倉

假如你送給朋友的是酒一類的東西，假借說是別人送你兩瓶酒，帶來和朋友對飲共酌，請他準備一點菜。這樣喝一瓶送一瓶，關係也近了，禮也送了，還不露痕跡，豈不妙哉。不過，話說回來了，這是針對比較要好的朋友，否則一般人或許會認為你為了吃一頓，吃小虧占大便宜。

(三) 烘雲托月

有時你想送禮給人，而受禮者又跟你有些過節，不便直接去送。你不妨選受禮者的生日或婚禮，邀上幾位熟人一同去送禮祝賀，那樣受禮者就不會拒絕了。當事後知道這個主意是你出的時，必將改變對你的看法，使關係和好如初。如此這般，借助大家的力量達到送禮聯誼之目的實為上策。

(四) 移花接木

如果李亮有事要拜託張凱辦，想送點禮物疏通一下，但是又怕張凱拒絕。若是李亮的妻子跟張凱的太太很熟，李亮採用夫人外交，讓妻子帶著禮物去拜訪，事也辦了，禮也收了，一舉成功，兩全其美。這樣看來，有事直接出擊不如迂迴轉贈能收奇效。

(五) 醉翁之意

如果你是給家庭困難者送些錢才，有時他的自尊心會很強，絕對不肯接受。你若送的是東西，不妨說，這東西我家放著也是放著，讓他拿去先用，日後買了再還。這麼一來，就會讓受禮者覺得你不是在施捨，日後還會還的，會比較樂意接受的。

(六) 錦上添花

有一位職員，平時受上司照顧，想回報卻苦於無機會。一天，她偶

然發現上司的紅木鏡框裡的字畫竟是拓片,跟室內雅致的陳設不太協調。恰巧他有個朋友是位小有名氣的書法家,手頭正好有朋友贈他的字畫。於是他馬上把字畫拿來,主動放在鏡框裡,上司不但不反對,而且喜愛非常。這樣,職員送禮回報的目的終於達到了。

(七) 異曲同工

有時候,送禮也不一定要自己掏錢去買。因為,在某些情況下,人情也是一種禮物。比如,你能透過某些關係買到出廠價、批發價、優惠價的東西,當你為朋友、同事買了這些東西後,他們在拿到東西的同時,已將你的那份情當作禮物收下了。你未花分文,只不過用上一點人情,而收到的效果與送禮一般無二。受禮者因付了錢,收東西時心安理得,毫無顧慮;送「情」者無本萬利,自得其樂。像這種實惠的送禮方法,只要不損害別人的利益,實在不失為一種送禮的高招。

當然,挑選禮物和贈送的最佳的時機與場合也是很重要的。若你處理得好,會取得意想不到的效果。

得體的儀表是處世的關鍵

孔子曰:「君子不可以不學,見人不可以不飾。不飾無貌,無貌不敬,不敬無禮,無禮不立。」

在人與人交往的過程中,人們非常注重儀表。尤其是在公共場合,一個好的儀表可以為你吸引到更多的關注,吸引眾人的目光,給人留下一個好印象。

人與人之間都是從陌生人變成朋友的,當彼此第一次交往時,給人的「第一印象」是非常重要的,無論是別人看你還是你看別人,都是一樣的,第一印象不好,以後想要在別人心目中改變對你的印象,就會

第七章　萬事「禮」為先，處世其實很簡單

很困難。

常言道：「初次見面，相貌當先。」在人際交往中，人們常把儀表作為衡量一個人綜合素養的首要依據。儀表在人際交往中承載著很重要的任務，從某種意義上來講，儀表會關係到一個人的命運。

在尼克森和甘迺迪二人舉行競選總統的首次辯論中，兩人的聲望與才華不相上下，可謂是棋逢對手，難決高下。當時，很多人估計，尼克森是經驗豐富的「電視演員」，擊敗缺乏電視演講經驗的甘迺迪肯定沒有問題。但最後的結果，卻大大出乎人們的意料。甘迺迪最終獲勝。

後來，經調查發現。在演講中尼克森因為沒有聽從電視導演的勸告，臉部化妝選用了深色的粉底，在螢幕上顯現出一副疲倦的樣子，最終導致競選失敗。而甘迺迪競選之前做了大量的準備工作，還到海灘曬太陽，養精蓄銳。演講時紅光滿面、精神煥發，而且演講辯論談吐自如，滿場觀眾從他得體的儀表上，看到了他的魅力，覺得他身上有一種朋友般的親切感。於是紛紛擁護他競選，最終贏得總統寶座。

由此可見，儀表對人的心理有著重要的影響，儀表是否得體直接關係到個人良好形象與威信的確立與否。它是一種無聲的語言，向人們傳達著你的許多資訊。

一位年輕漂亮的女士，她一直在拼命的四處求職。有一次，經人介紹她參加面試──跟一家公司的總經理共進午餐。這家公司一直以其良好的家族形象為驕傲。讓人難以置信的是，這位女士是穿著短褲和運動上衣、高跟涼鞋出現在與總經理用餐的餐廳裡的。從她出現那一刻開始，她就已笨拙的毀掉了這次面試。

外在形象關係到別人看我們的第一印象，尤其是第一次見面的人，在開口說話之前，你的形象就已經被裝進他的意識當中了。一個人的內在價值、個性行為等固然重要，但這些別人要經過長時間的交往才能評

斷，最直接且最迅速造成印象的，則是一個人的外表形象。而個人的穿著打扮和儀態動作則是決定其外表形象的重點，第一印象光看外表就差不多確定了。正所謂人要衣裝，佛要金裝！因此，想要給別人留下良好的印象，就要從頭到腳的包裝好自己，給別人留下深刻的印象。

有一位美國行為學家做過這樣一個實驗：當他以不同的儀表在同一個地點出現時，得到的反應卻是迥然不同。當他以西裝革履的紳士臉孔出現在陌生人面前之時，任何一位陌生人都對他禮貌有加，他也對應的頗有風範；但當他打扮成一副流浪漢的模樣之時，與他接近的大多數人則是那些無業遊民。在社會中與人交往，儘管「人不可貌相」，但人際交往中儀表所表達出的意義是無法用語言形容的，是一個人內在品質的外在體現。

所以，我們在與人的交往中一定要注意穿著打扮的重要性。如果不重視自己的儀表體態，即使是天生麗質，也不會給人一個好印象。而一個重視自己穿著打扮的人，在美化自己的同時，也能贏得他人的尊重。

做客的禮節不容忽視

每逢節日到來，拜訪朋友、長輩的時候，一定要注意禮節，不要使人感到粗魯，產生厭惡感。現在有些人缺乏教養，拜訪人時不但行動魯莽，而且說話也沒有禮貌，這無疑是很不好的，很影響形象的。

芷唯在台北打工，一天，她正在上班，突然接到一個電話。朋友語晴說，她現在在台北車站，讓芷唯去接她。芷唯立刻請假去接她，問語晴來這裡有什麼計劃。語晴打著呵欠說：「暫時還沒想好，先玩幾天吧。」於是，她就跟芷唯擠在一張床上睡了幾天，什麼也不做，弄得芷唯很不高興。

第七章　萬事「禮」為先，處世其實很簡單

　　如此唐突且沒有禮貌的拜訪是令人討厭的。也許，有人覺得大家是朋友，無所謂，事實上，拜訪做客是要講禮節的。

　　拜訪是指本人或派人到朋友家或公司去拜見訪問某人的活動。人與人之間、社會團體之間、個人與企業之間總少不了互相拜訪。拜訪有事務性拜訪、禮節性拜訪和私人拜訪三種，而事務性拜訪又有商務性和專題交涉性拜訪之分。但不管哪種拜訪，都應遵循做客的禮節。

（一）要預約

　　拜訪友人，一定要選好時機，事先約定，哪怕你們的關係親如兄弟姐妹，這都是進行拜訪活動的首要原則。一般而言，當你決定要去拜訪某位友人，應該先寫信或打電話、發訊息與對方取得聯繫，約定賓主雙方都認為比較合適的時間和地點進行會面，並把拜訪人數和訪問的意圖告訴對方。一般應該避開吃飯和午休的時間，若是晚上拜訪的話時間不宜太長。在對外交往中，未曾約定的拜會，屬於失禮之舉，是不受歡迎的。因急事或事先並無約定，但又必須前往時，則應盡量避免在深夜打擾對方；如萬不得已非得在休息時間約見對方時，則見到主人應立即表示歉意，說「對不起，打擾了」並及時說明打擾的原因。

（二）要守時

　　賓主雙方約定了具體的時間後，作為訪問者應如期而至，既不能隨意變動時間，打亂主人的安排，也不能遲到早到，準時到達才最為得體。如因故遲到，應向主人道歉。如因故失約，也應事先誠懇而婉轉的說明。在對外交往中，更應嚴格遵守時間。日本人安排拜訪時間常以分為計算單位；在瑞典，如拜訪遲到十分鐘，對方就會謝絕拜會。準時赴約是國際交往的基本要求。

（三）要帶「禮」

不論是到辦公室還是到寓所拜訪，一般要堅持客由主定的原則。如是到主人寓所拜訪，作為客人進入主人寓所之前，應用食指輕輕敲門或按電鈴，若是熟人、親屬，可在敲門後立於門口；若是初次拜訪，應側身站在門的左側，見面後應熱情的行禮問好；若是主人夫婦同時相迎，則應先問候女主人。若你不認識出來開門的人，則應問：「請問，這是某某先生或女士的家嗎？」得到準確回答後方可進門。當主人把來訪者介紹給他的妻子或丈夫相識，或向來訪者介紹家人時，要保持面帶微笑，熱情的向對方點頭致意或握手問好。見到主人的長輩則應恭敬的請安，並問候家中其他成員或保姆。當主人請坐時，應道聲「謝謝」，並按主人指示的座位入坐。若帶有禮物，可在進門之初送給主人。主人上茶時，要起身雙手接過並熱情道謝。喝茶時要慢慢品飲，點心要小口細嚼，作為女性，菸要少抽或是不抽。對後來的客人應起身相迎，必要時應主動告辭。如帶小孩做客，要教以禮貌做人，尊敬的稱呼主人家所有的人。

（四）要衣裝整潔

作為女性，為了對主人表示敬重之意，拜訪做客時要儀表端莊，衣著整潔。入室前要在進門墊上擦淨鞋底，不要把髒物帶進主人家裡。冬天進屋再冷也要脫下外套，摘下帽子、手套、墨鏡，有時還應脫下大衣和圍巾。

（五）要舉止文雅

人們常說，「主雅客來勤」，反之，也可以說「客雅方受主歡迎」。如果你要訪問的是很熟悉的人，可以隨便一些；如果是拜訪長者，或者雖不是長者但第一次到人家的家裡做客，則應彬彬有禮。閒談時，如果是有長者在座，自己是晚輩，所以應該用心聽長者的談話，不要隨便

第七章　萬事「禮」為先，處世其實很簡單

插話，更不要自以為是，切忌故意挑剔對方來顯示自己有見識。即使自己有見識，也要虛心的發表自己的見解，並請求對方指正。不要藐視長者，目空一切。有修養，有學問的人，是絕對不會這樣做的。

(六) 要適時告辭

跟人話家常，把凳子「坐穿」，是惹人討厭的，尤其是在快節奏的今天，人們工作一週很辛苦，好不容易可以休息一下了，你卻賴在這不走了。要知道「串門無久坐，閒話宜少說」。初次拜訪以半小時為宜，一般性拜訪以不超過一小時為限。拜訪目的達到，應適時告辭。假如主人熱情留餐，飯後應停留一會兒再走。辭行要果斷，不要「該走了」說過幾次，卻口動身不移。如果有其他客人在，要向其他客人道別，並感謝主人的熱情款待。出門後應請主人就此留步。

拜訪是人際交往中重要一環，千萬要注意禮貌待人。

小握手，大禮節

握手是一種溝通思想、交流感情、增進友誼的重要方式，也是日常交往中最常見、最常用的禮儀。和初次相見的人會面，見到久別重逢的親朋好友及同事，向別人表示祝賀和友誼都要施握手禮。握手將成為你與他人掌心相通的溫暖，與他人心靈交流的橋梁，是你成功路上不可少的禮節。

王茗芳第一次去面試的時候很緊張，緊張得手心冒汗。當她敲開面試房間的門時，主面試官很熱情的站起來，伸出手來，而王茗芳卻傻住了，忘了伸出自己的手，弄得氣氛很尷尬。當然，她沒有被錄取，但她永遠記得這次「握手」的教訓。

能夠大方幽雅的與人握手，也是一種魅力。

小握手，大禮節

　　劉瑪菲是一家外貿公司的業務代表，不僅長了一副精明能幹的外表，而且天生擁有一張口若懸河的嘴。在一般情況下，只要是她接觸的客戶總是會輕輕鬆鬆的被她搞定。美中不足的是，她有一個最大的弱點，就是在與客戶見面的時候，總是不知道什麼時候應該進行第一次握手。其中有好幾次在與國外客人見面時，都弄得雙方非常尷尬。大家都知道，外國人多數都是外向性格，他們喜歡輕鬆、自然的接觸交流。可每次劉瑪菲與人見面的時候都不肯先伸出她的玉手讓人家握一握，而外國人們又多數都期待著享受這種歡迎禮節。一邊在熱盼，另一邊卻毫無反應，可想而知當時大家的心情會怎麼樣了。後來經過一次的禮儀學習後，她才恍然大悟：原來握手也是一件很有講究的事情！

　　所以，大家要時刻注意握手的禮節，在待人接物方面做到恰到好處。

（一）要注意握手的方式

　　正確的方式是身體以近似立正的姿勢，用右手握住對方的手，用力稍輕，然後身體稍微向前傾，目視對方，來表達你對對方的關注和尊重。但是在下面的情況下，要盡量避免握手：坐著的時候；在與別人交談的過程中，因為這樣做就表現了你的漫不經心，對與你握手的人非常不禮貌；用餐時，不能在餐桌上面握手，而應離開座位與對方握手。

（二）握手力度要適中

　　握手時，要注意用力的適中，因為握手的力度也往往傳遞著你的感情。一般而言，有力的一握，表示對對方的信任和尊重，也可以表達你們之間關係的親密程度不同於一般，有時還可表示謝意和較強的自信心。但千萬不可用力過猛，因為這樣會使對方難以接受，感覺到你可能另有目的或者是在向對方示威，這就會引起對方反感。當然，沒有一點

第七章　萬事「禮」為先，處世其實很簡單

力度、敷衍了事的握手，會使人感到你缺乏熱情、沒有誠意，給人輕視的感覺，也同樣會給別人造成不好的印象。

（三）要把握好握手時間

雙方握手，時間不宜太長，也不宜太短，一般在三到六秒之內，根據具體情況隨機應變。和異性握手的時間要短，一般在一到三秒之內。如果雙方之間的關係比較親密或者對方是一個比較重要的人物，握手的時間可適當延長，還可以使握著的手上下搖擺幾下，表示你對他的格外熱情和尊重。握手的時間過短是對別人沒有禮貌的表現，兩人的手剛一接觸就馬上鬆開，這表明你們彼此完全是出於客套、交際，根本沒有在意對方，也沒有對對方有進一步瞭解的欲望，這無疑會給你們以後的交往或者談判帶來很大的障礙。

（四）要講究握手順序

當兩個人的身分差不多的時候，應該同時伸出手來，不存在誰先誰後的問題。但是有一點需要注意，就是如果你比對方出手快，它會給對方帶來這樣一個暗示：你非常真誠、對對方很友好，並且很希望與對方認識；而如果出手太慢，就會傳達出相反的效果。所以，在和你身分地位差不多的人握手時，要盡量稍微快一點點，以便給對方一個積極熱情的印象。

如果握手雙方身分不同，主賓有別，輩分有大有小的話，就要分出次序。一般是主方、身分高的或輩分高的先伸手，以表示對客方、身分低的或晚輩的關懷，而晚輩不應該主動伸手去和對方握手，要禮貌的等待對方伸出手後再握手，握手的時候還要面帶笑容，身體前傾，或用雙手握對方的手，以表示尊重。

異性之間的握手也要講究順序。與異性交談之前，應該女性主動先

伸出手，做出握手的表示，男性再去握手。一般來說，男性不要主動與女性握手，以免尷尬。如果女性只是點頭示意，並沒有要握手的意思，那麼男性也應該以點頭回敬，這是得體的。

如果是做客的話，剛見面時，一般應是主人先與客人握手，以表示對來訪者的歡迎。但是當客人離去的時候，正好相反，應該客人先主動和主人握手，這樣才能表達出自己對主人的盛情款待和自己打擾的歉意。

一般情況下，送客人的時候，主人不能先伸出手去與客人握手，這樣容易造成誤解，讓客人以為你不耐煩了，不歡迎自己，想要催促自己離開。

（五）要注意自己的表情

在和別人握手時，為了能給別人一個更加深刻的印象，更恰當的表達你的友好，應該配合自己自然的表情。因為自然的喜悅與微笑，可以表達你內心的真誠，從而拉近你們之間的距離。如果你在和別人握手的時候，面無表情或者表情冷漠，就會引起對方的不快，造成排斥感，最終會影響你們的交流。

隨著社會的發展，現在握手已經成為了國內外通用的交際禮儀，已經成為人際交往的基本行為。不要以為握手是一件小事情，其實它所體現出來的東西並不小。一個人的修養和習慣，包括對別人的看法都隱藏在這個小小的動作之中，所以，想要給第一次見面的人留下好印象、讓自己的待人接物表現得恰到好處，就很有必要透過握手這個小動作，正確的向對方表示友好。

第七章　萬事「禮」為先，處世其實很簡單

第八章
擁有超然的心態，
便始終握有處世的主動權

　　人生一世，草木一秋。無論是成功，還是失敗，是喜抑或是憂，一切都將成為過眼雲煙。多少的榮華富貴，多少的功名利祿，到頭來也不過是身外之物。世事知足才能常樂，唯有知足才能瀟灑走一生。要做到一生無憂，必須自發的調整心理狀態，自發的保持心理健康。只有保持健康的心理，才能使自己精神愉悅，才能遠離痛苦和壓力，才能輕鬆處世，讓幸福常常伴。

第八章　擁有超然的心態，便始終握有處世的主動權

熱情是一種興奮劑

　　熱情是連結心靈的紐帶。美國著名文學家愛默生說過，沒有熱情便一事無成。因此，有價值的人生往往充滿真誠和熱情。

　　獻身事業需要熱情，同理，待人接物也需要熱情。

　　熱情是一種興奮劑，在每天清晨醒來的時候，它可以使你充滿希望。有了希望，身體就充滿了力量，心裡就有了溫暖，而且眼睛也就炯炯有神了。熱情可以使失敗的人成為一個成功的人，使悲觀的人成為樂觀的人，使懶惰的人變成勤奮的人。

　　美國最成功的女性玫琳凱，在一九六三年下半年，開辦了自己的公司——玫琳凱化妝品公司，現在的年零售額為上億美元。玫琳凱是美國最成功的商界女強人之一。玫琳凱已成為女性熱情、優雅、美麗和成功的代名詞。玫琳凱曾一語道破了她成功的祕密：「有人說我是天生的銷售人員，因為我十分熱愛銷售工作。其實與我在一起工作的銷售人員比我更有才能，但我的銷售額卻比他們多，這是因為我比他們具有更多的熱情。」

　　愛德華‧阿普爾頓是一位物理學家，發明了雷達和無線電報，獲得過諾貝爾獎。《時代》雜誌曾經引用他的一句話：「我認為，一個人想在科學研究上取得成就，熱情的態度遠比專門知識更重要。」

　　熱情意味著，你知道自己應該做什麼，並掌握了做事的方法，而不是為了逃脫職責尋找藉口。你會覺得在生活中做件小事也是很幸福的。你總會從一天的平凡小事中發現樂趣，並且總是興致勃勃的計劃著明天的事。你會發現你學到的東西越多，你想學的東西也越多。面對大自然的勃勃生機，你會從心靈深處發出一種強烈而熾熱的感受，並為此而歡欣雀躍，恨不得把周圍的世界變成天國。對於人際間的交往，你不會對

熱情是一種興奮劑

別人妄加評論，你會願意幫助別人，並從中感到愉快和充實。

更重要的是，熱情的人不僅擁有高度熱忱、滿腔抱負，他們更會以寬闊的胸懷去面對生活的壓力。在壓力面前，他們不會緊張，不會退縮。這就是一個人面對生活和追求應有的態度。當你充滿熱情時，你會很容易擺脫「我不行」、「沒意思」、「一切都無所謂」等消極的觀念。當困惑、憂愁、焦躁、占據你的心靈時，如果你能保持一顆熱忱之心，那麼很多事都會迎刃而解。

紐約的一位小姐從學校畢業後，想找一份醫藥祕書的工作，由於她缺少這方面的工作經驗，面試了好幾次都沒有成功。她就開始運用熱忱原則。在去面試的途中，她激勵自己：「我要得到這份工作，我懂得這份工作。我是一個勤快而自律的人，我能夠做好這份工作。醫生將會視我為不可缺少的人。」她充滿信心的走進辦公室，並且熱情的回答問題，最後醫生僱用了她。幾個月後醫生告訴她，當他看到她的申請表上列著沒有任何經驗的時候，他決定不用她，只是給她一次禮貌的談話而已，但是她的熱情使他覺得應該試用她看看。她把熱情帶進工作，因而成了一位很出色的醫藥祕書。

如果你能擁有一種熱情的心態，那麼，無論你從事哪種工作，你都會認為自己的工作是快樂的，並對它懷著濃厚的興趣。無論工作有多麼困難，需要付出多少努力，你都會不急不躁的去進行，並做好想做的每一件事情。熱情可能是你生命運轉中最偉大的力量，使你獲得許多你想要的東西。只要我們確立的目標是合理的，並且努力去做個熱情積極的人，那麼我們做任何事都會有所收穫。

熱情是一種為人處世的良好心態，也是一種激發自身潛能的巨大力量。如果你以一種熱情的心態去對待一切事物，那麼你的人生往往會得到意想不到的收穫。相反的，如果沒有一顆熱情之心，那麼無論做什麼

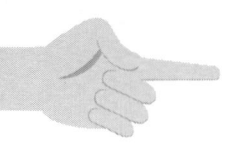

第八章　擁有超然的心態，便始終握有處世的主動權

事情都不會順利的完成。

放下自私，像愛自己一樣愛別人

　　自私的人必定是孤獨的。我們每個人都不想與自私的人為友，因為自私的人生活在以自我為中心的世界裡，別人的快樂、痛苦他都不會在乎，更不會關心。當他們處於群體中時，他們只會斤斤計較自己的得失，因而自私的人又是狹隘的，認識不到自己對別人的苛刻最終會回報到自己的身上。

　　自私會扭曲人的心理，人一旦陷入了自私的泥潭，就猶如兇狠的惡狼一樣，瘋狂的撕咬自己和他人，拋棄世間的親情、友情和愛情，直到最後走向毀滅。

　　自私的人是可怕的，同時也是可憐的。他們學不會去關心別人，無法體驗付出的快樂與滿足；另一方面，他們很難獲得別人的關心與幫助，無法感受人間溫暖的真情。自私的人沒有善心，沒有熱情，沒有體諒，沒有寬容，他們的心是貧窮的。

　　其實，我們每個人都很富有，戰勝自私的最佳妙方就是我們應該有愛。愛本身是博大的，不是某一個人的專屬物品。一個人一旦懂得了分享愛的重要，能像愛自己一樣去愛別人，那他一定會受到眾人的敬佩和喜愛。讓我們看看下面的故事來體會這一點。

　　很多中國人都知道，每年的農曆七月十五是中元節。其實，在美國也有鬼節，就是每年十月三十一日，又稱萬聖節。這個時候，正是南瓜收成的季節，每年美國的鬼節上，人們買回南瓜，刻成各式各樣的形狀，南瓜比賽是必不可少的項目。

　　人們都在南瓜園買南瓜。南瓜的價格有高有低，而價錢高的並不是

那些最大的。全美國最大的南瓜，曾經出現過有一輛小汽車那麼大的，但這種南瓜一般都賣不出最高的價錢。那些長得奇形怪狀的南瓜反而能賣出好價錢。

二〇〇一年的萬聖節，一位華人也去南瓜園湊熱鬧。遠遠的，他就看見人們圍著一個胖女人，對她手上的南瓜讚嘆不已。他走近一看，她手裡的南瓜，既不圓也不大，而是扁的，那瓜不但扁，而且有個彎彎細細的頭和長長的瓜柄。

胖女人花很高的價錢買下了這個奇怪的南瓜，還得意的說：「好貴喲！但是值得。我要用這個形狀，做一隻天鵝。你看！它大大的身子，彎彎的頸，還有尖尖的嘴，多棒！」說著說著，這位女人還親了親南瓜。

這位華人回去後，對家人說：「什麼東西最美，這完全是一種感覺。這種感覺就是憑自己心理來決定的。」

一件東西的價值，並不是一個枯燥的價格數字所能表示的，只有當擁有這個東西的人自己覺得它很有價值，並加以足夠的重視，別人才有可能會喜歡它，並對之讚嘆不已。同樣，人也是如此，只有做到自愛，重視並愛惜自己，別人才有可能承認你的價值，給予足夠的尊重。

自愛就是要敞開胸懷，用心感受周圍和自身的一切；自愛就是接受自己的一切，給自己足夠的重視與關注；自愛就是做自己生活的主人，並對自己負責。自愛體現的是對生命的敬畏和珍惜，懂得自愛的人也希望別人能看重自己，他們不願虛度一生，會努力充實自己，不斷完善自己。

早在兩千多年前，耶穌基督就說：「像愛自己一樣愛周圍的人。」需要自愛的人們也應學會愛別人，自愛並不意味著把所有的愛都留給自己，其實，自愛的更高層次是成為一個有愛心的人，也就是愛他人。

第八章　擁有超然的心態，便始終握有處世的主動權

請看看下面這個有愛心的小男孩的故事：

一場戰火席捲了一個不大的國家，每天都有很多無辜的人受傷。一天，一位名叫東尼的孩子不幸被炮彈的彈片所擊傷，而且由於失血過多，他已經奄奄一息，必須立即輸血，否則隨時都有生命危險。

但是，環境條件非常有限，附近沒有血庫，救護人員於是開始為在場的人驗血型，希望能找到和東尼相符的。可是時間一分一秒的過去了，費了好大力氣，他們還是沒能找到相符的血漿，他們急得團團轉。最後，救護人員的目光落在一個孩子身上，現場只有他還沒有驗血型了。救護人員懷著一線希望，抱著試試看的心理給他驗了血型，沒有想到他的血型正好和東尼相符，這讓人們感到一些驚喜。

但是很快這份驚喜就被沖淡了，救援人員猶豫了，因為那個孩子太小了，差不多只有五歲，要說服一個這麼小的孩子，從他身上抽血，這可不是一件容易的事情。但除此之外，已經沒有別的辦法了。

救護人員盡量用孩子能聽懂的話告訴他：「東尼受傷了，需要輸血，我們需要抽你的血給東尼。」

小男孩低頭想了想，最後還是伸出了細小的胳膊。

隨著鮮紅的血液一滴一滴的流入東尼的體內，東尼原先蒼白的臉上終於露出了一絲紅潤——他脫離了危險。大家一直緊張著的心，終於放下心來。

那個小男孩一直緊緊的抿著嘴唇，忽然，他小聲的問救護人員：「我很快就會死，是嗎？」

救護人員說：「死？怎麼會呢？你不會死的，孩子。」

直到這時，人們才知道，原來，剛才小男孩以為「輸血」就是用自己的生命換回東尼的生命。

人們很奇怪，就問他為什麼這麼有膽量，小男孩緊緊的握著東尼的

手說:「因為我們是最好的朋友。」

這個小男孩是自愛的,當救護人員問他願不願意抽出自己的血給東尼時,他猶豫了,但最終還是同意了,他願意為了好朋友而奉獻一次。

自愛與自私,沒有明顯的界限和尺度。如果把握不好,一個人就很容易由自愛移向自私。自愛的本質並不是自私,但過分自愛就會變成自私。

一個不自愛的人,缺乏自信心,自我意識薄弱,很難自己駕馭人生,也就無法真正享受生活。而真正懂愛的人不僅愛自己也會愛別人。

虛榮,死要面子活受罪

虛榮心是以不恰當的虛假方式保護自己自尊心的一種心理狀態。從心理學角度說,這就是扭曲了人的自尊心,它屬於人的性格方面的情感特徵,與其他情緒的發生一樣,虛榮心也取決於人的需要。人的需要是有層次的,但也因個人的性格、氣質、理想或目標的不同而顯示出差別來。一般而言,虛榮心是與人的自尊心相關的,虛榮心強的人自尊心也強,要求自己在群體中有較為顯耀的位置。越是虛榮心強的人越是需要別人讚美,因為讚美能給他們帶來渴望的榮譽和自尊心的滿足。一旦她的虛榮心得不到滿足,在心理上會處於一種失落、匱乏和緊張的狀態,容易造成與他人的對立,引發攻擊性和過激的行為。

虛榮心男女都有,但整體來說,女性的虛榮心比男性強,因為女性比男性的自尊心更強。女人喜歡別人說她年輕、漂亮,儘管她已過不惑之年;女人還熱衷於炫耀自己的社會地位以及自己有多麼富有;女人總是用化妝品之類的東西企圖填平歲月留在臉上的溝壑。她們對時尚雜誌刊登的化妝品廣告趨之若鶩,把錢拿去包裝自己的門面。但這一切總是

第八章　擁有超然的心態，便始終握有處世的主動權

不能如願或不盡如人意。女人追求「唯美」的心態是無可指責的。完美的虛榮，是造物主賜予她們的禮物，她們用這禮物可以保護自己，但也可以毀滅自己。

顏筱楓不甘於過平淡的生活，常常鼓勵丈夫去大醫院就職。可是當丈夫真的在大醫院當上副院長而春風得意、滿足了她的虛榮心之時，她又開始起疑心，整日疑神疑鬼，深怕丈夫在外招蜂引蝶。為此，她從一位優秀的小學老師變成了專職家庭主婦，閒暇時間一多了起來，她更是把自己的大部分時間用在探查自己的丈夫上面，翻手機，掏口袋，一個個撥打丈夫手機上的號碼，非要揪出一個莫須有的她心中虛構的第三者。於是夫妻間開始了爭吵，氣病了父母，傷及了孩子，兩人的關係也漸漸開始惡化。最後，以兩人離婚為結局。顏筱楓也從此結束了曾經幸福美滿的十年婚姻生活。

眾所周知，在現實生活中這種虛榮心沒有任何實際意義，只會助長一股作假風氣，就像假面舞會，每個人都不以真面目示人。我們不妨想一想，如果每個人都戴著虛榮的面具生活，那麼我們又到哪裡去找真實呢？保持自我的真性情，不陷於貪慾和攀比，這或許不合時宜，但是，應該說這是捨棄虛榮心之人的明智之舉。

一般來說，可以從以下幾方面克服虛榮心。

首先，樹立正確的人生觀。一個人的價值如何，不在於他的自我感覺，而在於他的行為之社會意義。人只要樹立正確的人生觀，具有遠大的人生目標，就不會為一般的榮譽、地位和一時的虛榮所纏繞，而是會為更高的價值努力奉獻。

其次，正確對待榮譽。每個人都需要成就、威望、名譽、地位和自尊，但這一切都應當與一個人的真實努力相符。例如，一個人想要取得的工作成績，就必須透過自己的努力和認真工作，否則用欺騙手段贏得

的「榮譽」是虛假的，不光彩的，這樣不僅得不到別人的尊重，還會受到他人的蔑視和否定。

第三，正確對待輿論。人生活在社會這個大群體之中，總免不了要接受別人的品頭論足。但對於輿論，要提高辨別是非能力，對於正確的應當接受，對於不正確的要給予糾正或分析判斷，絕不可凡事人云亦云，被輿論左右。

第四，要有自知之明。不僅要看到自己的長處和成績，也要看到自己的短處和不足。只有對自己採取實事求是的態度，才能避免過高的估計自己，從而克服虛榮心理。

實實在在做人，一直朝著自己的人生目標前進，你就會收到成功的果實，虛榮的人將一無所獲。

有虛榮心的人因過分的注重虛榮，養成了一種十分幼稚的習慣。內心既然有過度的虛榮，外部就難免誇誇其談，其結果很糟。因為他在誇耀自己的同時，必然暴露和證明了他的種種特殊的弱點。

佛立克出生在一個偏僻的小山村，最初在一個小店裡當店員，以求溫飽。隨後在大商場做店員，每個月收入也很少。當時在他工作的地方共有二十多個店員，個個努力工作拼命競爭，而佛立克是其中最後一個進店的店員。不久，他在店員冊上居然名列前茅了。這本來就令人刮目相看了，但更令人驚訝的是，他與所有在各方面都不如他的人都有著相當好的交情，別人對他都報以好感。

在佛立克尚未步出眾人之列前，有位叫做珀西的店員，頗得人們的贊許。不但被認為是「模範店員」，並且還享有「服務於頭等客人的權利」。對於這些，其他店員都拱手相讓於他。

當時，佛立克想擊倒的是商場中的這種特殊店員的特殊權利。不過，佛立克並沒有想到以拿第一去對抗。他先把珀西認認真真的品評一

第八章　擁有超然的心態，便始終握有處世的主動權

番，從中知道珀西過於虛榮心，而且傲氣十足，自以為是，沒有太大的真才實學，佛立克就從小處滿足他的虛榮心，使他不和自己從正面對抗，然後在大利益方面不知不覺的擊敗他，達到自己的目的。

佛立克斷定珀西所期盼的只是讓別人知道他是如何的了不起，他認為這是一種既簡單又容易滿足的需求。於是針對珀西的這一性情，佛立克輕而易舉的制服了他。

雖然佛立克的「勝利」使珀西感到「悲酸苦澀」，有些時候還很不自在，但他卻能體會到珀西的情緒。佛立克施以圓滑溫和的手段，不久便拉攏了全體店員，博得了他們的愛戴。從中我們可以看到他的為人處世是多麼老道。

這裡，我們看到了兩種人生，珀西是那種虛榮心太強的人，他滿足於人們對他的奉承和尊敬，輕飄飄的漂浮在生活的水面，不再努力，不再追求，於是就被生活輕而易舉的打敗了。

佛立克則是代表了現實生活的人，他沒有虛榮心，他可以滿足於當別人的下屬，只要有機會，他就可以達到自己的目的，因為他永遠都是清醒的看著自己的現況，既不自卑，也不自傲，能夠實際的看待自己，也能夠實際的看待別人，所以，他取而代之，別人也會認為是理所應當的事情。

透過這兩個人的比較，我們就會清醒的看到虛榮心是要不得的，有了虛榮心，人就會看不見現實，就會脫離實際，最後就會被生活所淘汰。

嫉妒乃處世之大忌

你的一位朋友獲得了哈佛大學的獎學金，即將出國，你是真心的稱讚道：「真棒！」還是心裡酸酸的說：「咳，傻人有傻福⋯⋯」

你的一位女性朋友，嫁了一位外國人，就要隨夫到國外定居。你是衷心祝福她，還是在背後撇嘴：「就她那長相，也就傻外國人能看上⋯⋯」

某天，你聽人談起某位過去在公司不得志的同事離職後經商這幾年發達了，現在有了自己的公司，你的第一反應是高興，還是來一句：「難保是發不義之財吧⋯⋯」

和你同時入職的同事，現在已是處長了。每次他見到你，都會熱情的打招呼。你是同樣大方自然呢，還是在心裡暗自說道：「不就是當了個破處長嘛，看那假惺惺的樣子⋯⋯」

如果你的表現是後者，那你就是嫉妒了。而嫉妒，用著名詩人艾青的話來說，是「心靈上的腫瘤」。你要是不警惕，不痛下決心把它「割掉」，它就會「像鏽蝕鐵那樣，以自身的氣質腐蝕自己」。

嫉妒，作為人性的弱點，每個人或多或少都有一點。尤其是在當今競爭日益激烈的社會，個體之間的差異在來往當中更加突出的時代，人們的嫉妒心理也就有了廣闊的土壤可滋生。日本學者曾說過：「所謂嫉妒，就是自己以外的人占了比自己優越的地位，或者是自己寶貴的東西被別人奪取，或將被奪取的時候所產生的感情。」

嫉妒是一種病態心理。覺得別人比自己強，或在某些方面超過了自己，心裡就不是滋味，進而產生了一種摻雜著憎惡與羨慕、憤怒與怨恨、猜疑與失望、自卑與虛榮以及傷心與悲痛的複雜情感，這種情感就是嫉妒。

第八章　擁有超然的心態，便始終握有處世的主動權

　　嫉妒者容忍不了別人超越自己，害怕別人得到自己所無法得到的名譽、報酬，或者一切他認為是很好的東西。在他看來，自己辦不到的事最好別人也一事無成，自己得不到的東西別人最好也擁有不了。

　　據報導，在一個鄉村裡，發生了好幾家人陸續死亡的事件，辦案小組費了一番周折，才將元兇找出來。

　　原來，這村裡有一個中年女人，丈夫離家出走後不再回來。這個女人漸漸對自己的孤獨生活和別人家親情融融的生活之對比產生不滿。她見不得別人一家人在一起時的那種親密，為此，竟然妒火中燒，心生歹心，佯裝幫別人家老人小孩做飯，或請別人來家裡吃飯的機會，伺機下毒，而且是少量慢慢的下，使服用者事後慢慢的加重病情。這樣嫉妒心強的女人，一手製造了「人在家中坐，禍從天上來」的慘劇。

　　妒忌是一種缺陷心理。它是由於妒忌者羨慕一種較高的生活，或者是想得到較好的地位，或者是想獲得較貴重的東西而產生的。由於自己不能得到心理的補償，卻發現身邊的人或處於同樣地位的人先得到了，就會產生妒忌。

　　妒忌這種心理缺陷往往發生在秉性多疑者身上，他們滿腹猜疑，總以為各種煩惱和困境是別人有意加於他們的。妒忌心理，往往自愛的成分多於愛人。妒忌者往往缺乏自知之明。個人主義是引起妒忌的根源，凡是好妒忌的人，都是私心重的人。他們不能容忍別人超越自己，害怕別人奪了他的名譽、地位，有損他的一己之利。因此，和他距離越近的人，越容易引起他的妒忌。妒忌心的本質是突出「我」，這種人，總是希望「我」最好，別人都不如「我」，他的精神世界裡除了自我滿足以外，再也容不得任何別人的存在。總之，產生妒忌的思想根源是個人主義，是自私心理的一種表現。

　　要克服妒忌心理，按以下方法嘗試改變一下從前的心理可能會大

有益處。

(一) 胸懷大度，寬厚待人

十九世紀初，蕭邦從波蘭流亡到巴黎。當時匈牙利鋼琴家李斯特已蜚聲樂壇，蕭邦還是一個默默無聞的小人物，然而李斯特對蕭邦的才華卻深為讚賞。怎麼樣才能使蕭邦在觀眾面前贏得聲譽呢？李斯特想了一個妙法：那時候在演奏鋼琴時，往往要把劇場的燈熄滅，以便使觀眾能夠聚精會神的聽演奏。李斯特坐在鋼琴面前，當燈一滅，就悄悄的讓蕭邦過來代替自己演奏。觀眾被美妙的鋼琴演奏征服了。演奏完畢，燈亮了。人們既為出現了這位鋼琴演奏的新星而高興，又對李斯特無私的推薦新秀而深感欽佩。

(二) 自知之明，客觀評價自己

當嫉妒心理萌發時，或是有一定表現時，能夠積極主動的調整自己的意識和行動，從而控制自己的動機和感情。這就需要冷靜的分析自己的想法和行為，同時客觀的評價一下自己，從而找出之間的差距和問題。當認清了自己後，再評價別人，自然也就能夠有所覺悟了。

(三) 快樂之藥可以治療嫉妒

快樂之藥可以治療嫉妒，是說要善於從生活中尋找快樂，就像嫉妒者隨時隨處為自己尋找痛苦一樣。如果一個人總是想著：比起別人可能得到的歡樂來，我的那一點快樂算得了什麼呢？那麼他就會永遠陷於痛苦之中，陷於嫉妒之中。快樂是一種情緒心理，嫉妒也是一種情緒心理。

(四) 少一分虛榮心

虛榮心是一種扭曲了的自尊心。自尊心追求的是真實的榮譽，而虛榮心追求的是虛假的榮譽。對於有嫉妒心理的人來說，主要是愛面子，

第八章　擁有超然的心態，便始終握有處世的主動權

不願意別人超越自己，以貶低別人來抬高自己，正是一種虛榮，一種空虛心理的需要。單純的虛榮心與嫉妒心理相比，還是比較好克服的，而兩者又緊密相關，所以克服一分虛榮心就少一分嫉妒。

（五）自我抑制，自我宣洩

自我抑制，是治療嫉妒心理的苦藥；自我宣洩，是治療嫉妒心理的特效藥。嫉妒心理是一種痛苦的心理，在還沒有發展到嚴重程度時，用各種感情的宣洩來舒緩一下是相當必要的。

少一點欲念，多一點超脫

俗話說：人過留名，雁過留聲。誰也不想默默無聞的活一輩子，所謂人各有志就是這個意思。但是，在求取功名利祿的過程中，我還是要奉勸各位：少一點欲念，多一點超脫，淡泊明志，莫為名利遮望眼，這樣才能獲得處世的主動權，否則就像下面的宋之問一樣悲慘。

唐朝詩人宋之問，有一個外甥叫劉希夷，希夷很有才華，是一年輕有為的詩人。一日，希夷寫了一首詩，曰《代白頭吟》，到宋之問家中請舅舅指點。當希夷誦到「古人無複復洛陽東，今人還對落花風。年年歲歲花相似，歲歲年年人不同」時，宋之問情不自禁的連連稱好，忙問此詩可曾給他人看過。希夷告訴他剛剛寫完，還不曾給其他人看。宋之問遂道：「你這詩中『年年歲歲花相似，歲歲年年人不同』二句，著實令人喜愛，若他人不曾看過，讓給我吧。」希夷言道：「此二句乃我詩中之眼，若去之，全詩無味，萬萬不可。」晚上，宋之問睡不著覺，翻來覆去只是念這兩句詩。心中暗想，此詩一面世，便是千古絕唱，名揚天下，一定要想辦法據為己有。於是起了歹意，命手下人將希夷活活害死。後來，宋之問獲罪，先被流放到欽州，又被皇上勒令自殺，天下文

人聞之無不稱快！劉禹錫說：「宋之問該死，這是天之報應。」

自古以來胸懷大志者多把求名、求官、求利當做終生奮鬥的三大目標。三者能得其一，對一般人來說已經終生無憾；若能盡遂人願，更是幸運之至。然而，從辯證法角度看，有取必有捨，有進必有退，就是說有一得必有一失，任何獲取都需要付出代價。問題在於，付出的值不值得。為了公眾事業，民族和國家的利益，為了家庭的和睦，為了自我人格的完善，付出多少都值得；否則，付出越多越可悲。我們所說的忍名讓利，正是從這個意義上提出的人生命題。客觀的說，求名並非壞事。一個人有榮譽感就有了進取的動力；有榮譽感的人同時也具有羞恥感，不想要玷汙自己的名聲。但是，什麼事都不能過於追求，若過分追求，又不能短時間獲取，求名心太切的話，有時就容易產生邪念，走歪門。結果名譽沒求來，反倒臭名遠揚，遺臭萬年。君子求善名，走善道，行善事。

就宋之問來說，縱不奪取劉希夷之詩，也已經名揚天下。糟糕的是，人心不足，欲無止境！俗話說，錢迷心竅，豈不知名也能迷人心竅。一旦被迷，就會使原來還有一些才華的「聰明人」變得糊裡糊塗，使原來還很清高的文人變得既不「清」也不「高」，做起連老百姓都不齒的骯髒事情，以致弄巧成拙，美名變成惡名。

求名並無過錯，關鍵是不要死死盯住不放，盯迷了眼。那樣，必然會走上沽名釣譽、欺世盜名之路。

還是蘇東坡先生說得好：「苟非吾之所有，雖一毫而莫取。」美名美則美矣！只是對於那些還有一點正義感，有一點良知的人，面對不該屬於他的美名，受之可以，坦然卻未必辦得到！得到的既是美名，得到的也同時是一座沉重的大山，一條綑綁自己的鎖鏈，早晚會被壓垮，壓得喘不上氣來。反之，淡泊名利，就活得真實，活得輕鬆，活得自在，活

第八章　擁有超然的心態，便始終握有處世的主動權

得安然。

居禮夫人和丈夫皮耶・居禮都是放射性元素的早期研究者，他們發現了放射性元素釙和鐳，並因此獲得了一九〇三年諾貝爾物理學獎。之後，居禮夫人又研究了鐳在化學和醫學上的應用，並且因分離出純的金屬鐳而又獲得了一九一一年的諾貝爾化學獎。

一八九五年，居禮夫人和皮耶・居禮結婚時，新房裡只有兩把椅子。皮耶・居禮覺得椅子太少，建議多添幾把，居禮夫人卻說：「有兩把椅子就夠好了，如果椅子多的話，客人坐下來就不走啦，為了多一點時間做研究，還是算了吧。」

從一九三三年起，居禮夫人的年薪就已增至四萬法郎，但她照樣生活很節儉。她每次從國外回來，總要帶回一些宴會上的菜單，因為這些菜單都是很好的紙張，在上面寫字很方便。難怪有人說居禮夫人一直到死都像「一個匆忙的貧窮婦人」。

有一次，一位美國記者尋訪居禮夫人，他走到一座漁家房舍門前，向赤足坐在石板上的一位婦女打聽居禮夫人的住處，當這位婦女抬起頭時，記者大吃一驚：原來她就是居禮夫人。

居禮夫人天下聞名，但她卻既不求名也不求利。她一生獲得各種獎金十次，各種獎章十六枚，各種名譽頭銜一百一十七個。有一天，她的一位朋友來她家做客，看見她的小女兒正在玩英國皇家學會剛剛頒發給她的金質獎章，於是驚訝的說：「居禮夫人，得到英國皇家學會的獎章是極高的榮譽，妳怎麼能給孩子玩呢？」居禮夫人笑了笑說：「我是想讓孩子從小知道，榮譽就像玩具，只能玩玩而已，絕不能看得太重，否則就將一事無成。」

繼居禮夫人和她的丈夫獲得諾貝爾獎之後，由居禮夫人培養成才的兩對後輩也相繼獲得了諾貝爾獎：長女伊雷娜，核子物理學家，她與丈

夫約里奧共同獲得諾貝爾化學獎。次女艾芙，音樂家、傳記作家，其丈夫也榮獲一九五六年的諾貝爾和平獎。

居禮夫人的這種淡泊處世，冷對人生，得而不喜，失而不憂的人生境界，值得我們學習。

現在是一個資訊化的時代，也是一個充滿誘惑的、浮躁的時代，在這個時代，只有安靜下來，淡泊名利，才能成大器，才能攀上高峰，才能達到為人處世的最高境界。

積極的心態足以改變命運

幸福源於自身的心態，樂觀、知足、不抱怨等等，擁有了這些，無論一個人從事什麼職業，家庭是否富裕，孩子是否出色？他的眼神都會清澈，神情都會自信，他的生活會因此充滿柔美的樂章，周圍的人都喜歡與他相處，感受他帶來的愉悅氣息，這樣的人沒有理由不幸福。

那何謂心態？簡而言之，心態就是我們對自己、對他人、對社會、對事情、對問題所持有的看法與觀點，就是我們對工作、對事業、對家庭、對朋友、對同事等的態度。人的心態如何，在很大程度上決定著他某一階段的人生走向。一個人若是一生都能保持良好心態，那麼，他的人生路就會越走越寬，生命的景色會越來越美，生命的價值會越來越大。

筠芳和儀歡是大學時的同班同學，關係很要好，是當時班裡有名的姐妹花。走入社會後，由於各自的工作都很忙，見面的次數就越來越少了。有一天，兩人在街上碰到了。筠芳說：「儀歡，你怎麼變成這個樣子了，臉色這麼難看，是生病了，還是心情不好？」儀歡說：「別提了，我最近很痛苦，我離婚了，這輩子我是完了，不會幸福了！」聽了儀歡

第八章　擁有超然的心態，便始終握有處世的主動權

的話，筠芳告訴儀歡，我和你一樣，我也在不久前離婚了。當儀歡聽到筠芳的話，一臉的驚訝與不敢相信。不僅發出「是嗎，你也離婚了？」的疑問。「我看你心情不錯，不像離婚的樣子。」筠芳說：「為什麼要不高興啊！我現在衝出了圍城，很自由，我要好好過日子！」

同樣是離婚，但她們對待離婚的心態卻是大相徑庭的。隨著時間的流逝，她們各自的生活也在慢慢發生著變化。儀歡認為自己是天底下最不幸的女人，離婚後一直都生活在陰影之中，沒有一點快樂可言，整天以淚洗面。起初，家人、朋友都對她好言相勸，但她就是聽不進去，還很敏感，把大家的好心安慰當成是在嘲笑她，久而久之，就沒有人再去理會她了。而且由於心情不好，在工作上也頻頻出錯，上司不得不把她調到另一個部門從事一些無關緊要的工作。她心中不滿，於是憤然的辭職了。

我們再來看看同樣是離婚的筠芳的境遇。離婚後的筠芳感到終於可以按照自己的想法過日子了。心裡很是開心，很是輕鬆。因此，在離婚的第二個週末，就邀請自己的同事、同學、朋友到家裡聚會，大家無拘無束的喝茶、聊天，累積了很好的人緣。心情好，工作更是得心應手。為公司創造了不菲的業績。而且她還利用業餘時間，自費參加了進修，順利拿到了學位證書，生活過得越來越幸福。

可見，一個好心態，對於一個女人是多麼的重要。那麼女人應該如何培養自己的好心態呢？

（一）冷靜明智

不讓男人看見自己的狼狽樣子，盡量不在思維混亂的時候與別人交流，也盡量避免心煩意亂的時候與他人溝通。等頭腦清醒的時候，再以簡明扼要的方式表達出來。

(二) 自信坦然

當男人恭維她時，她會說「謝謝」，她不會去阻止他的讚美。她不會詢問他前任女友的長相，也不會跟其他女人爭風吃醋。

(三) 幽默樂觀

幽默可以讓對方感受到她的獨立思考。但是，她不會嘲笑他，也不會對他不尊重。

(四) 獨立自主

不管她是某個公司經理，還是餐廳的女招待，都無關緊要。她有最真誠的生活，她有自己的榮譽，她不靠乞憐維生，會自主安排自己的時間。她故意放慢速度，特別是當他迫不及待的時候。她以自己的節奏行事，而不是按照對方的腳步，目的是要防止受他擺布，並失去自由和自己。

(五) 不糾纏對方

星星、月亮和太陽都有它們各自的軌跡，同樣，她也不會圍著他團團轉。當她的星座圖預示出他的水星正在遠離她的金星時，她不再與他約會。他不是她宇宙的中心，她不會糾纏他或是監視他。

(六) 保持神祕

正直與坦誠是有區別的。她是正直的，但並不意味著她需要坦白一切。她並不會清清楚楚的把自己的底牌放在桌面上。她知道，近之則不遜——太熟悉則會埋下不尊重的種子，甚至埋下厭倦的種子。

知足常樂，擺正心態才能幸福

老子在《道德經》中說：「禍莫大於不知足。」意思是說，知足者才能常樂。現實生活中，許多女人雖理解知足常樂的含義，卻未必能做

第八章　擁有超然的心態，便始終握有處世的主動權

到，她們認為擁有的越多，也就越幸福、越快樂，但是她們忘了這樣一個道理：「欲望越小，人生才越幸福。」

其實，滿足欲望，是人與生俱來的本能：也是無可厚非的事情，但是，無休止的追求、無限制的滿足，對人就是一種傷害。有的女人已經擁有了很多，卻仍然盯著自己還沒有的那些身外之物，就這樣拼命的追求、索取，根本無暇享受生活，也無從感受幸福。

對於一個人來說，能力與精力都是十分有限的，環境決定你該如此的時候，而你卻好高鶩遠，非要達到你所不能達到的期望與目標。在這個時候，你只會給自己尋來無盡的煩惱，更沒有快樂可言了。因此，在這個時候如果你懂得知足常樂，放棄那些不切實際的「一步登天」的妄想，那麼你心中的重負就會消失。同時你也會感到身體輕盈，心靈輕鬆，精氣神自然就會光臨你的心坎，你會變得臉上蕩漾著笑容的漣漪，你會看到人生的一切是如此的純淨與美好。

有一個女人，她很漂亮，有很多男人追求她，但她卻嫁給了平凡的教師。丈夫對她寵愛有加，包容她的任性和壞脾氣，幾乎包攬了所有的家務。因為他愛她。

日子很平常的過著，他們的薪水除了交房子貸款和日常開銷，常常所剩無幾。女人沒有多餘的錢買化妝品和時裝，也沒有多餘的錢去維持少女時代的浪漫。

她的心裡漸漸滋生了不滿，看到別的女同學住的房子越來越大，衣服越來越時髦，她的虛榮心滋長了，她想著憑自己年輕和美貌應該享受比她們還要好的生活。於是，她借來了同學的衣服和手提包，把自己打扮得很光鮮，開著同學的轎車，來到了舞廳。

在那裡，她結識了一位富人。於是，她的生活徹底改變了。每天出入高級旅館，高級時裝一天一套，吃西餐、打高爾夫、開名車……她覺

得這樣的日子，才是自己希望得到的。鄰居們見了，也都誇她時髦美麗極了，出身於貧窮家庭的她，虛榮心得到了滿足。

丈夫知道後，沒有吵鬧，只是提醒她，只有知足的人才能得到幸福。她卻叫嚷道：「這麼乏味的生活有什麼值得留戀的？」她扔給丈夫一紙離婚協議書便破門而出，搬到了富人為她買的別墅。

幾天後，女人有一次高燒到不能為自己倒杯水時，給富人打電話，富人回答：「我正在開會，你自己叫車吧，去最好的醫院，費用我全付。」在車上，司機問她：「你病得這麼厲害，都沒人陪你嗎，誰這麼狠心？」她扭過頭去，感覺到有一種被忽略的心寒。

後來，富人因為生意飛往外地，儘管她望穿秋水，但音訊全無。

這種不明身分的生活給她帶來了很大壓力。更沒想到的是：不到一年，銀行卻來沒收別墅了，原來富人的貸款資不抵債。她想回頭去找以前的丈夫，可他已經有了一個新家。

這個女人的下場，非常值得我們深思。一味的追求物質生活，不知道滿足的人，終會為自己的貪婪付出代價。每個人都有自己的不幸，每個人也有自己的幸福。女人往往容易看到別人的幸福，並因此而心理失衡。其實，知足才能常樂，當一個女人珍惜她所擁有的生活時，她更容易得到幸福。

知足是人在深刻理解生活本質之後的明智選擇。俗話說：「猛獸易伏，人心難降；豁壑易填，人心難滿。」但生活所能提供的欲望滿足卻總是有限的。因此在人的現實生活中，「足」是相對的、暫時的，而「不足」則是絕對的、永恆的。足不足是物質性的，而知不知則是人性的。以人性駕馭物質性，便是知足；以物質性牽制人性，就是不知足。足不足在物，非人力所能勉強；知不知在我，非多少所能左右。不知足是本能的，仿佛騎士信馬由韁，毫不費力；相反的，知足是自覺的、頑強

第八章　擁有超然的心態，便始終握有處世的主動權

的、堅毅的和難能可貴的。當你步行在街道上看到一輛輛擦身而過的漂亮轎車時，當你身居斗室望著窗外一幢幢摩天大樓時，因羨慕、嫉妒而生起的不知足，無須吹灰之力便不招而至了。而要擺脫這些情緒的糾纏，今晚依然知足的臥床酣睡，明早照樣知足的擠公車上班，卻是很不容易的。可見，不知足者根本沒有資格嘲笑不凡的知足者。在嘲笑別人之餘，倒是應該想一想自己為物所役的淺薄、空虛和浮躁。正如程子所說：「人為外物所動者，只是淺。」

知足者當然不是無所希冀、無所追求。誰不愛吃山珍海味？誰不喜歡汽車洋房？但現實終歸是現實，傷感也無濟於事，在萬般無奈之時，唯一可以保持的是這份知足的快樂。

古人云：求名之心過盛必作偽，利欲之心過剩則偏執。面對名利之風漸盛的社會，面對物質壓迫精神的現狀，能夠做到視名利如糞土，視物質為贅物，在簡單、樸素中體驗心靈的豐盈、充實，並將自己始終置身於一種平和、自由的境界，這才是人上之人。

因此，在現代充滿了誘惑，什麼都需要選擇的社會中，更需要在選擇中學會捨棄。什麼都不願意捨棄的結果只能是失去更多。就如同一個窮人要想擺脫「窮」這個字眼，首先要做的就必須是捨棄欲望，唯有捨棄欲望的決心，才有機會可以累積財富，才能用錢去賺錢。

有一句俗語：「人生有捨必有得」。早在兩千年前，孟子就說過這樣的話：「魚，我所欲也，熊掌，亦我所欲也，二者不可得兼，捨魚取熊掌者也；生，我所欲也，義，亦我所欲也，二者不可得兼，捨生取義者也。」而這正是從取捨的角度，闡釋了「有捨才能有得」的道理。

當然，捨得捨得，並不是說要排斥對物質的追求，孔子曾說過：「富而可求也，雖執鞭之士，吾亦為之。如不可求，從吾所好。」（《論語‧述而》）按今天的話來解釋就是：財富如果可以求得的話，就是去做一

名手拿皮鞭的下等人，他也做。但是如果不可求的話，那他還是做他所願意做的事情好了。孔子這句話在今天真的很受用。因為他強調的不是對金錢的一味追求，而是有原則的，如果不違心不違道能求得那當然是再好不過的了，如果不能，那就做一些自己願意做的事情吧。這樣也就是說與其做一些用我的快樂為代價求得錢財的事情，還不如做一些自己的心裡感覺舒暢的事情。

仰望蒼穹，俯瞰今朝，試看那些已經抓到手的物質財富，他們所抓到的只是自己內心的欲望而已，而欲望的結局只是一攤冰冷的灰燼。所以說，捨棄多餘的欲望，支配欲望，捨棄欲望，捨棄浮華，刪繁從簡，這才是人生的一種處世大智慧。

拿得起，放得下

在這個大千世界裡，有的人活得輕鬆愉快，而有的人卻覺得沉重壓抑。究其原因，無非是前者能夠拿得起，放得下；而後者是拿得起，卻放不下。可想而知，肩上的負擔越來越重，怎麼會不感覺累呢？可偏偏有很多人寧願承受這種沉重，也不願放棄，他們也常常因為不願放棄而失去很多更珍貴的東西。也不能怪這些人太貪心，因為在實際生活中，的確是「拿得起」容易，「放得下」卻很難。

那何為「放得下」？所謂「放得下」是指心理狀態，就是遇到「千斤重擔壓心頭」時能把心理上的重壓卸掉，使之輕鬆自如。

年過八旬的吳階平教授，在談及精神養生時介紹的一條主要心得就是，「不把悲傷的事放在心上」。他認為「人生不如意的事十之八九」，總是要想得開，以理智克制感情。著名學者季羨林先生的養生心得是奉行「三不主義」，其中有一條就是「不計較」。這都體現了「放得下」的

第八章　擁有超然的心態，便始終握有處世的主動權

心理素養。

然而，在現實生活中，「放不下」的事情實在太多了。比如子女升學啦，家長的心就首先放不下；又比如老公升職或者加薪啦，老婆也會忐忑不安放不下心，怕男人有錢就變壞了；再比如遇到挫折、失落或者因說錯話、做錯事受到上司和同事指責，以及好心被人誤解而受到委屈，於是心裡總有個結解不開、放不下等等。總之有些朋友就是這也放不下那也放不下，想這想那，愁這愁那，心事不斷，愁腸百結。長此以往，勢必會產生心理疲勞，乃至發展為心理障礙。

生活並不是一帆風順的，很多時候我們需要學會放手，放手不代表對生活的失職，它也是人生中的契機。

這麼晚了，老公還沒回來，若是在以前，我肯定早就打他的手機，要他快點「歸巢」了。記得那是幾年前，他還沒有如今的地位，僅僅是一個普通的職員，腰間僅有一台呼叫器。那時候，為了打拼出一個好的前程，他忙得經常顧不上回家，而我，每天一到下班就呼叫要他回來，生怕他在外面學壞了。久而久之，他的同事都笑稱他帶的是一台「尋夫機」，弄得他很尷尬，回到家就朝我發火：「整天呼叫我，妳煩不煩啊？」

一聽到這話，我的委屈如潮水般湧上來：煩不煩──我當然煩了──正是因為關心你、愛你、害怕失去你，我才這樣頻頻保持與你的聯繫……久而久之，我們的感情便日漸疏遠。

後來有一天，很晚了他還沒有回來，我百無聊賴的倚在床頭看書。忽然，一篇文章深深的吸引住了我的目光──《放開他，並不等於失去他》。好奇心促使我讀下去──有一個女孩，她很愛自己的戀人，和我一樣，生怕失去對方，因此就無時無刻不監視著他，弄得他心煩意亂，提出要她分手，這使她很傷心。她母親是一個很有哲學家氣質的人，聽

女兒訴說了自己煩惱後，帶她到了海邊，捧起了一捧沙子對女兒說：「孩子，你看，我輕輕的捧著它們，它們會漏掉嗎？」女兒看了一會兒，一粒沙子也沒有從母親手中滑落，就搖了搖頭。接著，母親說：「我再用力抓緊它們，你看會漏掉嗎？」說完，就用力去握沙子，奇怪的是，她握得越緊，沙子從指縫裡漏得越多、越快，不一會兒，所有的沙子就都從母親的手中漏光了。這時，女兒忽然明白了「愛情和沙子一樣，握得越緊，就越容易失去。」

讀到這裡，我的心頭豁然一亮：是啊，為什麼一定要像握沙子一樣握緊他呢？作為男人，他有自己的事業，有自己的天空，為什麼不放開他，給他一定的自由呢？

從此，我改變了很多，不再老是追根究底的查他的去向，他對我的態度也因此有了明顯的改善。

正沉浸在往事裡想得入神，外面傳來了鑰匙開門的聲音。我打開門，他一下愣住了：「這麼晚了，妳還沒睡？」

我俏皮的回答：「你還沒回來，我哪能睡著呢？」

他「噢」了一聲先進了屋，過了一會兒，他問我：「妳為什麼不罵我一頓？」

「為什麼要罵你一頓？」我反問。

他沉默了。

天亮前，他搖醒沉睡的我，說：「小玲，我不得不告訴妳，妳感動了我——本來，我是打算跟妳離婚的，因為以前的妳使我無法忍受。每天我回來這麼晚，就是為了激妳發火，讓妳和我大吵大鬧，這樣，我就可以下狠心離開妳。可是，妳卻以妳無限的寬容使我認識到自己的渺小與卑鄙——明天，我就離開那個妳不知道的『她』……」

望著他沉痛懺悔的表情，我忽然明白：放開他，我真的沒有失去他。

第八章　擁有超然的心態，便始終握有處世的主動權

把手握緊裡面什麼也沒有，把手放開，你得到的是一切！這就是緊握與放手之間的奧妙。引用一句古人的話：「寵辱不驚，看庭前花開花落；去留無意，望天上雲捲雲舒。」讓我們一起來學會「放得下」，以此來增強我們心理彈性，體會「放得下」的快樂。

生命要懂得感恩

人類自古就懂得「受人滴水之恩，必當湧泉相報」的道理，也一直把「知恩圖報」作為立身處世的最基本原則之一。

但是，隨著物質文明越來越發達，人們的思想正在發生著翻天覆地的變化。許多人只注重個人利益，在他們心中金錢就是上帝，「占便宜」是最基本的生活原則，而「情」和「義」根本不值一提，完全被他們拋置腦後，就算體驗到了別人給予的恩典所帶來的實惠，對恩人也毫無感激之情。

在現實生活中，一個人透過辛勤工作和艱苦努力雖能出色的完成某項任務，但在一個人的整個人生歷程中，接受來自別人的幫助仍然是很重要的。受助和施助看起來有些矛盾，但適當依賴別人也是十分必要的。一個優秀而謙虛的人往往樂於承認和接受別人的幫助，並心存感激。只有對別人感激，你才會珍惜，才有前進的動力。一個人如果失去了感恩之心，那麼他的情感就是殘缺的。

回頭想想往事，你曾經多少次受過別人的幫助。你如果是名職員，那麼就是老闆為你提供了施展才華的平台；你如果是個學生，那麼你所得到的知識和所引用的資訊都是老師所傳授的；你一定是父母的孩子，那麼你所掌握的那些為人處世之道，有大半都是他們教給你的……因此，我們應該懂得感恩。

生命要懂得感恩

兩個行走在沙漠的旅人，已行走多日，在他們口渴難忍的時候，碰見一個趕駱駝的老人，老人給了他們每人半碗水。兩個人面對同樣的半碗水，一個抱怨水太少，不足以消解他身體的飢渴，抱怨之下竟將半碗水潑掉了；另一個也知道這半碗水不能完全解除身體的飢渴，但他卻擁有一種發自心底的感恩，並且懷著這份感恩的心情，喝下了這半碗水。結果，前者因為拒絕這半碗水死在沙漠之中，後者因為喝了這半碗水，終於走出了沙漠。

這個故事告訴人們，對生活懷有一顆感恩之心的人，即使遇上再大的災難，也能熬過去。感恩者遇上禍，禍也能變成福，而那些常常抱怨生活的人，即使遇上了福，福也會變成禍。

中國有句古話：「滴水之恩，當湧泉相報。」意思是說，別人給你一點點幫助，你要牢記在心，加倍的回報。

懂得感恩的人，被人們稱為「有良心的人」；「只知索取，不知回報」，常被人瞧不起，被斥為「沒有良心」！不懂得感恩的人是對人冷漠的人，是不懂人情世故的人，不論他多麼會微笑、能說會道，人們都會疏遠他。懂得感恩的人則不同，在他人的眼裡，他們顯得那麼善良美好，他們對人有更多的愛，他們更加關注別人——這樣的人，當然也會得到別人的喜歡。

常常有人會這樣說：「老師授課，他得到了薪水，這是他的職責，沒什麼好感恩的。」、「我看病交掛號費了，還要什麼感恩。」、「兩個朋友互相幫助了，好處對等，就不用互相感恩了，那樣太虛偽了」等等。這些人錯誤的把人與人之間的關係變成了商品交換關係。當他們這樣想時，他們就會很自然的這樣對待別人，於是別人也自然會這樣對待他，世界就因此而變得陰森、冷漠。老師教課不僅在掙錢，他對學生還有思想和感情的交流；醫生治病時，更會有對病人的關心，人們對此應該感

第八章　擁有超然的心態，便始終握有處世的主動權

恩。朋友幫助你時，也許有他自己的目的，但是他在幫助你，你就應該感恩，這才是朋友。

在生活中，每個人都難免有點以自我為中心，因此有些人會想：我記住別人的好處，不記他們的壞處，這不是吃虧了嗎？實際上，你並不吃虧。因為當你想到別人的好處時，你的心情是愉快的；當你想起別人的壞處時，你內心是氣憤的，不愉快的。

一個聾啞小女孩與媽媽相依為命。每天晚上六點的時候，媽媽會準時回家，給她帶一些好吃的。可是這天外面下起了大雨，到晚上六點了，媽媽還沒回來。小女孩不禁為媽媽擔心起來，是不是雨太大了？媽媽走得太慢了，還是……小女孩不敢想了，她在心裡一遍一遍的祈禱。她等呀等，一直等到了九點，媽媽還沒有回來，她便決定自己出去找媽媽。她在雨裡走呀走，走到了馬路的拐彎處，看見媽媽躺在地上，手裡還拿著小女孩最愛吃的年糕。小女孩哭著跑到媽媽身邊，她想媽媽一定是累壞了，便坐下來，把媽媽的頭放在了自己的腿上，她要讓媽媽好好睡一覺。可是，當小女孩看見媽媽並沒有合上眼睛，她忽然意識到，媽媽已經永遠離開了她。然後，她站起來，用手語在雨中一遍一遍的唱著那首《感恩的心》。淚水和雨水混合在了一起，從她小小的卻寫滿堅強的臉上滑過。「我來自偶然，像一顆塵土，有誰看出我的脆弱；我來自何方，我情歸何處，誰在下一刻呼喚我；天地雖寬這條路卻難走，我看遍這人間坎坷辛苦；我還有多少愛，我還有多少淚，要蒼天知道我不認輸。感恩的心，感恩有妳，伴我一生，讓我有勇氣做我自己；感恩的心，感恩有妳，花開花落，我一樣會珍惜。」

看過之後，你的心被感動了嗎？我們應該感恩的活在這個世上，感恩於父母給予我們的愛，感恩於這個世上有那麼多的人對我們的關心。因為有了他們的存在而使我們不再孤單、不再無助，才會有快樂常在身

邊伴隨。這種愛心需要我們不斷的傳遞下去，我們也同樣應該付出自己的關懷和愛心去給予別人，讓每一個人都能懷著一顆感恩的心生活在這個世上。

感恩不但是一種禮節，更是一個人具有涵養的基本表現。因而，感恩與溜鬚拍馬不同，感恩是自然的情感流露，是不求回報的。對於個人來說，感恩是富裕的人生。它是一種深刻的感受，能夠增強個人的魅力，開啟神奇的力量之門，發掘出無窮的智慧。感恩也是幸福生活的原動力。因此，每個人要學會用一顆感恩的心對待生活中的點點滴滴。

那麼，我們怎麼樣才能培養感恩的心態呢？

(一) 懂得感恩

現實生活中有很多人，他們這也看不慣，那也不如意，怨氣沖天，滿腹牢騷，總覺得別人欠他的，社會欠他的，從來感覺不到別人和社會對他的生活所做的一切。他們就好像生活在土裡的蚯蚓，即使有一天鑽出土壤層，也感受不到陽光的明媚，因為它們身體缺少感光細胞。一位哲人說，世界上最大的悲劇和不幸就是一個人大言不慚的說：「從沒人給過我任何東西。」

我們每個人都明白自然界中生物鏈的道理，生命的整體是相互依存的，任何生物都不可能不依賴於別的生物而獨立存在。無論是父母的養育，師長的教誨，配偶的關愛，他人的服務，大自然的賜予……人自從有了自己的生命起，便沉浸在恩惠的海洋裡。一個人真正明白了這個道理，就會感恩於大自然的福佑，感恩於父母的養育，感恩於他人的幫助，感恩於社會的繁榮，感恩於食物之香甜，感恩於衣裳之溫暖，感恩於藍天白雲的賞心悅目，感恩於苦難逆境的磨煉。那麼他的一生就會是快樂的。

第八章　擁有超然的心態，便始終握有處世的主動權

（二）學會「施與受」

想要獲得幸福快樂，你必須學會「施與受」的藝術，因為這正是維持生活所必須的血液。一個人若只接受他人的恩惠與施捨，必然永遠不會快樂。如果一個人的一生只是像一條鯊魚那樣追逐金錢不放，或是像隻被寵壞的小狗那樣接受其他人贈送的禮物──那他們都不會感到幸福快樂的。

當一個人在從他豐富的幸福倉庫中拿出一部分幸福送給別人時，他會感到更加幸福。因為他將憂愁變成喜悅，把恨變成愛。在他眼中的世界永遠是美好的，人永遠是幸福的。

當一個人幫助他人時，其實就是在幫助他自己。他會覺得與他人之間有一種親密的感覺。他會覺得自己是個對世界和社會很有貢獻的有用之人。此外，接受他幫助的人一定會對他十分感激。在這個由人所組成的社會中，他會感覺更舒服、更幸福。

（三）做一個知足者

幸福是一種感覺，一個人只有當他自己覺得幸福的時候，那才會真正的擁有幸福；相反他自己若不覺得幸福，那麼他永遠都不會懂得真正的幸福之所在。獲得幸福感，知足是一種最為廉價的方式。

一個貪得無厭的人，即使擁有再多的財富、再高的地位，也總是不滿足，總是沒有幸福感；而知足者，卻能在極為簡單的物質條件下，得到滿足和快樂。

學會感恩，讓感恩之情來滋潤我們的生命，這樣，你就會在簡單的生活中，依然能找到快樂。

第九章
學會與各種人相處

　　我們在社交場上總會遇到各種各樣怪脾氣的人,如何摸透各人的秉性,採取恰當的方式與其相處,是一門高深的學問。因此說,學會與各種人交往,是社交活動中應該掌握的最重要的技能之一。因為它不僅有助於你身價的提高,還有助於你跨越那些難以與人相處的種種障礙,也有利於你構建更加豐富充實的朋友圈,分享更多人際交往的快樂。

第九章　學會與各種人相處

如何與陌生人相處

　　雖然每個人都有自己熟悉的朋友圈，但是與陌生人打交道也是家常便飯。畢竟陌生人不比朋友，與之接觸難免有拘謹感，這裡教你如何消除與陌生人的陌生感，拉近彼此的距離，讓你與陌生人輕鬆相處。

　　想要讓陌生人不再陌生，建議你先考慮一個問題，為什麼你跟老朋友談話不會感到困難？很簡單，因為你們相當熟悉。相互瞭解的人在一起，就會感到自然協調。而你對陌生人卻一無所知，特別是進入了充滿陌生人的群體，有些人甚至懷有不自在和恐懼的心理。因此，若你要設法把陌生人變成朋友，首先要在心目中建立一種樂於與人交朋友的願望，心理有這種需求，才能有所行動。

　　下面，以到一個陌生人家裡去拜會為例。

　　如果有條件的話，首先應當對要拜會的客人做些瞭解。探知對方的一些情況，關於他的職業，興趣，性格等。

　　當你走進陌生人住所時，你可以憑藉你的觀察力，看看牆上掛的是什麼？國畫、攝影作品、樂器……等等都可以推斷主人的興趣所在，甚至室內某些物品會勾起一段故事。如果你把它當做一個線索，不就可以由淺入深的瞭解主人心靈的某個側面嗎？當你抓到一些線索後，就不難找到開場白。

　　如果你不是要見一個陌生人，而是參加一個充滿陌生人的聚會，觀察也是必不可少的。你不妨先坐在一旁，耳聽眼看，根據所瞭解的情況，決定你可以接近的對象，一旦選定，不妨走上前去向他進行自我介紹，特別是對於那些與你一樣，在聚會中沒有熟人的陌生者，你的主動行為是會受到歡迎的。

　　應該注意的是，有些人你雖然不喜歡，但必須學會與他們談話。當

如何與陌生人相處

然,人都有以自我興趣為中心的習慣,如果你對自己不感興趣的人不看一眼,甚至一句話都不說,恐怕也不是一件好事。你可能被人認作是驕傲,甚至有些人會把這種冷落當成侮辱,從而產生隔閡。和自己不喜歡的人談話時,第一要有禮貌;第二不要接觸有關雙方私人的事,這是為了使雙方自然的保持適當的距離,一旦你願意和他結交,就要一步一步設法縮小這種距離,使雙方容易變得接近。

在你決定和某個陌生人談話時,不妨先介紹自己,給對方一個接近你的線索,你不一定先介紹自己的姓名,因為這樣人家可能會感到唐突。不妨先說說自己的工作,也可以問問對方的公司。一般情況下,你先說說自己的情況,人家也會相應的告訴你有關他的情況。

接下來,你可以問一些有關他本人的而又不屬於祕密的問題。對方有一定年紀的,你可以向他問子女在哪裡讀書,也可以問問對方公司一般的業務情況。對方談了之後,你也應該順便談談自己的相應情況,才能達到交流的目的。

和陌生人談話,要比對老朋友更加留心對方的談話,因為你對他所知有限,更應當重視已經得到的任何線索。此外,他的聲調、眼神和回答問題的方式,都可以觀察一下,以決定下一步是否能更深的發展。

有人認為見面談天氣是無聊的事。其實,這要具體問題具體分析。如果一個人說:「這幾天的雨下得真好,否則田裡的稻苗要枯死了。」而另一個則說:「這幾天的雨下得真糟,我們的旅行計劃全給泡湯了。」你不是也可以從這兩句話中分析出兩人的興趣、性格嗎?退一步說,光是敷衍性的話,在熟人中意義不大,但對於陌生人的交際還是有作用的。

如果遇到那種比你更羞怯的人,你更應該跟他先談些無關緊要的事,讓他心情放鬆,以激起他談話的興趣。和陌生人談話的開場白結束之後,特別要注意話題的選擇,那些容易引起爭論的問題,要盡量避

第九章　學會與各種人相處

免，因此當你選擇某種話題時，要特別留心對方的眼神和小動作，一發現對方厭倦、冷淡的情緒時，應該立即轉換話題。

與人聚會時，常常會碰到請教姓名的事，「請問你尊姓大名？」你要牢牢記住對方的姓名，當對方說出姓名之後，你應該立即用這個名字來稱呼他，當你碰到一個可能已經忘記了的人，你可以表示抱歉，「對不起，不知怎麼稱呼您？」也可以說半句「您是──」、「我們好像──」，意思是想請對方主動補充回答，如果對方老練的話他會自然的把話接下去。

看，和陌生人相處就這麼簡單！

此外，如果你能掌握如下技巧和方法，就會讓陌生人更加親近自己：

(一) 平易近人，輕鬆自如

和別人打交道時，不要讓人過於緊張。有的人很難接近，很難與他打交道。而一個平易近人的人就很好相處，而且言談舉止都很自然。他會營造一種舒適、愉快、友好的氛圍，和他在一起，絕不會讓自己陷入尷尬。一個表情僵硬、冷漠、毫無反應的人，是難以融入團體之中的，別人不知道該如何和他打交道，也難以揣摩他的內心世界，和這樣冷僻的人打交道，確實不是一件容易的事情。

(二) 體貼他人，替他人著想

一個體貼別人，會設身處地為別人著想的人，是自由的，受人喜愛的。據說，莎士比亞就具有善解人意的神奇能力。在和人交往的過程中，他就像一條「變色龍」，能根據交往對象的不同特點，隨著時間、地點的變化，進行應變。文學批評家威廉・哈茲里特指出：「莎士比亞完全不具有自我，他除了不是莎士比亞之外，可以是其他任何人，或是

任何別人希望他成為的人。他不僅具備每一種才能以及每一種感覺的幼芽，而且他能借著每一次的命運轉換，或每一次的情感衝突，或每一次的思想轉變，本能的預料到他們會向何方生長，而他就能隨著這些幼芽延伸到所有可以想像得出的枝節。」

（三）真誠正直、具有愛心

某個大學的心理學系對那些受人喜愛的和不受人喜愛的一百個個性特徵的人作了科學分析，並指出：一個人想要贏得別人的喜好就必須具備四十六個引起人們好感的個性特徵。也就是說，要想為大眾所接受就必須具備許多的優秀品格。意識到這一點，或許會讓人感到多少有些困難，但起碼必須具備一個最基本的品格——這就是要忠誠正直和具有愛心。事實上，只要你具備了這一個基本品格，其他的各種品質也就自然而然的具備了。

（四）保持理智、尊重他人

尊重別人，別人也會尊重自己；親近別人，別人也會親近自己。讓別人親近自己，實際上就是自己親近別人的表現。美國著名學者威爾·羅傑斯曾經說過一句很有名的話：「我從沒遇到一個我不喜歡的人。」這句話或許有一點誇張，但我相信，這對威爾·羅傑斯來說並不為過。這是他對人們的感覺，正因為如此，人們也都對他敞開心懷，就像花兒對太陽敞開心懷一樣。

不可否認的，有時人們也會因為彼此意見不同而疏遠對方，這是很自然的事。有的人生性就比別人更惹人喜愛。但是，我們應該認識到，每一個人確實都有他值得尊重、甚至可愛的品性。

第九章　學會與各種人相處

如何與親戚相處

　　親人是一種由血緣關係組成的特殊群體，這種特殊關係決定了彼此之間聯繫的親密性、往來的可靠性。

　　回想一下人生經歷，不難發現，每當我們遇到困難時，幾乎都想找親人和其他的親戚幫忙，而對方也大都願意伸出熱情的援助之手。

　　在辦事的時候，親戚關係能起道很大的作用。可以說，善用親情是辦成事最有效的方法。但是在求親戚幫忙的時候，一定要注意，即使關係再密切也需要用真誠打動對方，只有這樣才能使親情充分發揮作用，切不可虛假煽情，弄不好會適得其反。

　　現代著名詩人徐志摩曾經用這種方法拜了一位德高望重的學者為師。

　　徐志摩自幼聰明過人，並且對語言及文學產生了濃厚的興趣。但直到十五歲時，他在這方面的進步也不大，主要原因是缺少一位名師來指點，因此徐志摩迫切希望有一位學識淵博的老師來教導他。當他聽說有一位叫梁子恩的人在這方面很有造詣時，就很想投入其門下去學習文學方面的知識，卻苦於沒有認識的人從中引薦。無巧不成書，剛好徐志摩的表舅與梁子恩是昔日的同窗好友。所以，他就想讓這位表舅替他引薦梁子恩。

　　但見到這位表舅之後，徐志摩卻碰到了麻煩，因為表舅很希望他去學習醫術，他不希望自己的外甥去學這些「無聊」的東西，他認為這些風月詩詞之類，只能是閒時消遣之物罷了，派不上大用場。在徐志摩與表舅交談中，他充分表達了自己對學習語言文學的迫切渴望和對文學的追求。他那堅定而又略帶哀婉的語氣，以及對長輩的謙恭之情，深深打動了表舅，使表舅覺得這個外甥在這方面確實是個可造之材，最終答應

如何與親戚相處

了徐志摩的請求，並親自帶他去拜訪梁子恩，讓他拜在梁子恩的門下。梁子恩也很樂意的收下了徐志摩這名學生。

從此，在梁子恩的輔導下，再加上自身努力，徐志摩在詩詞上突飛猛進，最終成為一位著名的詩人。

可見，親戚之間的相處，也是要透過一定的技巧的。

此外，還要根據親戚的類型特點，採取針對性的相處方法：

（一）教育專家型

一般來說，這種類型的親戚，自己大字不識幾個，卻一碰到你就問學業、問薪水，一聽完就說你這個學不好，那個成績差，所以找不到工作，就算找到工作也混不下去等等。面對這種類型的親戚，你首先要感謝他們的高標準和嚴格要求。問你工作、薪水，那說明他們關心你，希望你能過得好一些。他們很希望你也能一個月拿個十萬甚至更多，這樣他們也覺得很有面子。

（二）攀比狂魔型

這種類型的親戚，往往都是笑裡藏刀，話中帶刺的。人前人後一點不想吃虧，自己家的所有東西都比別人好，就盼著別人比自己過的差，這樣，他們才會更開心。

面對這種類型的親戚，你要知道，他們之所以這樣的鄙視你只是為了發洩自己的情緒，這樣能使他們自己好過一點。所以，當你能確定他們的這種態度只是一種發洩，那麼你再說一些表示憤怒的話，無異於雪上加霜。他們會更無休止的貶低你、鄙視你。因此，最好的辦法就是心平氣和的說：「謝謝您這麼坦白，我確實什麼都不如你們家的。」然後就隨他去吧，你也不會損失什麼，他也不會得到什麼。

第九章　學會與各種人相處

(三) 搜刮民脂民膏型

這類親戚往往都有點小家子氣，見便宜就撿，見好處就拿，屬於臉皮超厚的那種。在和這種親戚相處時，要掌握距離與頻率。也就是說，你可以和他們保持一定的距離，平時不要走得特別近，一般就可以了；其次，頻率就是在日常交往中，保持一個最適合的見面次數，不管是每週一次，每月一次，還是每年一次，只要你和你的親戚們都覺得合適就可以了。

如何與朋友相處

不管什麼人，自己要在社會中生存，就必須靠朋友幫忙，雖然有的朋友也不見得能幫你什麼忙，甚至還會拖累你，但沒有朋友卻會無路可走。尤其當今所處經濟時代，資訊的重要性更是非同一般，一個朋友有意無意的一句話，就可能蘊藏著巨大商機。所以，廣交朋友不僅會帶來精神的慰藉，更是無數機會的泉源。

但朋友太多也會帶來煩惱。怎麼樣消除這些煩惱呢？這就要求我們交朋友時，要保持交友的彈性。

有個地方官員，朋友無數，三教九流都有。他也曾向人誇耀，說他朋友之多，天下第一。

我是他的鄰居，當然也是它的朋友之一，我曾問他：「朋友這麼多，你都同等對待嗎？」

他沉思了一下，對我說：「當然不可以同等對待，要分等級的。」

他說他交朋友都是誠心的，不會利用朋友，也不會欺騙朋友，但別人來和他做朋友卻不一定是誠心的。在他的朋友中，真摯誠懇的朋友固然很多，但想從他身上獲取一點利益，心存它意的朋友也不少。

如何與朋友相處

「對心有壞意,不夠誠懇的朋友,我總不能也對他推心置腹吧,那只會害了自己呀!」

所以,在不得罪朋友的情況下,他把朋友分了「等級」:「刎頸之交」、「推心置腹」、「可商大事」、「酒肉朋友」、「點頭哈哈」、「保持距離」等等。

他就根據這些等級來決定和對方來往的密切度和自己打開心窗的程度。

他曾說:「我過去就是因為把人人都當成是好朋友,受到了不少傷害,包括物質上和心靈上的傷害,所以今天才會把朋友分等級」。

把朋友分等級聽來似乎無情,但聽了那位官員的話,我覺得分等級的確有其必要 —— 為了保護自己免受別人的傷害。

要把朋友分等級其實不容易,因為人都有主觀好惡,因此有時會把一片赤忱的人當成一肚子壞水的人,也會把兇狠的狼看成友善的狗,甚至在旁人點醒時還不能發現自己的錯誤,非得等到被害了才大夢初醒。所以,要十分客觀的將朋友分等級十分難,但面對複雜的人性,你又不得不把朋友分等級。心理上有分等級的準備,交朋友就會比較冷靜客觀,可把傷害程度降到最低。

要把朋友分等級列親疏,對感情豐富的人可能會比較難,因為這種人往往在對方尚未把你當朋友時,就已投入感情。而且把朋友分等級,他會覺得有罪惡感。

不過,任何事情都要經過學習,慢慢培養成習慣,等到了一定年紀,自然熱情冷卻,不用人提醒,也會把朋友分等級了。

分等級列親疏,可像前述那位官員那樣分,也可簡單的分為「可深交級」及「不可深交級」。

可深交的,你可以和他分享你的一切;不可深交的,維持基本的禮

第九章　學會與各種人相處

貌就可以了。這就好比客人來到你家，真正的客人請進客廳，推銷員之類的在門口應付應付就行了。

另外，也要根據對方的特性，調整和他們交往的方式。但有一個前提必須記住，不管對方智慧多高或多有錢，一定要是個「好人」才可深交，也就是說，對方和你做朋友的動機必須是純正的。不過，人常被對方的身分和背景所眩暈，結果把壞人當好人，這是很多人所無法避免的。

如果你目前平平淡淡或不得志，那麼不必太急於把朋友分等級，因為你這時的朋友不會太多，能維持感情的朋友也應該不會太差。但當你有成就了，有權和錢時，那時的朋友就非分等級不可了，因為這時的朋友有很多是另有所圖。

孔子以言取人，失之宰予；以言取人，失之子羽。何況我們這些凡夫俗子呢？所以，要十分客觀的將朋友分等級是十分難的，但面對複雜的人性，你非得勉強自己把朋友分等級不可。

如何與上司相處

職場的其中一條天規是：任何時候都要記得讓自己的上司有台階下，否則，輕則讓自己和上司的關係惡化，重則會堵死自己前進的道路。

有這樣一個例子：劉傑在報社工作，不久前升為主任，由於他資歷比其他同仁淺，能力看起來也不是很突出，因此他的上任讓一些「老人」頗為吃驚。有一次他召開會議，一位同事按捺不住，當眾批評劉傑「能力不足」、「領導無方」、「沒資格當主任」。劉傑也不是省油的燈，不動聲色的聽完這位同事的批評，臉不紅、氣不喘的站起來說：「我能力

是不怎麼強,既然你比我行,那這個位置讓你來坐好了。」

那位同事啞口無言,匆忙離開會議。

其時,在這場舌戰中,最可能受到損失的是作為下屬批評上司的那位同事。

雖然那天深夜,那位同事打電話向劉傑道歉,劉傑也寬宏大量,不予計較。可是事情真的能像沒有發生過一樣嗎?不可能。

上司可以採用各種各樣的方法讓你坐立難安,比如:挑撥你和同仁之間的感情,造成你的孤立;給你不好的考核,考核不好,升職加薪你還有希望嗎?……總之,辦法是很多的,只看他願不願意做。如果你想打小報告,除非和你有利益關係,否則按常理,上司還是會支持其主管的,官官相護嘛,除非他有把柄落在你手裡。

所以,連一般同事之間的相處都應注意分寸,不能無所顧忌,更何況是和上司相處,更應萬分小心,給上司台階下。因此,平時和上司說話交談、彙報工作的時候,都要多加小心。

戰國時期,趙太后剛剛執政,秦國猛烈進攻趙國。趙國向齊國求救。齊國說:「必須用長安君作為人質,才出兵。」趙太后非常疼愛這個小兒子,因此,堅絕不同意。情況岌岌可危,大臣極力勸諫。可依然一點用處也沒有,太后還明確的告訴左右:「有再說讓長安君做人質的,我一定朝他的臉吐唾沫。」

左師觸龍說希望謁見太后。太后知道他也是來勸說自己的,因此怒容滿面的等待他。觸龍進來後慢步走向太后,到了跟前請罪道:「老臣腳有病,已經喪失了快跑的能力,好久沒能來謁見了,可是怕太后玉體偶有欠安,所以很想來看看太后。」

太后說:「我的行動也是全靠手推車。」

觸龍說:「每天的飲食該不會減少了吧?」

第九章　學會與各種人相處

　　太后說：「就靠喝點粥罷了。」

　　觸龍說：「老臣現在胃口很不好，就自己堅持著步行，每天走三道四公里，稍為增進一點食慾，對身體也能有所調劑。」

　　太后說：「我老婆子可做不到。」

　　這一番家常話之後，太后見觸龍並未提及讓長安君做人質的事，臉色和緩了許多。

　　觸龍見狀，趁機進言說：「老臣有一個兒子舒祺，年紀最小，不成才。可老臣卻十分喜歡他，現在臣老了，希望能讓他到侍衛隊裡來保衛王宮，為國家盡一份力，所以冒著死罪來稟告您。」

　　太后聽後，問道：「今年多大了？」

　　回答說：「十五歲了。雖然還小，希望在老臣沒死的時候先拜託給太后，這樣臣也就放心了。」

　　太后見此，說：「做父親的也愛憐他的小兒子嗎？」

　　觸龍回答說：「比做母親的更愛。」

　　太后聽觸龍如此說，心裡更是喜歡。說道：「我也特別喜愛小兒子。」

　　聞聽此言，觸龍見時機成熟，就說道：「依老臣個人的看法，太后您愛您的女兒燕后，要勝過長安君。」

　　太后說：「您錯了，比不上對長安君愛得深。」

　　觸龍說：「父母愛子女，就要為他們考慮得深遠一點。太后送燕后出嫁的時候，抱著她的腳為她哭泣，是想到可憐她要遠去，也是夠傷心的了。送走以後，並不是不想念她，每逢祭祀一定為她祈禱，祈禱說：『一定別讓她回來啊！』難道不是從長遠考慮，希望她有了子孫可以代代相繼在燕國為王嗎？」

　　太后說：「是這樣沒錯。」

如何與上司相處

觸龍說:「從現在往上數三世,到趙氏建立趙國的時候,趙國君主的子孫凡被封侯的,他們的後代還有能繼承爵位的嗎?」

太后說:「沒有。」

觸龍說:「不只是趙國,其他諸侯國的子孫有嗎?」

太后說:「我沒聽說過。」

觸龍說:「這是因為他們不好嗎,不優秀嗎?不是。而是因為地位高人一等卻沒什麼功績,俸祿特別優厚卻未曾有所操勞,但金玉珠寶卻擁有很多。現在太后給長安君以高位,把富裕肥沃的地方封給他,又賜予他大量珍寶,卻不曾想到現在要使他為國家做出功績。有朝一日太后百年了,長安君在趙國憑什麼使自己安身立足呢?所以老臣認為太后愛長安君不如愛燕后。」

這一番入情入理的分析,徹底打動了趙太后,說:「任憑你派遣他到什麼地方去。」

於是為長安君套馬備車一百乘,到齊國去作人質,於是齊國就出兵了,不久就解除了趙國的危難。

可見,與上司相處,要懂得什麼時候說什麼話;說了,還要為自己說過的話負責。有一些話說出來會令上司不快,所以,平時和上司相處,一定要注意自己的言行,怎麼樣說話、哪些該說哪些不該說一定要分清楚。

以下幾點禁忌在與上司談話時一定要注意:

(一) 忌說:「您辛苦了!」

「你辛苦了」這句話,本來應該是上司對於下屬表示慰問和犒賞時說的。如今反過來由下屬對上司說,這樣的話語可能產生負面的效應。

第九章　學會與各種人相處

（二）忌說：「您的做法真讓我感動！」

事實上，「感動」一詞是上司對下屬的用法，例如說：「你工作認真負責，不怕耽誤自己的事，我很感動！」而下屬對上司這樣用語是不恰當的，尊重上司，應該說「佩服」。例如說：「馬總，我們都很佩服您的果斷！」這樣比較恰當。

（三）忌說：「隨便，都可以！」

上司會認為這個年輕人冷漠，不懂禮節。對說這句話的人，自然就被看低了。

（四）忌說：「這事您不知道」或「那事我知道」

「這件事您不知道！」、「這事您不懂！」這樣的話會傷害上司的自尊，是對上司的不敬。

（五）忌說：「太晚了！」

這句話的意思是嫌棄上司的動作太慢，以致於要誤事了。在上司聽來，肯定有「為什麼不快點」的責備意味，想必不可能高高興興的接受。

（六）忌說：「我想這事很難辦！」

上司分配工作任務下來，而下屬卻說：「不好辦」、「很困難」，這樣說會直接的讓上司下不了台。一方面顯示自己在推卸責任，另一方面也顯得上司沒遠見，讓上司面子上過不去。

（七）忌過度客氣

和上司說話應該小心謹慎，顧全大局。但顧慮過多則反而不足取，容易遭人誤解。在工作場合中如果過於客氣，顧慮太多，反而會誤事，招致誤解。因此，應該善於察言觀色，以落落大方的態度去應對。要克服膽小怕事的心態，越是謹慎小心，反而越容易出錯，更容易被上司誤認為你沒有魄力，謹小慎微，不值得重用。

(八) 如何補救不小心說錯的話

在上司面前說錯了話，一旦察覺到了，應該馬上打住，緊接著向上司表示道歉。不要因害怕而迴避，應面對事實，盡量避免傷害對方的人格和面子，必要時可以再說明，而不必要的辯解只會越辯越糟，要注意措辭是否恰當。

此外，要搞定你的上司，還要搞清楚你的上司是哪種類型的人。上司的類型大體可以分為五種：

(一) 老虎型上司

經常打斷你，跟你搶話說；經常匆匆忙忙，有許多事情要做；有時會顯得無禮；單向溝通為主；把自己的意見表達為毋庸置疑的事實；可能較為直率，想什麼說什麼；不受約束，喜歡打破常規等等。由於他們是改革家、冒險家和點子專家，特別注重結果，所以應對的最佳對策是「誘之以利」。具體的應對要點：一要擺脫「恐懼感」；二要高度追求結果；三要有一定的冒險精神。

(二) 孔雀型上司

興奮、坦率，友善；善於統一你的看法；強調問題和事物的積極面；不願談及傷感的問題；以推銷和鼓動方式進行溝通，樂於交談和交友，很容易和他人打成一片等等。由於他們是演員，愛表現、愛講話、愛出風頭，特別注重名氣，最佳對策是「誘之以名」。具體的應對要點是：一不要搶他們的風頭；二是他們的「肺腑之言」別當真；三是該開口時就開口。

(三) 無尾熊型上司

謹慎行事；點頭傾聽；被詢問時才回答；講話平靜而有條理；喜歡談論自己熟悉的事物；喜歡單獨交談，而不是對眾人發言等等。由於

第九章　學會與各種人相處

他們很謹慎、有條理、腳踏實地，特別注重感情，最佳對策是「動之以情」。具體的應對要點：一要把真誠作為第一要旨；二是進取心強會有更大的發展空間；三是對酬勞和晉升，你別不好意思，要主動向他提。

（四）貓頭鷹型上司

做事井井有條；注意細節；喜歡書面溝通；不輕易表達相反的觀點；關注操作細節；可能抓不住關鍵；不發號施令，依規矩辦事等等。由於他們追求完美、邏輯性強、循規蹈矩，特別注重理性，最佳對策是「曉之以理」。具體的應對要點：一是必須兢兢業業，該加班時就加班，不要出錯；二是勝在執行；三是做到遵規守法，注重細節。

（五）「變色龍」型上司

兼具幾種特徵，中庸而不執著，韌性強，十分圓滑，很難對付，具體的應對要點：一是不妨韜光養晦一點，二是與他保持同步，三是堅定目標，做事謹慎，此類上司也是可以搞定的。

總之，搞定上司的主動權實際上在你手中，首先要有充分的自信心、自控力，然後施展有效的方式和手段，不必跟在上司的後面亦步亦趨，他刻薄你不必刻薄，他抱怨你不必牢騷滿腹，他拿不定主意你必須果斷，他偏聽偏信你不要搖擺不定，你的眼光應該越過他們，盯住更美妙的前方。這樣，當你成為上司的上司時，你就會比他們取得更大的成功。

如何與同事相處

作為上班族，每天和你在一起時間最長的人是誰？不是你的親人，也不是你的朋友，而是你的同事！他和你在辦公室面對面、肩並肩，一起工作、一起吃喝、一起娛樂。但當我們有了「私人空間」的概念之

如何與同事相處

後，我們同樣不能忽視合理的社交空間和公共空間。辦公室裡的社交距離如何把握，並不是那麼簡單的事。同在一個公司，或者就是同在一個辦公室，打好同事關係是非常重要的。關係融洽，心情就舒暢，這不但利於做好工作，也有利於自己的身心健康。倘若關係不和，甚至有點緊張，那工作起來就沒滋沒味了。

徐文麗曾經在一家廣告公司當客戶主任，組內共有六名下屬。起初，她與其他組的同事和同級職員的關係良好，有說有笑，但當她漸漸融入這個公司時，便發覺這裡的辦公室文化是「搞小團體，只看成果，不重道德」。不久後，老闆立了個新規矩，要求各組互相競爭，以促進營業額。自此，組與組之間的關係漸趨緊張，儘管大家表面上看來相安無事。有時候，徐文麗路過他們身邊，他們本來正在交談，看到她會忽然靜下來。她的下屬也曾對她說，別組有些同事會向我組的新同事探口風，刺探軍情。曾經，她們組找到一位目標客戶，別組同事不知何故竟然也找上這位客戶，並遊說對方與他們合作：「大家同一家公司，與哪邊合作都一樣啦。」最過分的一次，徐文麗無意中發現有人在翻看她桌上的文件，而那人居然狡辯說想借文具而已。

可見，職場中難纏的人確實存在，不知道什麼時候，他們便會向你突施冷箭，讓你猝不及防。因此，身在職場的一定要學會辨識、防住難纏的人，不讓他成為自己職場的「絆腳石」。

下面教你幾招，巧妙搞定難纏同事，一定要記住喲：

難纏類型一：推卸責任的同事

第一，請他們協助工作時，目標必須明確，時間、內容等要求要講清楚，甚至白紙黑字寫下來，以此為證據。

第二，不為他們所提出的藉口而動搖，請溫和的堅持原來的決議，

第九章　學會與各種人相處

表達你知道工作有其困難性，但還是需要在一定範圍內完成的期望。

第三，如果他們試圖把過錯推給別人，不要被他們搪塞過去，你只需堅定的說明那是另一回事，現在要解決的是如何達成原定的目標。

第四，如果他們真的遇到問題，除非真有必要，你不用主動幫他們解決，防止他們養成繼續對你使用這招以推卸工作的習慣。

第五，請主管在不影響整體工作的情況下，重新協調工作分配，以達成工作目標優先的目的。

難纏類型二：沒能力還喜歡發脾氣的同事

在職場上，有人喜歡抱怨，有人喜歡發脾氣，有人八卦，有人背地裡出賣同事……這些職場行為，可能直接就影響到了他人的身心健康和私人生活。面對這些難纏的同事，關鍵在於保持心平氣和，並且要盡量學會去改變自己的行為，而不是迎合這類同事。在職場上，要學會運用「暫時逃避」的哲學，因為距離產生美感，距離有助於你保持平靜的心態。

難纏類型三：自私自利但老闆卻賞識的同事

自私是人的本性，在職場上存在競爭，自然就存在著利益關係，那麼同事和同事之間就可能存在爭鬥。在你的公司中，你們討厭的同事用自己的自私維護著自己在你們公司的一席之地，在他看來，這些正是他維護自己職場地位的有效方式。其實生活中，我們每個人都有長短處，俗話說「十個指頭伸出來還不一樣長」，和同事相處要盡量去發現他的長處。

另外，在工作中，最好不要和別人經常聊天，因為你若認定你的很多同事都不喜歡這個自私的工作夥伴，你得有交流才會得出這樣的結論。所以需要提醒的是，在辦公室裡最好少講工作以外的話題，尤其不

要議論自己的同事，不要讓自己成為各種辦公室八卦新聞的轉運站。如果有同事散布你的是非，最好當面質問傳話者，而當別人跟你談論他人的是非時，最好用「別人的事情咱沒有必要操心」這類的話回絕掉。

難纏類型四：支配狂

第一，瞭解他們對工作的要求水準，讓他們知道你其實是可以信賴的。

第二，隨時告知他們工作的進度與狀況，必要時詢問他們的意見，讓他們知道工作正由其他人在大家都滿意的狀況下進行。

第三，如果你不小心犯了錯，也要讓他們知道你會從這個錯誤中學習，不會重蹈覆轍。

第四，詢問他們事情最糟的狀況是什麼，可以幫助你瞭解到結果通常不會像想像中的那麼糟。

難纏類型五：專愛挑剔別人的同事

有時我們會遇到苛刻的同事或上司，此時不妨先考察一下，他挑剔背後的動機是什麼？是他本身對自己、對工作的要求就很高，還是要借此來打壓別人？遇到要求高的上司，不妨欣然接受對方的批評和建議，視他為鞭策自己成長和進步的「貴人」。如果實在被對方逼得喘不過氣來，也不妨適度表達一下自己的感受。例如：「你的標準真高，我們都達不到。」意思是提醒對方，別總是追求完美。職場上有矛盾衝突很正常，解開這些疙瘩，讓矛盾衝突得到解決也是一個好辦法，但有一個尺度要把握，不能因此而反目成仇，最好是有建設性的解決問題。因為你的同事是你的競爭對手，但更多的時候你們是團隊合作者的關係，有時你需要說服他，有時他需要說服你。

第九章　學會與各種人相處

難纏類型六：愛發牢騷的同事

同事的牢騷，隨便聽聽就好，不用太認真，更不可附和，否則對方將會把你當做發洩情緒的垃圾桶，一有不滿就想往你身上「倒垃圾」。你應該勸誡他，負面情緒無益於解決問題，與其滿腹牢騷，不如正面去解決問題，才是正本清源之道。盡量跟愛抱怨的同事保持距離，不要讓他們的話影響工作情緒。就算無法躲開，也千萬不要隨便附和，以免被對方斷章取義，引用你的話，去向主管表達他的不滿。

難纏類型七：情商差的同事

王佳芙的鄰座同事，脾氣不好，情緒控制力很差，經常因為一點小事大發脾氣，對別人大吼大叫，毫不顧及他人的感受。每當這位同事發脾氣，王佳芙都會情緒低落，覺得受到了傷害，認為他是沖著自己來的。其實，面對這種情商差的「火藥桶」，最好的處理方式就是冷靜、冷靜、再冷靜。不妨學學西方人，運用「暫時離開」的哲學，禮貌的說一句：「對不起，我想去趟洗手間，等一下我們再談。」也可以說：「對不起，我現在跟人有約，可否待會再談？」總之，及時離開現場，可以讓你遠離風暴、平復心情。

難纏類型八：興風作浪的同事

職場上那些喜歡講是非、傳八卦、中傷他人的同事，往往讓人防不勝防。雖然講八卦、傳八卦反映了人的天性，可以滿足窺探別人隱私、點評他人長短處的欲望，但八卦講久了，很容易讓自己陷入是非之地。因此，最好少跟愛講八卦的同事在一起聊天、交換資訊。一來不讓自己成為八卦轉運站，二來也不會讓個人的隱私傳播出去。如果有同事散布你的是非，最好當面質問傳話者，這樣可以有效的撲滅流言和中傷：「聽說，你說我什麼……不知道是不是個誤會？」一方面給對方解釋的機

會，另一方面，也為自己澄清事實。

難纏類型九：口蜜腹劍的同事

對於這種同事，最簡單的應付方式是裝作不認識他。每天上班見面，如果他要親近你，你就要找理由馬上閃開。能不做同一件工作，就盡量避開不和他一起做；萬一避不開，就要學著寫日記，留下工作紀錄。

難纏類型十：吹牛拍馬屁的同事

當此類人是你的同事時，你就得小心了。不可與他為敵，沒有必要得罪他。平時見面還是笑臉相迎，和和氣氣。如果你有意孤立他，或者招惹到他，他就可能把你當做往上爬的墊腳石。

難纏類型十一：有雄才大略的同事

有雄才大略的同事，如果大家利害一致，大可共創一番轟轟烈烈的事業。如一山不能容二虎的話，也可各取所需，各享盛名，而得其利。如果以上都行不通的話，你就全心全意的幫助他成功，自己多少也留下識才的美名。

難纏類型十二：挑撥離間的同事

這種人做了你的同事，你除謹言慎行和和他保持距離外，最重要的是你得聯絡其他同事，建立聯防及同盟關係，將他孤立起來，他向任何人挑撥離間，都不要為之所動受其影響。

難纏類型十三：喜歡傳播謠言的同事

散播謠言是不當的行為，並且有損一個人的形象。有心人會誘使你加入散播謠言的陣容，將來追究責任時，他們也會昧著良心將責任推到你身上。要避開這種陷阱的辦法是轉移此類話題到正經事上，或是乾脆對他們說：「我真的不想談這種話題」、「我不想聊這種道聽塗說沒有根據的事……」他們不僅可能就此打住，也許內心還會佩服你的個人

第九章　學會與各種人相處

修養呢。

難纏類型十四：關係惡化的同事

當你感受到自己與某位同事的工作關係，已經惡化到你無法處理的地步，就該尋求調解協助。這不是要找出誰對誰錯，只是希望借助外力求個和平共存。如果你有一個善解人意的老闆，也許可以請他出面協助你們兩位解決這個問題；或者是你可以採取主動，建議對方也許調到別的部門工作會比較快樂一點。但千萬不要把場面弄得像是非要攤牌不可，而是站在對方利益的角度，提出解決的方案。

難纏類型十五：尖酸刻薄的同事

尖酸刻薄型的人，是在公司內較不受歡迎的。他的特點是和別人爭執時往往挖人隱私不留餘地，同時冷嘲熱諷無所不至，讓對方自尊心受損，顏面盡失。

這種人平常以取笑同事、挖苦老闆為樂事。你被老闆批評了，他會說：「這是老天有眼，罪有應得。」你和同事吵架了，他會說：「兩個都不是好東西。」你去糾正部下，被他知道了，他也會說：「有人惡霸，有人欺壓下屬，這是什麼世界？」

尖酸刻薄型的人，天生伶牙俐齒得理不饒人。由於他的行為離譜，因此在公司內也沒有什麼朋友。他之所以能夠生存，是因為別人怕他，不想理他。但如果有一天遭到眾怒，他也會被整治得很慘。

如果不幸這類人是你的老闆，你唯一可做的事就是換部門或換工作。但在事情還沒有眉目及定案時，不要讓他知道。否則，他的一輪人身攻擊，你恐怕會承受不了。

如果他是你的同事，和他保持距離，不要惹他。萬一聽到一兩句刺激的話或閒言碎語，就裝沒聽見，千萬不能動怒，否則，是自討沒趣，

如何與同事相處

惹鬼上身。

如果他是你的部下，你得多花時間在他身上。有事沒事和他聊聊天，講一些人生的善良面，告訴他做人厚道自有其好處。你付出的愛心和教誨，有時會替公司帶來一份意想不到的收穫。

而且辦公室的氣氛就應該是一團和氣，一團和氣說白了，就是要處理好同事間的關係。也就是雖然我們的工作有時不是很順利，但都能互相理解，互相信任，互相聊得很開心，互相幫助度過一個個的難關，還互相學習到好多好多的東西，還很容易交到很多新朋友，學習新事物。工作不忙時，互相聊聊天，感覺時間過得很快。

那要如何才能達到這樣的效果呢？

（一）改變自我適應環境

在工作中，你不得不與人打交道，所以必須學會改變自己，嘗試主動與同事們多溝通，多交流，最大限度的求同存異，盡可能的融入集體中。這樣不但有利於提高部門的工作效率，也有利於你個人才能的盡情發揮。其實做到與同事打成一片並不難，只要你待人真誠、友善，就會發現原來每個人都十分渴望被別人接受和理解，渴望他人的友愛和幫助。

（二）嘗試新的處世方法

俗話說：一個籬笆三個樁，一個好漢三個幫。人際關係，在工作和生活中都起著十分重要的作用。所以必須以積極的態度去面對同事。平時多觀察他們之間是怎麼樣交流和溝通的，然後你至少可以學著他們的樣子談論一些既輕鬆又能讓大家感興趣的話題。另外，要胸襟豁達、善於接受別人及自己。要不失時機的給別人以表揚。總之，想要與同事打成一片，就要勇於嘗試。

第九章　學會與各種人相處

(三) 要處處替他人著想

想要與同事打成一片，就要學會從他人的角度來考慮問題，善於做出適當的自我犧牲。當他人遭到困難、挫折時，伸出援助之手，給予幫助。比如：同事感冒你體貼的遞上藥，路過咖啡店順道給同事買下午茶，這些都是舉手之勞，何樂而不為？你對別人好別人就會對你好，在公司才不會陷於孤立無援之境。

(四) 要掌握與同事交談的技巧

在與同事交談時，要注意傾聽他的話語，並給予適當及時的回饋。聚神聆聽代表著理解和接受，是連接心靈的橋梁。在表達自己思想時，要含蓄、幽默、簡潔、生動。含蓄既表現了您的高雅和修養，同時也起到了避免分歧、說明觀點、不傷關係的作用，提出意見、指出別人的錯誤，要注意場合，措詞要平和，以免傷人自尊心，令人產生反抗心理。

(五) 不搞小圈子

跟每一位同事保持友好的關係，盡量不要被人圈定你是屬於哪個圈子的人，這將無意中縮窄了你的人際網路，對你沒好處。盡可能跟不同的人打交道，避免牽涉到辦公室政治或鬥爭，定能獲取別人的信任和好感。

(六) 微笑

無論他是總經理、打掃阿姨、樓層保安還是暑期實習生，無時無刻向人展示燦爛友善的笑容，必能贏取公司上下的好感。年輕的同事視你為大哥或大姐，年長的同事把你當兒子或女兒看待，如此親和的人事關係，必有利於與同事打成一片，更有利於事業的快速發展。

如何與敵人相處

有這樣一個故事：

在美國西部大開發時期，有一位牧場的主人由於全家老小都被土匪槍殺了，因此變賣了牧場，誓要天涯尋仇。

家已經被毀了，這種仇不管是誰都想報，然而當這個牧場主人花了十幾年的時間找到那位兇手的時候，才知道那位兇手已經百病纏身了，躺在破床上一點抵抗的能力都沒有，央求牧場主人給他一槍；牧場主人把槍舉了起來，又無奈的放下了。

結局是，牧場的主人十分沮喪的走出那間破爛的小木屋，在夕陽照耀的大草原上沉思，他默默自語：「我虛度十幾年光陰，現在我也老了，報仇到底還有什麼意義呀？」

這雖然是電影故事，不過同樣能給人們深刻的反省，而這反省其實是在強調處世過程中要懂得「有仇不報是君子」之理。

先來分析一下一個人「報仇」所需的投資：

精力的投資：每天都要計劃「報仇」的事情，要花費許多精力，想到切齒處，情緒心神激烈波動，往往影響到身體健康。

財力的投資：有的人為了報仇而放下了一生的事業，很有「玉石俱焚」的意味，往往會花費很多財力以做好部署的工作。

時間的投資：有些仇並非想報就報的，三年五年也沒有實現，八年十年也沒有實現，或許二十年、四十年都有可能沒有實現，就算報成了，你也老邁了。

一旦你與他人結了仇，「報仇」雖然能解你「心頭之恨」，可是「心頭之恨」雖然消了，但往往會失去你自己，因此「君子」應該有仇不報。

人與動物在有些方面是不一樣的，動物的行為都根據本性出發。但

第九章　學會與各種人相處

是人就不同了，經過思考，人可以依據當時的需要，做出相應的行為選擇，比如，放下仇恨，擁抱你的敵人。

「當眾擁抱你的敵人」，是件很難做的事，因為絕大部分人看到「敵人」都會有滅之而後快的衝動；若環境不允許或沒有能力消滅對方，至少也會保持一種冷淡的態度，或說說讓對方不舒服的嘲諷之話，可見要當眾擁抱敵人是多麼難！

就因為愛自己的敵人難，因此人的成就有高有低，也就是說，能當著他人的面擁抱敵人的人，他的成就常常比不能愛敵人的人高。

擁抱你的敵人，在公開場合誇獎敵人的長處，這是氣度，是胸襟！你看競技場上的對手，競技之前擁抱，競技之後也要再次擁抱；你看古今中外的政壇風雲人物，即便對自己的政敵恨得牙根癢癢，恨不得把政敵嚼碎吞下，卻也能面帶微笑與之握手。

在一次盛大的宴會上，有一個平日和卡內基在生意上就存在競爭的鋼鐵商人大肆抨擊卡內基，說了他許多的壞話。

當卡內基到達而且站在人群中聽他高談闊論的時候，那個人還未察覺，仍舊滔滔不絕的數落卡內基，害得宴會主人非常尷尬。他生怕卡內基會忍耐不住，當面加以指責，使這個歡樂的場面變成了舌戰的陣地！

可是卡內基表情平靜。等到那抨擊他的人發現卡內基站在那裡，感到非常難堪，滿面通紅的閉上了嘴。他正想從人群中鑽出去，卡內基卻真誠的走上前去，親熱的跟昔日的對手握手，好像完全沒有聽到他在說自己壞話似的。

他的競爭對手臉上頓時一陣紅一陣白，進退不得。卡內基給他遞上一杯酒，使他有機會掩飾一時的窘態。

第二天，那個抨擊卡內基的人親自來到卡內基的家裡，再三的向卡內基致謝。從此他變成了卡內基的好朋友，生意上也互相支持。這個人

還常常稱讚卡內基，認為他是個了不起的大人物。這件事使得卡內基的朋友都知道卡內基多麼和藹、多麼慈祥，從而更加親近他、尊敬他。

卡內基果然是卡內基，受到對手的侮辱也不在乎，反而示以友好，拿出誠意，從而使雙方獲得了交流，贏得了友誼。

卡內基和他的競爭對手的交情是一種「不打不相識」的交情，其中有寬恕，有包容，有慷慨的義氣，有豪爽的俠情。當你樹立了一個敵人的時候，你所得的將不只是一個敵人，你在精神上所受到的威脅將十倍百倍於他實際上給你的威脅。

人在社會中闖蕩，並非你懷著滿腔的熱情就能抵擋住敵意的惡箭，我們除了不喪失一顆與人為善的心外還要能與「敵人」共舞。

能當眾擁抱敵人的人是站在主動的地位的，採取主動的人是「制人而不受制於人」。你採取主動，不只迷惑了對方，使對方搞不清楚你對他的態度；也是迷惑第三者，搞不清楚你和對方到底是敵是友，甚至有誤認你們已「化敵為友」的可能。

如果你在心裡說：「我絕不會當眾擁抱敵人，那會顯得我沒有骨氣。」那麼好吧，你就等著吃虧吧！要知道你的主動，除了可以在某種程度之內降低對方對你的敵意之外，也可避免惡化你對對方的敵意。換句話說，為敵為友之間，留下了一條灰色地帶，免得敵意鮮明，反而阻擋了自己的去路與退路。地球是圓的，天涯無處不相逢。

此外，你的擁抱動作，也將使對方失去再對你攻擊的立場。若他不理你的擁抱而依舊攻擊你，那麼他必招致他人的譴責。

而最重要的是，當眾擁抱對手這個動作一旦做了出來，久了會成為習慣，讓你和人相處時，能容天下人、天下物，出入無礙，進退自如，這正是成就大事業的本錢。

當你認為自己有了敵人的時候，就會讓自己時刻記得這個人，甚至

第九章　學會與各種人相處

吃不好，睡不香，所以說真正的敵人就是你自己。

事實上，要當眾擁抱你的敵人，並不如想像中那麼難，自己的想法是最關鍵的。只要能克服心理障礙，就沒有什麼做不到的，至少可以在思想上擁抱我們的敵人。

或者你也可以這麼做：在肢體上擁抱你的敵人，例如擁抱、握手；在言語上擁抱你的敵人，例如公開稱讚對方、關心對方，表示你的「誠懇」。

為什麼擁抱你的敵人要強調「當眾」呢？做給別人看！如果私下擁抱，那要不是雙方言歸於好，就是你向對方投降。「當眾」擁抱，表面上不把對方當「敵人」，但心底怎麼想，誰會知道呢？

如何與小人相處

孔子說，這世上只有女子和小人是難以相處的。親近了，他們就會無禮；疏遠了，他們就會怨恨你。

在這裡我們暫且不說女子是否真的如孔子所說，但看小人，可以說是言之鑿鑿，毫無半點誇張。與小人相處是最難把握分寸的，如果你一不小心得罪了他們，就等於給自己身邊安了一個炸彈，不知道什麼時候就會炸到你。因此，懂得人情世故的人，都知道在處世的過程中應該少得罪人，畢竟多個朋友比多個仇人好。朋友多了，路就寬了；而仇人多了，就無異於封住了自己的路。

小人，《現代漢語詞典》釋義為人格卑鄙的人，也就是那些品德不良、心術不正的人。「小人」應該是相對於「君子」而言的，「君子」是很講氣量和風度的，所以古人曾忠告世人：「近君子而遠小人。」

小人無時不在，無處不存。上到高高在上的大人物，小至芸芸平庸

的老百姓，從腰纏萬貫的富翁到囊中羞澀的窮漢，人人皆知小人之存在，人人也皆知小人之難辨別。當面正人君子，背後卑鄙小人；表面光明正大，暗地陰險狡詐，只要你稍一疏忽，就會陷入小人的圈套。

小人人「小」能量大，他可以使帝王們淪為階下囚，可以使功高者變為斷頭屍，可以使尚德者成為逆道人。多少仁人志士經歷無數大風大浪，結果卻敗倒在小人的陰溝裡，所以千萬不能小看小人。與小人一起辦事若處理不當，常常要吃虧。

下面，我們一起來看看制伏小人的經典案例。

看過電視劇《鐵齒銅牙紀曉嵐》的觀眾，一定都對紀曉嵐智鬥和坤的情節印象深刻。在電視中，紀曉嵐是一位為民造福的好官，和坤則是一個不折不扣的小人形象。紀曉嵐在與這個小人周旋的過程中，既不硬對硬硬碰，也不直言不諱的當場反駁，而是用看起來很詼諧的方式巧妙的擊中他的要害，多次讓和坤顏面盡失。

康熙皇帝善識忠奸。江南總督噶禮，心術不正，有意加害於蘇州知州陳鵬年。他向康熙密奏陳的反詩《遊虎丘》，康熙閱後，覺得詩中並無反叛之意，便召集群臣，當眾訓斥噶禮誣告生事，更把噶禮的密奏及陳的「反詩」公開展示，使奸佞小人有所收斂。

可見，小人雖然可怕，但只要我們能懂得運用一些制伏小人的招數，那麼我們同樣可以反客為主。因此，如何與小人相處，還真得有一套行之有效的應對之策，從而克敵制勝。

(一) 面對「滿口假話」的人，要糾正其一

這類人說謊就像演戲，輕鬆自然，絲毫不會感到內疚。他們撒謊，沒有很明確的目的。他之所以滿口假話，是為了掩飾自己、美化自己，他可能是覺得你的辨別能力很差，從而搖唇鼓舌，胡說亂扯。與這類人

第九章　學會與各種人相處

交流，對你是有害的。若假話說出十遍，可能會使你覺得真的有那麼一回事。

與他們交流，應該懂得「攻其一點，不及其餘」的策略戰術，抓住假話中的一點，提出反對意見。讓他覺得羞愧，打消他的氣焰。這種做法，既不會傷其自尊心，又會讓他對自己的撒謊毛病有所改正。

(二) 對待心地歹毒的人要以毒攻毒

「以毒攻毒」本是一句中醫術語，意思是要治療那些毒性很大的病症，必須使用毒性也很大的藥物。以毒攻毒的方法，應用於社會生活，就是以其人之道，還治其人之身。人們經常可以發現，對冥頑不化、別有用心的人或者某些心地不善的人，其言、聽、視、動，所作所為，很難以理說服，更難以讓其改變，而以毒攻毒的辦法，往往會收到比較明顯的效果。

(三) 談天說地不談心

和小人聊天，說些無關緊要的話就可以了。如果談了別人的隱私，談了某人的不是，或是發了某些牢騷不平，這些話絕對會變成他們興風作浪和整你時的材料。

(四) 面對「道人是非」的人，要哼哈帶過

此類人出於嫉妒心或其他目的，喜歡在你面前說他人的壞話。他們樂於道人是非，心裡往往巴不得他人越來越倒楣，越來越困窘。對於這種人不要推心置腹，而應該哼哈應付過去。對他說的任何是非話題都反應冷淡，不要發表意見。與其嘻嘻哈哈不深談，不失為一種好辦法。

(五) 不宜以恨對嫉

小人固然卑鄙，造謠詆毀也著實可憎。洞明人性醜陋者，絕不與之計較論理，他會超然其上，笑而置之。若與他對質公堂，惡語相向，只

會自損形象，自貶身分。古語有云，高者自高，清者自清；貴人不賤，賤人不貴。從心態上、氣度上勝他一籌。這樣說來，不是對此種行為漠然置之，讓它斐短流長，需要解釋時氣靜神閒，需要澄清時不慍不火，因為這世界還是愚者攘攘，智者渺渺；需要反擊時詞正言嚴，需要論理時鏗鏘有力，莫被「身正不怕影子歪、不做虧心事莫怕鬼敲門」此類古訓所誤。中國許多文人朝廷遭謫，忠臣被貶往往誤在此。要知道人的心理複雜多變，不是此類古訓所能涵蓋得了的。

（六）不要有利益瓜葛

對小人來說，利益第一。他們常成群結黨，霸占利益，形成勢力，你千萬不要想靠他們來獲得利益，因為你一旦得到利益，他們必然會要求相應的回報，甚至就如鼻涕那般，貼著你不放，想脫身都不可能！

（七）面對「探人隱私」的人，要答非所問

探人隱私者多獵奇心強，這種人伶牙俐齒，巧舌如簧。每次和你見面，都要問「收入多少」、「夫妻感情如何」等讓人厭惡的問題。明知是他人隱私，偏偏還要詢問，既是不尊重你的表現，也可能會在日後傳播你的是非。與這類人交談，最好的方法莫過於答非所問。如果他問你「誰是你晉級的後台？」你就說「還不是全托你的福嗎？」如果他問你「獎金多少？」你就說「不比別人多！」這樣既不會得罪對方，又不會讓對方得逞。

（八）以君子之道對待小人

必須和小人正面交鋒時，應當堅守君子之道。對付傷害自己的小人，切不可以其人之道，還治其人之身。用小人的手法對付小人，聽起來好像蠻有道理。殊不知在你這樣做的時候，在別人的眼中你也會被誤認為是小人。認識小人是個過程，他陷害你的過程是他本性暴露的過

第九章　學會與各種人相處

程。用君子之道對待小人，也是大家認識你、認可你的過程。公眾自有他們判斷是非的標準，人心是一桿秤。小人多行不義，他醜惡的嘴臉遲早會被大家所認識到。小人一旦被大家所識破，自然就會失去市場，成為過街老鼠。

如何與失敗的人相處

失敗和成功，同屬人生的一部分，就像峽谷和高山同屬地球的一部分一樣。經常會有人在失敗面前意志消沉、自暴自棄，有的甚至悲觀厭世，走上絕路，可見失敗對人的打擊有多大。

如果在一個人失敗的時候，你能及時的給予慰藉，幫助他走出陰霾，事後他必定對你感激不盡，視為知己。這時，如果你遇到困難或者有什麼是他能提攜你的，他一定樂於幫忙，而且不求答謝。

有一個剛進一家大型醫藥企業的年輕人，去拜訪一家有名醫院的臨床主任。院裡一個認識這位年輕人的醫生在走廊裡攔住他說：「你不要拜訪他了，他已經不是主任了，被降職了。醫院現在已經換主任了！」原來的主任是這家醫院很有名望的臨床內科專家，性格孤傲清高，有點恃才傲物，據說半年前與院長有些過節，有此下場也是意料之中的事。

這位年輕人不願做見風使舵、人走茶涼的事，他覺得拜訪新主任是遲早的事，要是現在不再拜訪原來的主任，那以後見面就尷尬了。他問明了新舊兩位主任的辦公室的位置之後，站在原地沉思了一下，還是先敲響了前主任的門。

那位前主任正在辦公室裡鬱悶著呢，這位年輕人的到來很讓他驚訝。但他並沒有熱情相迎，而是冷淡的告訴年輕人，以後別找他了，他已經不是主任了，有事可以去找新主任。這位年輕人充滿誠意的說：「新

如何與失敗的人相處

主任我以後再去拜訪,不過這並不妨礙我拜訪您啊,您是我們公司的老朋友了,我就是來拜訪公司的老朋友呀。」

這位主任感到很意外,語氣也客氣了一些,於是,給這位年輕人寫了新主任的名字和辦公室地址,說以後合作上的事找他去吧。年輕人客氣的告辭,說:「那您先忙吧,我下次再來拜訪您。」主任有點消沉的說:「還忙什麼呀?不當主任了,沒什麼可忙的了!」這位年輕人還真有點「初生牛犢不怕虎」的勁頭,聽見主任的這句話,轉回身說:「您怎麼有這樣的想法呢?」這位主任顯然牢騷滿腹,一時還不適應角色的調整,站在辦公桌後茫然四顧的說:「不當主任了有什麼可忙的?」這位年輕人一時興起,就脫口而出說道:「不當主任了您還有自己的專業啊,您照樣是傑出的專家啊。不當主任,關起門來鑽研學問也好啊。要是像您這麼想,那我們這些大學畢業生畢業後卻不能從事自己的專業的,豈不是都白活了?」

主任愣了一下,可能還沒人敢這樣對他說話,尤其是一個小小的業務員,竟然敢用這種語氣和自己說話。這位年輕人也覺得自己不禮貌,轉換了一下語氣說:「您喜歡李白《將進酒》中的『天生我材必有用,千金散盡還復來』這兩句詩嗎?寫的多好!」這句話一出口,說得主任很是感動,感覺好像遇到了知音。

臨出門的時候,年輕人用年輕人特有的激情對主任說:「其實很多時候環境是無法改變的,如果我們無法讓自己完全妥協,至少我們可以決定自己面對逆境時的態度。不論在什麼環境條件下,我們都應該盡自己最大的努力去發揮自己,這樣才不會後悔,您覺得呢?」這位年輕人憑著自己剛畢業時的意氣風發,對這位主任好好勸導了一下,話雖然說得有點大膽,但是對於這位主任來說卻不失為是「雪中送炭」的理解和激勵。

第九章　學會與各種人相處

　　誰也不曾想到，那位主任竟然在一個月之後又恢復原職了！這位年輕人的業績就可想而知了。後來，這位年輕人因為工作成績突出被公司任命為副經理。

　　總之，靠個人的力量來發展，則發展是有限的，多多結識潦倒的英雄，使其納為己用，你的發展才是無窮的。一個人可以有好幾種投資，對於事業的投資，也許是買股票；對於人物的投資，則是買忠心。買股票所得的資產有限，買忠心所得的資產則是無限的；買股票有時會賠錢，買忠心始終會成功；股票是有形的資產，忠心則是無形的資產。「紂有人億萬，為億萬心；武王有臣十人，惟一心。」紂之所以敗亡，武王之所以興周，就在於有這份無形資產。「得天下者得其人也，得其人者得其心也。」得人心可能得天下，更何況你所得的人心，還是英雄之心呢！

　　平時不屑往冷廟上香，臨到頭再來抱佛腳也來不及了。一般人總以為冷廟的菩薩不靈，所以才成為冷廟。其實英雄落難，壯士潦倒，都是常見的事。只要一朝風雲際會，仍會是一飛沖天的。因此，從現在起，多注意一下你周圍的朋友圈，若有值得上香的冷廟，千萬別錯過了才是。

　　安慰失敗的人，要真正能給他留下深刻的印象，並在他身上產生實際的慰藉，就需要有對他人最深的理解、最大的同情和最堅定的信任。只有這樣，才能收獲最真摯的情誼和最理想的報答。

　　那麼，要如何與失敗者相處，給予失敗者慰藉，幫助他走出失敗呢？

　　（一）幫助他正確認識失敗。

　　要正確的認識失敗，並不是一件容易的事情。當自己處在旁觀者的

地位，看到別人遭遇失敗時，或許有時還能做出一些較為正確的分析；而當失敗降臨到自己的頭上時，要能有正確而清醒的認識則就很不容易了。在失敗情境中許多不理智的反應、不正確的行動，都是與缺乏對失敗的正確認識有關的。因此，我們應當有正確的失敗觀。

（二）認識到失敗的兩重性。

失敗會給人以打擊，帶來損失和痛苦；但也能使人奮起、成熟，從中得到鍛煉。失敗既有消極的一面，也有積極的一面。化學家漢弗里·戴維在分解鉀、鈉等鹼金屬的時候，經過了幾個月緊張危險的實驗，在最後一次實驗中，發生了意外爆炸。他的臉被炸傷，左眼也失明了，但卻獲得了最後的成功。後來他說：「感謝上帝沒有把我造成一個靈巧的工匠，我的最重要的發現是由失敗帶給我的啟發。」大衛是從失敗之樹上摘取了勝利之果，伴隨著不斷的失敗，他得到了成功。

生活中的失敗和磨難，並不都是壞事。平靜、安逸、舒適的生活，往往使人安於現狀，耽於享受；而失敗和磨難，卻能使人受到磨煉和考驗，變得堅強起來。「自古雄才多磨難，從來紈綺少偉男」的道理大概就在這裡吧？

（三）不要盯著失敗不放。

不要盯著失敗不放，並不是主張有了失敗和坎坷，就可以完全不去看它，採取逃避的態度；而是說，一方面，情感不要長久的停留在痛苦的事情上，另一方面，我們應當多在失敗和坎坷上尋找突破口，力求克服它、解決它。

如何與奸詐的人相處

有這樣一個大家都耳熟能詳的故事：

第九章　學會與各種人相處

　　在唐玄宗時期，有一個大臣叫李林甫，能書善畫，若論才藝倒也不錯。但若論品德，那可真是壞透了。他忌才害人，凡才能比他強、聲望比他高、權勢地位和他差不多的人，他都不擇手段的排斥打擊。李林甫和人接觸時，外貌上總是露出一副和藹可親的樣子，嘴裡盡說些動聽的「善意」話，但實際上，他的性格非常陰險狡猾，常常暗中害人。

　　有一次，他裝做誠懇的樣子對同僚李適之說：「華山出產大量黃金，如果能夠開採出來，就可大大增加國家的財富，可惜皇上還不知道。」李適之以為這是真話，連忙跑去建議玄宗快點開採，玄宗一聽很高興，立刻把李林甫找來商議，李林甫卻說：「這件事我早就知道了，華山是帝王『風水』集中的地方，怎麼可以隨便開採呢？別人勸您開採，恐怕是不懷好意；我幾次都想把這件事告訴您，只是不敢開口。」玄宗被他這番話所打動，認為他真是一位忠君愛國的臣子，反而對適之大不滿意，逐漸疏遠了他。

　　為了竭力討好唐玄宗，他便和宮內的宦官、妃子相勾結，探聽宮內的動靜。唐玄宗在宮裡說些什麼，想些什麼，他都先有了底。等到唐玄宗找他商量什麼事，他就能對答如流，簡直跟唐玄宗心裡所想的一樣。唐玄宗聽了挺舒服，覺得李林甫又能幹、又聽話，因此想把他提升為宰相。於是，唐玄宗便把現任宰相張九齡找來，與他商量。

　　張九齡知道李林甫不是一個好人，於是就直截了當對唐玄宗說：「宰相的地位，關係到國家的安危。陛下如果拜李林甫為相，只怕將來國家要遭到災難。」唐玄宗心想，我做了二十多年的太平天子了，天下一直太平無事，怎麼會有什麼國家安危呢？肯定是你張九齡認為自己比不上李林甫，嫉賢妒能才說別人壞話。很快，張九齡的這些話就傳到了李林甫那裡，李林甫恨張九齡恨得咬牙切齒。

　　後來，唐玄宗又準備提拔牛仙客為宰相，張九齡知道後再一次竭力

如何與奸詐的人相處

反對。因為他知道牛仙客雖然在理財方面很有點手段，但卻是一個目不識丁的庸才，實非宰相之才。可是，這件事還是被李林甫知道了，於是他便在唐玄宗面前說：「像牛仙客這樣的人，才是宰相的人選；張九齡是個書呆子，不識大體。」

於是，唐玄宗又一次找張九齡商量提拔牛仙客的事。張九齡還是不同意。唐玄宗發火了，厲聲說：「難道什麼事都得由你做主嗎！」唐玄宗越來越覺得張九齡很討厭，加上聽信了李林甫的誹謗，終於找個理由撤了張九齡的職，讓李林甫當了宰相。

李林甫一當上宰相，第一件事就是要把唐玄宗和百官隔絕，不許大家在玄宗面前提意見。有一次，他把諫官召集起來，公開宣布說：「當今皇上聖明，做臣下的只要按皇上意旨辦事，用不著大家七嘴八舌。你們沒看到儀仗馬隊的馬嗎？牠們吃的飼料相當於三品官的待遇，但是哪一匹馬要是叫了一聲，就會被拉出去不用，後悔也來不及了。」有一個諫官不聽李林甫的話，上奏本給唐玄宗提建議。第二天，就接到命令，被降職到外地去做縣令。大家知道這是李林甫的安排，以後誰也不敢向玄宗提意見了。

李林甫知道自己在朝廷中的名聲不好。凡是大臣中能力比他強的，他就千方百計的把他們排擠掉。他要排擠一個人，表面上不動聲色，笑臉相待，卻在背地裡暗箭傷人。

有一次，唐玄宗在勤政樓上隔著簾子眺望，兵部侍郎盧絢騎馬經過樓下。唐玄宗看到盧絢風度很好，隨口讚賞幾句。第二天，李林甫得知這件事，就把盧絢降職為華州刺史。盧絢到任不久，又被誣說他身體不好，不稱職，再一次被降了職。

還有一個官員嚴挺之，被李林甫排擠在外地當刺史。後來，唐玄宗想起他，跟李林甫說：「嚴挺之還在嗎？這個人很有才能，還可以用

第九章　學會與各種人相處

呢。」李林甫說：「陛下既然想念他，我去打聽一下。」退了朝，李林甫連忙把嚴挺之的弟弟找來，說：「你哥哥不是很想回京城見皇上嗎，我倒有一個辦法。」嚴挺之的弟弟見李林甫這樣關心他哥哥，當然很感激，連忙請教該怎麼辦。李林甫說：「只要叫你哥哥上一道奏章，就說他得了病，請求回京城來看病。」嚴挺之接到他弟弟的信，真的上了一道奏章，請求回京城看病。李林甫就拿著奏章去見唐玄宗，說道：「真的太可惜，嚴挺之現在得了重病，不能做大事了。」唐玄宗惋惜的嘆了口氣，這事也就算了。

李林甫當了十九年宰相，一個個有才能的正直的大臣全都遭到排擠，一批批逢迎拍馬的小人都受到重用提拔。就在這個時期，唐朝的政治從興旺轉向衰敗，「開元之治」的繁榮景象從此也消失了，接著出現的就是「天寶之亂」。儘管李林甫裝扮的再怎麼巧妙，他的陰謀詭計到底還被人們識破，人們就說李林甫這個人是「嘴上像蜜甜，肚裡藏著劍」，成語「口蜜腹劍」就是這樣得來的。

「口蜜腹劍」不但是一句好成語，而且可作我們交友的箴言。口蜜腹劍的人，又稱「笑面虎」，「明是一盆火，暗是一把刀。」在生活中，對於口蜜腹劍的奸詐小人一定要敬而遠之。如果你遇到這麼一位上司，你不管做什麼事情，都要多一個心眼，萬一他要你做的事是一個圈套，你也不必當面翻臉，只需盡量推諉，就是「只說不做」為上。碰到這樣的同事，最好的應付方式是敬而遠之，能避就避，能躲就躲。如果他是你的部下的話，只要注意三點：其一，找獨立的工作或獨立的工作位置給他；其二，不能讓他有任何機會接近上面的主管；其三，對他表情保持嚴肅，不帶笑容。

讚美的話，人人都愛聽，但一定要記住：在別人給你讚美的同時，不可過於自滿，反而要想想自己是否真的有這麼好，如果你感覺自己根

本不像他所說的那樣,那麼你就可以斷定這個人就是一個「口蜜腹劍」的人,以後和他說話或一起做事就要留心了。

如何與正直的人相處

在日常生活中,正直的人一般是重義而不重利,待人以誠不以詐。性情多數坦率、直爽,在言談上一般是直言不諱。對不合理的事情,總是毫不顧忌的予以批評。因此,與這樣的人交際,從積極意義上來說,自己也應處處「守正不阿」,能直言不諱。只有這樣,正直的人才覺得你可敬,視你為知心朋友。

一代明君李世民,不僅雄才大略,而且性情正直。而他的謀臣魏徵原是其大哥太子李建成的謀臣。經玄武門之變後,李世民順利登上皇帝的寶座,他並未因魏徵以前為太子出謀劃策而遠離魏徵,而是拜魏徵為諫議大夫。從此,二人開始交往,並留下了許多膾炙人口的佳話。

魏徵當了諫議大夫後,提出了「民可載舟,亦可覆舟」、「兼聽則明,偏信則暗」的至理名言。而且,還敢冒天下之大不韙,進行犯言直諫,常常讓太宗皇帝臉紅耳熱,下不了台。

一次,太宗聽說鄭仁基的小女兒長得端莊秀麗,又有才華,就讓皇后到鄭家,提出要娶鄭女為妃,而這時,鄭女已經早許配人家了,可是太宗卻執意要娶。魏徵知道後,便找太宗進諫說:「你身為皇帝,要為臣民著想。住上了金鑾寶殿,要想到讓百姓有安身的茅屋;吃上了山珍海味,要想到讓老百姓不至於忍飢挨餓;身邊嬪妃美女成群,要想到讓百姓娶妻成家。況且,鄭家女兒已經許配他人,你還想奪走,這樣豈是一個開明君主的行為呢?」太宗聽後,驚出一身冷汗,他深深佩服魏徵的耿耿忠心和正直無私,他為自己擁有這樣的臣子而感到自豪,並認識

第九章　學會與各種人相處

到只有自己做到正直無私，親賢納諫，才對得起魏徵的用心良苦，才有利於大唐的江山社稷。於是，他便欣然採納了魏徵的勸諫。

還有一次，當太宗在玩鷂鷹，魏徵恰巧路過，太宗怕魏徵看見，就慌忙將鷂鷹藏進袖子裡。其實，魏徵早已看見，於是，他就故意與太宗講了一通玩物喪志的道理，太宗只好耐著性子聽下去。過了好久，魏徵才離開，可鷂鷹早已悶死在太宗的袖子裡了。

這樣直諫的例子舉不勝舉。魏徵的犯言直諫為貞觀之治的盛世打下了十分重要的基礎，正因如此，太宗在心底對魏徵的鼎力相助表示感謝。西元六二三年，六十三歲的魏徵身患重病，臥床不起，太宗每天派人詢問病情，送來食物藥品。更讓人感動的是，在魏徵病危的時候，太宗還親自到榻前看望，而當時太宗已經把女兒衡山公主許給魏徵的兒子叔玉，公主也一同到魏府。太宗對魏徵說：「請你再看看你的兒媳吧！」魏徵當時已經不能說話，只是滿眼含淚，感謝太宗的知遇之恩。

魏徵死後，太宗大哭好久。他說：「我有三面鏡子：以銅為鏡，可以正衣冠；以古為鏡，可以知興替；以人為鏡，可以明得失。現在魏徵已死，這面使我明得失的鏡子再也找不到了！」

從這個歷史故事裡，我們不難發現性情正直之人的本質。根據他們的性格特點與其相處，那就容易多了。

如何與脾氣暴躁的人相處

生活當中我們經常遇到這樣的人，他們性格急躁，喜歡罵人，如果自己看不慣的事情，必須在他人面前發洩出自己的憤怒，動不動就為了芝麻大的事情把他人辱罵個體無完膚，而且喜歡暴跳如雷，不講道理，這樣的人古已有之。

如何與脾氣暴躁的人相處

三國時期,周泰是東吳的大將,他的性格極為暴躁,但膽識逼人,而且十分忠勇善戰。一次,孫權在宣城被山賊圍困,不得脫身,其他大將張惶失措,只有周泰一個人保護著孫權,奮勇殺敵,在打鬥過程中,身受十二處重傷,力保孫權殺出重圍。

後來,朱然、徐盛等人對周泰心存不敬。周泰氣呼呼的找孫權理論。孫權沉著冷靜的置酒設宴,宴請諸位大將。孫權親自捧著酒到周泰跟前,叫周泰解開衣服,露出滿身傷痕,孫權一一指著疤痕,問周泰每處的傷是在何地所傷,並要周泰述說當時情景。周泰每說一處,孫權都親自為周泰敬酒一杯,在場的諸位大將都深受感動。第二天,孫權又派人給周泰送去傘蓋,以示恩榮。從這以後,朱然、徐盛等人都尊重和服從周泰了。

從這個歷史故事中,我們可以得出這樣的結論:孫權面對諸將不服周泰的指揮,以及周泰內心的不平,沒有對他們的暴躁行為進行處罰,而是採取獨特的寬宏大量的策略,使他們臣服,讓他們之間的關係得以進一步發展。

那在現實生活中,要怎麼樣與脾氣暴躁的人相處呢?

(一) 充分理解

首先,你得搞清楚,他的壞脾氣是針對你的?還是性格使然?如果是針對你的,就先從自身找原因,想想有什麼地方讓他感到不快?對你這麼氣急敗壞;反之,如果不是針對你的,那麼你就可以確認這是他的性格使然,在你們還不是很熟悉的情況下,你完全可以選擇『冷處理』,也就是禮貌的說一聲『再見』,然後悄然轉身離開。

(二) 別放在心上

你完全可以將他的脾氣急躁理解為一種習慣,我們每個人都會有這

第九章　學會與各種人相處

樣的一些習慣，很難說到底是壞習慣還是好習慣，比如說你還沒說完話，他就很沒有禮貌的掛斷了電話，別跟他生氣，還是一笑了之吧！

（三）沉著冷靜

當他人大發雷霆時，你一定要保持鎮定的情緒，千萬不要和他起衝突。當然，你也不想成為別人遷怒的對象，無緣無故的成為別人的「出氣筒」，但是你一定要控制自己的情緒，就當這是暴風雨的來臨吧！時間不會太久的，只要過去一切就又恢復平靜了。

（四）事後解釋

如果你們彼此熟悉，當他急躁的時候，你一定要保持好自己的心態，不要被他的情緒所傳染，千萬不要在當時和他較勁兒，否則只能是火上澆油，會影響到你們之間的關係的，直到把關係搞僵，是很不划算的。如果有些話你確實憋在心裡難受的話，找個合適的場合，比如說一起出遊的時候，或者某天一起出去喝酒的時候，都是不錯的時機。

（五）加強溝通

我們平時遇到的脾氣急躁的人，其實也並不是脾氣特別壞、特別不可理喻的人，他們只是做事著急一些而已，還是可以進行溝通的，或許透過你們的深入溝通，他們能改掉這樣的習慣也說不定。

（六）寬容大量

人生在世，不如意之事十之八九。我們不應該怨天尤人、火氣沖天，因為這樣並不利於問題的解決，反而會增加新的矛盾，使本來就不太順遂的事情難上加難，從而把自己逼上痛苦的深淵而無法自拔。只有寬宏大量、心胸豁達，才能不為暫時的不利所困擾，清醒的審時度勢，然後順利解決問題。

(七) 避免爭吵

　　脾氣急躁的人,一般自尊心都會比較強,即使他心裡知道自己做的不對,但是就是不肯在眾目睽睽之下向你道歉,所以大度一些,避免爭吵。不然,無謂的爭吵不但影響到了你的情緒,也將對方往急躁的懸崖邊上又推了一把,「雙輸」的結果是最讓人遺憾的,我想你並不希望看到吧!

靈活社交，方圓有度的生存態度：
攏絡人心的處世原則，無論職場或生活，都需要掌握處世智慧

作　　　者：	王郁陽，洪範濤
發　行　人：	黃振庭
出　版　者：	沐燁文化事業有限公司
發　行　者：	沐燁文化事業有限公司
E - m a i l：	sonbookservice@gmail.com
粉　絲　頁：	https://www.facebook.com/sonbookss/
網　　　址：	https://sonbook.net/
地　　　址：	台北市中正區重慶南路一段61號8樓 8F., No.61, Sec. 1, Chongqing S. Rd., Zhongzheng Dist., Taipei City 100, Taiwan
電　　　話：	(02)2370-3310
傳　　　真：	(02)2388-1990
印　　　刷：	京峯數位服務有限公司
律師顧問：	廣華律師事務所 張珮琦律師

— 版權聲明 —

本書版權為源知文化出版社所有授權沐燁文化事業有限公司獨家發行電子書及繁體書繁體字版。若有其他相關權利及授權需求請與本公司聯繫。

未經書面許可，不得複製、發行。

定　　　價：375元
發行日期：2024年08月第一版
◎本書以POD印製

國家圖書館出版品預行編目資料

靈活社交，方圓有度的生存態度：攏絡人心的處世原則，無論職場或生活，都需要掌握處世智慧 / 王郁陽，洪範濤 著 . -- 第一版 . -- 臺北市：沐燁文化事業有限公司，2024.08
面；　公分
POD版
ISBN 978-626-7372-99-9(平裝)
1.CST: 人際關係 2.CST: 社交技巧 3.CST: 成功法
177.3　　113011220

電子書購買

爽讀APP　　　臉書